高等院校公共基础课系列教材

教师职业生涯规划与发展设计

王 丹 主 编
何 菲 郝连明 副主编

清华大学出版社
北京

内 容 简 介

本书的知识体系清晰合理、逻辑结构严密，以教师的职业生涯发展规划为主线，从多角度论述了职业生涯规划对于新手教师的重要性。本书分为四大部分：第一部分从教师职业生涯规划与发展概述起笔论述，依次过渡到教师职业生涯规划与发展的内容、意义、理论与模式；第二部分在此基础上阐述了教师职业生涯规划与发展的自我评估、影响因素与路径分析；第三部分从不同生涯周期教师的职业规划与发展方面论述了新手型、熟手型、专家型三种教师的特点与发展；第四部分从教师职业生涯规划与发展策略方面进行论述，包括教师教学反思、教师时间管理与教师职业认同等内容。

本书理论知识介绍的程度适中，内容丰富，语言详实，案例与试题丰富，可为年轻教师的职业生涯发展规划给予有效的指导，帮助年轻教师在职业发展过程中更好地实现自我价值与社会价值。

本书配套的电子课件和习题及答案可以到 http://www.tupwk.com.cn/downpage 网站下载，也可以扫描前言中的二维码获取。

本书封面贴有清华大学出版社防伪标签，无标签者不得销售。
版权所有，侵权必究。举报：010-62782989，beiqinquan@tup.tsinghua.edu.cn。

图书在版编目(CIP)数据

教师职业生涯规划与发展设计 / 王丹主编. —北京：清华大学出版社，2023.8
高等院校公共基础课系列教材
ISBN 978-7-302-64359-3

Ⅰ. ①教… Ⅱ. ①王… Ⅲ. ①师资培养—高等学校—教材 Ⅳ. ①G451.2

中国国家版本馆 CIP 数据核字(2023)第 144644 号

责任编辑：胡辰浩
封面设计：周晓亮
版式设计：孔祥峰
责任校对：成凤进
责任印制：杨　艳

出版发行：清华大学出版社
　　　　网　　址：http://www.tup.com.cn，http://www.wqbook.com
　　　　地　　址：北京清华大学学研大厦 A 座　　邮　编：100084
　　　　社 总 机：010-83470000　　　　　　　　　邮　购：010-62786544
　　　　投稿与读者服务：010-62776969，c-service@tup.tsinghua.edu.cn
　　　　质 量 反 馈：010-62772015，zhiliang@tup.tsinghua.edu.cn
印 装 者：大厂回族自治县彩虹印刷有限公司
经　　销：全国新华书店
开　　本：185mm×260mm　　　印　张：12.75　　　字　数：326 千字
版　　次：2023 年 9 月第 1 版　　印　次：2023 年 9 月第 1 次印刷
定　　价：76.00 元

产品编号：099124-01

前言

教师职业生涯规划与发展的研究对象是教师，包括新手型、熟手型和专家型三种不同类型的教师角色。教师职业生涯规划与发展是师范类专业大学生为从事教学工作所必读的书籍之一。教师职业生涯规划是一个动态的发展过程，是一门理论性与实践性较强的学科。近年来，随着社会的快速发展，新手型教师对自身职业的发展感到迷茫。特别是新冠疫情以来，教师职业生涯规划与发展面临一系列的现实问题。本书正是整合了近年相关的研究成果而编写的。

本书的学术价值：

第一，探索更为清晰的逻辑结构，以职业生涯规划的概述为论述起点，然后过渡到职业选择的相关理论、职业生涯发展的相关理论、教师职业生涯规划与发展的内容与理论，并在此基础上讲述了不同生涯周期教师的职业规划与发展，新手型、熟手型和专家型教师的特点与发展，最后是教师职业生涯规划与发展的策略分析等内容。

第二，探讨应用型师范类本科大学生以及教学型本科教材的理论与实践结合尺度。

本书的主要特色：通过教学案例与课后习题充分调动学生开展参与性和研究性学习的积极性，以达到增强学生的学习能力、开阔学生的视野的目的。

本书适合高等院校师范类专业本科生使用，也可作为教育类专业研究生开展职业教育教学的参考书。另外，从事教育行业的相关人员也可将本书作为辅导材料。教师可以根据教学对象和授课学时不同，灵活选择相应的内容开展教学活动。

本书由王丹副教授总体策划，组织人员开展编写工作。各章编写人员及分工如下：王丹、郝连明负责编写第1～6章，何菲负责编写第7～12章，另外，在编写本书的过程中，韩凯丽、曾馨、李晶晶、薛伊婷、蒋乐等人在资料收集与案例筛选方面做了大量的基础性工作，在此对上述等人表示感谢。全书由王丹副教授统稿。

本书在编写过程中，参考了众多的相关教材、期刊等文献资料，限于篇幅，恕不一一列出，特此说明并致谢。

由于作者水平有限，书中难免有不足之处，恳请专家和广大读者批评指正。我们的电话是010-62796045，信箱是992116@qq.com。

本书配套的电子课件和习题答案可以到 http://www.tupwk.com.cn/downpage 网站下载，也可以扫描下方的二维码获取。

配套资源

作者

目 录

第一部分 教师职业生涯规划与发展概述

第一章 职业生涯规划与发展 …… 1
第一节 职业生涯规划概述 …… 1
一、职业的概述 …… 1
二、生涯的概述 …… 5
三、职业生涯规划 …… 6
第二节 职业选择的相关理论 …… 9
一、帕森斯的特质因素理论 …… 9
二、霍兰德的类型理论 …… 11
第三节 职业生涯发展的相关理论 …… 15
一、舒伯的职业生涯发展理论 …… 15
二、社会认知职业理论 …… 19
三、职业生涯决策理论 …… 22
课后练习 …… 34

第二章 教师职业生涯规划与发展 …… 36
第一节 教师职业生涯规划与发展的概述 …… 36
一、教师职业 …… 36
二、教师职业生涯 …… 37
三、教师职业生涯规划 …… 38
第二节 教师职业生涯规划与发展的内容及特点 …… 39
一、教师职业生涯规划与发展内容 …… 39
二、教师职业生涯规划与发展特点 …… 40
三、教师职业生涯规划与专业发展 …… 41
第三节 教师职业生涯规划与发展的意义 …… 42
一、有利于教师能力提升 …… 42
二、帮助教师明确职业目标 …… 43
三、促进教师专业发展 …… 44
四、缓解教师职业倦怠 …… 45
五、有助于教师保持积极心态 …… 45

第三章 教师职业生涯规划与发展理论 …… 46
第一节 国外教师职业生涯发展理论 …… 46
一、福勒的关注阶段论 …… 46
二、伯顿的教师发展阶段论 …… 47
三、费斯勒的教师生涯循环论 …… 47
四、斯德菲的教师生涯发展模式 …… 48
五、休伯曼的教师职业生命周期论 …… 49
第二节 国内教师职业生涯发展模式 …… 49
一、教师职业生涯发展模式 …… 49
二、教师职业生命周期论 …… 50
三、自我更新取向发展阶段理论 …… 50
四、教师发展时期论 …… 51
五、教师社会化发展阶段论 …… 51
第三节 教师职业生涯发展的规律 …… 52
一、教师职业生涯发展理论的梳理 …… 52
二、教师职业生涯发展阶段的规律 …… 53

第二部分 教师职业生涯规划与发展解析

第四章 教师职业生涯规划与发展的自我评估 …… 59
第一节 职业价值观的评估 …… 59

一、职业价值观概述 ………………… 59
　　二、职业价值观类型 ………………… 60
　　三、职业价值观探索 ………………… 64
　　四、教师职业价值观 ………………… 65
第二节　职业兴趣的评估 ……………… 69
　　一、职业兴趣概述 …………………… 69
　　二、职业兴趣类型 …………………… 71
　　三、职业兴趣探索 …………………… 73
　　四、教师职业兴趣 …………………… 82
第三节　职业能力的评估 ……………… 83
　　一、职业能力概述 …………………… 83
　　二、职业能力的构成 ………………… 84
　　三、教师职业能力 …………………… 85

第五章　教师职业生涯规划与发展的
　　　　影响因素 ……………………… 89
第一节　社会因素 ……………………… 89
　　一、社会环境 ………………………… 89
　　二、社会制度 ………………………… 91
　　三、社会支持 ………………………… 92
第二节　学校因素 ……………………… 94
　　一、学校环境 ………………………… 94
　　二、学校制度 ………………………… 95
　　三、学校支持 ………………………… 96
第三节　个人因素 ……………………… 98
　　一、专业能力 ………………………… 98
　　二、性格特征 ……………………… 100
　　三、职业认同 ……………………… 100

第六章　教师职业生涯规划与发展的
　　　　路径分析 …………………… 105
第一节　教师职业生涯目标规划 …… 105
　　一、教师职业生涯目标的意义 …… 105
　　二、教师职业生涯目标的原则 …… 108
　　三、教师职业生涯目标的种类 …… 111
　　四、教师职业生涯目标的确定 …… 112
第二节　制订行动计划与有效
　　　　时间管理 …………………… 114
　　一、制订行动计划 ………………… 114
　　二、时间管理的必要性 …………… 114

　　三、时间管理原则 ………………… 115
第三节　教师职业能力的培养 ……… 117
　　一、职业能力 ……………………… 117
　　二、专业能力 ……………………… 118
　　三、胜任能力 ……………………… 119

第三部分
不同生涯周期教师的职业规划与发展

第七章　新手型教师的适应与成长 … 123
第一节　我为什么选择做老师 ……… 123
第二节　新手型教师的特点 ………… 124
　　一、教学策略 ……………………… 124
　　二、工作动机 ……………………… 125
　　三、人格特征 ……………………… 126
第三节　新手型教师的角色适应 …… 126
　　一、教师角色 ……………………… 126
　　二、教师的角色适应 ……………… 130
课后练习 ……………………………… 134

第八章　熟手型教师的职业高原与
　　　　职业倦怠 …………………… 135
第一节　熟手型教师的特点 ………… 135
　　一、教学策略 ……………………… 135
　　二、工作动机 ……………………… 136
　　三、人格特征和心理健康 ………… 137
第二节　熟手型教师的职业高原 …… 137
　　一、认识教师职业高原 …………… 137
　　二、教师职业高原期的成因 ……… 138
第三节　熟手型教师的职业倦怠 …… 140
　　一、认识教师职业倦怠 …………… 140
　　二、职业倦怠的表现 ……………… 140
　　三、导致教师职业倦怠的原因 …… 142
课后练习 ……………………………… 143

第九章　专家型教师的知识分享 …… 144
第一节　专家型教师的特点 ………… 144
　　一、教学策略 ……………………… 144
　　二、工作动机 ……………………… 145
　　三、人格特征 ……………………… 146

四、创造性 ·············· 146
第二节　专家型教师的知识分享与
　　　　经验传播 ·············· 147
　　一、专家型教师的知识 ·············· 147
　　二、专家型教师的能力 ·············· 148
　　三、专家型教师经验传播与分享 ·············· 149
课后练习 ·············· 151

第四部分 教师职业生涯规划与发展策略

第十章　教师教学反思 ·············· 153
第一节　反思的基本概念和特点 ·············· 153
　　一、反思 ·············· 153
　　二、反思能力 ·············· 154
　　三、教学反思 ·············· 155
　　四、教师反思的特点 ·············· 156
第二节　如何进行教学反思 ·············· 157
　　一、教育叙事 ·············· 157
　　二、教育日志 ·············· 165
　　三、教育自传 ·············· 168
第三节　培养教师教学反思能力 ·············· 169
　　一、创设适宜的学校环境 ·············· 169
　　二、提升教师讨论与反馈的质量 ·············· 169

　　三、注重教师个体的责任感与
　　　　问题意识 ·············· 170
　　四、加强反思策略的学习 ·············· 170
课后练习 ·············· 171

第十一章　教师时间管理 ·············· 172
第一节　时间管理的基本认识 ·············· 172
第二节　时间管理测验 ·············· 174
　　一、时间管理能力测验 ·············· 174
　　二、罗莎哈时间感测验 ·············· 174
第三节　如何进行时间管理 ·············· 176
　　一、时间管理四象限法 ·············· 176
　　二、"尽管去做"时间管理法 ·············· 177
　　三、SMART目标法 ·············· 177
课后练习 ·············· 178

第十二章　教师职业认同 ·············· 179
第一节　教师身份认同的基本概念 ·············· 179
　　一、教师角色 ·············· 179
　　二、教师身份认同 ·············· 180
第二节　如何促进教师职业认同 ·············· 180
　　一、价值观是前提 ·············· 180
　　二、兴趣是基础 ·············· 185
　　三、能力是关键 ·············· 189
课后练习 ·············· 193

第一部分
教师职业生涯规划与发展概述

第一章 职业生涯规划与发展

第一节 职业生涯规划概述

一、职业的概述

(一) 职业的内涵

职业,本身是一个范围极广、种类极多的领域,由于研究的目的和角度不同,人们对职业的内涵也有不同的界定。从词义学的角度来看,在中国的《辞海》中,"职业"一词由"职"与"业"二字构成。"职"包含着职位、职责、权利和义务的意思;"业"包含着从事业务、事业、事情、独特工作的意思。[①] 英语常用 vocation 和 occupation 来表示"职业"的意思,但两者的含义并不完全相同。vocation 强调一个人内在的、心理上的使命感,即自觉受到昭示并具有适于做某种工作的特定"天赋"或"天职";occupation 则强调一种外在的、客观的占据状态,即由于社会制度安排或外在分工环境约束,一个人所从事的事业需要永久性地耗用时间、精力。[②]

美国社会学家塞尔兹从经济学的角度界定"职业"是一个人为了取得个人收入而连续从事的具有市场价值的特殊活动。这种活动决定着从业者的社会地位。日本劳动问题专家保谷六郎认为,职业是有劳动能力的人为了生活所得而发挥个人能力并为社会做贡献而连续从事的活动。我国职业生涯管理专家程社明强调了职业的个人与社会、知识技能与创造、创造与报酬、工作与生活的四种关系,将"职业"界定为人们的一种生活方式,每个人的一生都要面临职业选择,从而将职业定义为"参与社会分工,利用专门知识、技能为社会创造物质财富、精神财富,获取合理报酬作为物质生活来源,并满足精神需求的工作"。[③] 综上所述,所谓职业是指人们为了谋生和发展而从事的相对稳定、有经济收入、特定类别的社会劳动。这种社会劳动取决于社会分工,并要求劳动者具备一定的生活素养和专业技能。它是对人们的生活方式、经济状况、文化水平、行为模式、思想情操的综合性反映,也是一个人的权利、义务和职责,是一个人社会地位的一般性表征。

---

① 李海芬. 教师职业生涯规划与设计[M]. 重庆:重庆大学出版社,2014:1.
② 黄俊毅,沈华玉,胡潇文. 大学生职业生涯规划[M]. 北京:清华大学出版社,2010:3.
③ 李晓波,李洪波. 大学生职业生涯规划与发展[M]. 北京:化学工业出版社,2010:20.

(二) 职业的特点

1. 基础性
职业是个人和社会存在与发展的基础，因为职业给人们解决了生活的基础问题。人们为了生存必须从事职业活动，人们的各种社会活动、人文活动，大多建立在职业的基础上，有了职业生活，才有了其他一切社会生活的基础。

2. 广泛性
职业是劳动者进行的社会生产劳动或社会工作。职业问题涉及社会的大部分成员，也涉及社会、经济、心理、教育、技术、政治、伦理等领域，因而它具有广泛性。

3. 经济性
职业活动区别于其他活动的重要标志，就是职业是以获得经济收入、取得报酬为目的。没有报酬的工作，即使其劳动活动较为稳固，也不是职业。

4. 差异性
不同职业之间可能在职业劳动的内容、职业的社会心理、从业者个人的行为模式等方面有着巨大的差异。随着劳动分工的细化、技术的进步、经济结构的变动，存在着多种多样的职业，这是社会发展的必然趋势。

5. 社会性
职业随着社会分工的出现而产生，并随着社会生产力的发展而不断发展。生产力越是高度发展，社会分工也就越复杂、越细致。从某种意义上讲，社会就是各种职业和职业活动的统一体。

6. 时代性
职业随时代的需求而产生，随时代的变迁而变化，不同时期会出现不同的职业，随着时代的变化，新的职业不断出现。

7. 层次性
从社会需要的角度来看，职业间不应区分重要与否，也没有高低贵贱的等级之分。然而现实社会中，人们对不同职业的社会评价确实存在着差别，因而导致职业具有一定的层次性。这种职业的层次性一般是由不同职业体力和脑力劳动的付出、收入水平、工作任务的轻重、社会声望、权力地位等因素决定的，但这种层次性也不是固定不变的，它会随着社会文化的发展和人们观念的变化而变化。

(三) 职业的分类

1. 我国的职业分类
我国的国家职业分类标准是《中华人民共和国职业分类大典》。1986年，我国首次颁布了《职业分类与代码》(GB6565-86)，并启动了编制国家统一职业分类标准的宏大工程。1992年，在中央各部委的大力支持和协助下，原劳动部组织编制了《中华人民共和国工种分类目录》，这个目录将当时我国近万个工种归并为分属46个大类的4700多个工种。1998年12月编制完成的《中华人民共和国职业分类大典》于1999年5月正式颁布实施。《中华人民共和国职业分类大典》是我国第一部对职业进行科学分类的权威性文献，它在广泛借鉴国际先进经验和深入分析我国社会职业构成的基础上，突破了过去以行业管理机构为主体，以归属部门、单位甚至用工形式来划分职业的传统模式，采用了以从业人员工作性质的同一性作为职业划分新原则的方法，并对各个职业的定义、工作活动的内容和形式以及工作活动的范围等做了具体描述。①

国家职业标准是在国家职业分类的基础上，根据职业的活动内容，对从业人员工作能力的规范性要求，也是衡量劳动者从业资格和能力的重要尺度。了解职业标准对我们认识职业准入要求、认识自身与该子行业要求的距离有很大的帮助。此后每年都会根据我国的社会经济发展公布一些新兴的职业及职业标准。

《中华人民共和国职业分类大典(2022年版)》把职业分为四个层次，包括8个大类，79个中类，449个小类，1636个细类。细类为最小类别，即职业。职业的8个大类分别如表1-1所示。

表1-1 职业的8个大类

序号	名称
一	党的机关、国家机关、群众团体和社会组织、企事业单位负责人
二	专业技术人员
三	办事人员和有关人员
四	社会生产服务和生活服务人员
五	农、林、牧、渔业生产及辅助人员
六	生产制造及有关人员
七	军队人员
八	不便分类的其他从业人员

职业分类是以工作性质的同一性为基本原则，对社会职业进行的系统划分与归类。所谓工作性质，即一种职业区别于另一种职业的根本属性，一般通过工作内容、工作对象、从业方式等的不同予以体现。一方面是根据职业活动工作特征的相异程度进行职业的划分，另一方面是根据职业活动工作特征的相同程度进行职业的归类。我们可以看出，职业是根据工作的内在属性——职业活动的工作特征来确定的，当从事某一新类型职业活动的人达到一定数量后，我们就可以给这个类型命名为一个新职业。

2. 国外的职业分类

国外的职业分类主要有3种：按照脑力劳动和体力劳动的性质、层次，把工作人员分为白领和蓝领两类；按照心理个别差异进行分类，其代表是霍兰德所创立的人格和职业类型匹配理论，将人格和职业对应划分为现实型、艺术型、研究型、社会型、企业型和传统型6种；按照各个职业的主要职责或从事的具体工作进行分类。

美国大学考试中心(ACT)通过对500多种常见职业的分类合并，做出了一个大致与霍兰德兴趣类型接近的6类23种的职业分类。

工作世界地图把霍兰德的六边形与两个维度("人—物"维度和"数据—观念"维度)组合在一起，使职业类型和职业性质有机地结合起来，基本是将霍兰德职业兴趣理论和气质与职业选择关系组合在一起，这使得我们可以通过气质测评和霍兰德职业兴趣倾向测评，直观地判断

---

① 曲振国. 大学生就业指导与职业生涯规划[M]. 北京：清华大学出版社，2021：153.

适合我们的职业类型。

在霍兰德六边形的外部共分为12个区域，共有23个职业群被标定在图中，如图1-1所示。在具体应用时，如果受试者知道了自己的兴趣类型和气质类型，就可以通过该图较准确地确定自己的职业兴趣在该图中的位置，再通过与不同职业群的远近位置的比较，可以进一步扩展职业兴趣的搜寻范围。

这六类分别是商业交际工作类别、商业操作工作类别、技术工作类别、科学工作类别、艺术工作类别和社会工作类别。

23个职业群分别为：A 市场与销售；B 管理与规划；C 记录与沟通；D 金融交易；E 储存与分派；F 商业机器、电脑操作；G 交通工具的操作与修理；H 建筑与维护；I 农业与自然资源；J 手艺与相关服务；K 家用、商业电器维修；L 工业电器的操作与修理；M 工程学与相关技术；N 医药学与技术；O 自然科学与数学；P 社会科学；Q 应用艺术(视觉)；R 创造、表演艺术；S 应用艺术(写作与演讲)；T 综合性健康护理；U 教育与相关服务；V 社会与政府服务；W 个人、消费者服务机构。

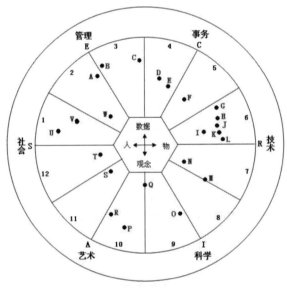

图1-1　工作世界地图

(四) 职业、工作与职位的关系

(1) 职业是在不同的专业领域中一系列相似的工作的总称。如教师职业，可分为幼儿教师、小学教师、中学教师和大学教师等；会计职业，可分为工业企业会计、农业企业会计、上市公司会计和涉外会计等。

(2) 职业不等于工作，职业包含工作。工作的概念是劳动生产，主要是指劳动，确切地说，是指具体的劳动内容。比如有人问"你的职业是什么"，回答"中学教师"，又问"你教什么(具体的工作)"，回答"数学"。这时，"教数学"就是这个人的工作。有时在交谈时，别人会问"您是做什么工作的"，回答"教师"。这其实是一种模糊的回答，混用了概念。

(3) 职位与分配给个人的一系列具体任务直接相关。因此，职位和参与工作的个人相对应，有多少参与工作的个人，就有多少个职位。

人们要进行一定的活动，或者说要从事一定的工作，就必须有一定的选择范围，或明确具体的工作职位。无论是相对于具体的工作内容，还是相对于某一个具体的劳动者而言，职位都是具体的，具有非常鲜明的外在表现形式和内涵。无论一个人从事何种工作，最终都是一个体现这种工作的载体，具体来讲，就是某个职位，职位是对劳动者的工作活动或工作位置的称谓。

二、生涯的概述

(一) 生涯的内涵

"生涯"一词可追溯到《庄子·养生主》中的"吾生也有涯，而知也无涯"。这里，生为生命，涯为边际。这句话的意思是"我的生命是有限的，但需要我学习、探索的却是无边无岸的"。"生涯"最初被用来解释生命是有边际、有限度的，描述人生的范畴。"生涯"可以理解为综合化的人生意象，代表一种与生命或生活有关的过程以及与这个过程有关的一切事物。[①] 我国学者金树人认为，"生涯"一词涵盖了三个重点：生涯的发展是人一生中连续不断的过程；生涯包括个人在家庭、学校和社会中与工作有关活动的经验；这种经验塑造了独特的生活方式。[②]

生涯的英文是 Career，来源于希腊文，有疯狂竞赛的精神，最早常用作动词，如驾驭赛马，后来又引申为道路，即人生的发展道路。[③] 西方学者舒伯(Super, 1976)关于"生涯"的定义被广泛接受：生涯是生活里各种事态的连续演进方向；它统合了人一生中依序发展的各种职业和生活的角色，由个人对工作的投入而流露出独特的自我发展形式；它也是人生自青春期以迄退休之后，一连串有酬或无酬职位的综合，除了职业之外，尚包括任何和工作有关的角色，如学生、受雇者、领退休金者，甚至也包含了副业、家庭、公民的角色。生涯是以人为中心的，只有在个人寻求它的时候，它才存在。[④]

(二) 职业生涯的内涵

职业生涯是一个动态的过程，每一位工作着的从业者都拥有自己的职业生涯。职业生涯大致可从广义和狭义两个层面进行界定。狭义的职业生涯，起始于最初工作之前的专门的职业学习和训练，终止于完全结束或退出职业工作，限定于直接从事职业工作的这段生命时光；广义的职业生涯，则可以从个体的出生之时开始到完全结束职业工作为止，包括了个体的全部生命历程。职业生涯也可以说是从职业能力的获得、职业兴趣的培养、选择职业、就职，直到最后完全退出职业劳动这样一个完整的职业发展过程。

职业生涯是一个人的终身职业经历，是追求自我价值实现的重要人生阶段。与职业不同，职业生涯是一个发展的概念，强调动态性。这整个历程可以是间断的，也可以是连续的。它不仅包括一个人的过去、现在和未来那些可以实际观察到的连续从事的职业发展过程，还包括个人对职业生涯发展的见解和期望。[⑤] 同时，我们还应注意到职业生涯包含了一个雇佣时间跨度，

[①] 张立新，张宝泉，徐永慧. 职业生涯规划[M]. 北京：清华大学出版社，2021：2.
[②] 金树人. 生计的观念、生计的辅导[J]. 咨询与辅导月刊，1987(1)：14-15.
[③] 曲振国. 大学生就业指导与职业生涯规划[M]. 北京：清华大学出版社，2021：2.
[④] 金树人. 生涯咨询与辅导[M]. 北京：高等教育出版社，2016：2.
[⑤] 胡建宏，刘雪梅. 大学生职业生涯规划[M]. 北京：中国宇航出版社，2007：17.

这期间涉及一个或几个职业，而在每个职业中又可以有一系列的职位。

职位是在某一职业中的一个岗位。一个人可以在某一职业中陆续拥有不同的职位。例如，教师是一种职业，而从普通的教师到特级教师的过程则展现了一个人的职业生涯。我们所要规划和设计的不是一份工作或一个职位，而是职业的发展，即职业生涯，它是每个人人生的一段重要经历和过程。

(三) 职业生涯的特点

从职业生涯的内涵出发，职业生涯具有以下几方面的特点。

1. 独特性

每个人都有自己的职业发展条件，有自己的职业发展动力和个人需求，有着自己的职业选择，借助不同的职业发展路径寻求个人成长和发展。因此，每个人的职业生涯往往具有独特性。

2. 动态性

每一个人的职业生涯都是一个发展的、演进的动态过程。在这个过程中，一方面，员工的知识技能不断增强，薪酬水平将会相应增加，职务也会不断地改变；另一方面，员工和企业之间也会从最初的磨合到相互接纳和共同发展。

3. 阶段性

职业生涯是一个动态的、发展的过程，不同的发展阶段有着不同的特点和规律。因此，应该了解职业生涯每个阶段的状况和特征，进而有针对性地进行职业的规划和调整，这将有利于目标的顺利实现。

4. 互动性

人的职业生涯是个人与他人、个人与环境、个人与组织、个人与社会之间互动的结果。个人的职业发展离不开家庭、组织和社会各种因素的相互影响。因此，个人职业生涯的规划和发展都不能脱离客观环境的影响和制约，它们之间存在非常强的交互作用。

5. 整合性

整合性是指由于个人所从事的工作或职业往往会决定其生活形态，与其家庭和生活的各个阶段紧密相连，因此，职业与生活两者之间很难区分，从而职业生涯具有整合性，涵盖整体发展的各个层面，而非仅局限于某个工作或职位。

三、职业生涯规划

(一) 职业生涯规划的内涵

职业生涯规划的概念最早是由著名管理专家威廉·罗斯威尔提出的，他认为："职业生涯规划就是个人结合自身情况以及眼前的制约因素，为自己实现职业目标而确定行动方向、行动时间和行动方案。"具体来讲，职业生涯规划是个人与组织相结合，在对一个人职业生涯的主客观条件进行测定、分析、总结研究的基础上，对自己的兴趣、爱好、能力、特长、经历及不足等各方面进行综合分析与权衡，结合时代特点，根据自己的职业倾向，确定最佳的职业奋斗目标，并为实现这一目标做出行之有效的行动方案和计划安排。

职业生涯规划的目的是帮助个体真正地认识自我，并在此基础上，结合周围的客观条件，为自己的事业和未来制定一个切实可行的、合理的职业发展方向，最终实现自我价值和理想。一个有职业生涯规划的人，他的生活才是有目标、有意义的。我们要注意，在现实生活中，不是人人都有自己的职业生涯规划的。即使是一个有工作的人，他也未必有职业生涯规划。职业生涯是一个长期的过程，找到一份工作仅仅只是开始而已。

根据时间的维度，我们一般将职业生涯划分为短期规划、中期规划、长期规划和人生规划四种类型。[①]

1. 短期规划

短期规划是指 2 年以内的规划，主要是确定近期目标，规划近期应完成的任务。

2. 中期规划

中期规划是指 2~5 年的就职目标和任务，是最常用的一种职业生涯规划。

3. 长期规划

长期规划是指 5~10 年的规划，主要是设定较长远的目标，以及为实现此目标应采取的具体措施。

4. 人生规划

人生规划是指对整个职业生涯的规划，时间长达 40 年左右，设定整个人生的发展目标和阶梯。[②]

由于个体本身和周围的环境随时都可能发生变化，时间跨度太长的规划难以把握，而时间跨度太短的规划意义不大，因此，在实际操作过程中，人们一般倾向于将个人职业生涯规划的重点放在 2~5 年的中期规划，这样既便于根据实际情况制定可行的目标，又便于根据现实的反馈和变化情况进行相应的修正和调整。

(二) 职业生涯规划的特点

职业规划具有明显的个性化特征，每个人因各自的生涯发展阶段和发展历程不同，其职业生涯规划的重点也就各不相同。不同的人在做职业生涯规划时，所考虑的相关要素也会不同。但是，有一些要素是共性的要素，任何人做职业生涯规划都应充分考虑，即知己、知彼和抉择三个要素。知己，就是全面、充分地认识自我。知己主要是对自己内心世界的认识，包括自己的性格、兴趣、特长、智能、情商等。知彼，就是对自己所从事的职业环境以及相关的组织信息有一个全面的了解。知彼主要是探索外在的职业世界，包括所在组织的环境、职业的特性、工作发展的前景、政治环境、经济环境等。抉择，就是在知己知彼的基础上，选择符合现实，能发挥自己专长和强项，且自己有兴趣并与环境相适应的职业目标。抉择主要包括抉择技巧、抉择风格，以及抉择可能面临的冲突、阻力和助力等。[③] 更重要的是还要掌握制订个人职业生涯规划的下述重要原则。

---

① 李海芬. 教师职业生涯规划与设计(教师职业素养阅读丛书)[M]. 重庆：重庆大学出版社，2014：7.
② 李海芬. 教师职业生涯规划与设计(教师职业素养阅读丛书)[M]. 重庆：重庆大学出版社，2014：7.
③ 胡建宏，刘雪梅. 大学生职业生涯规划[M]. 北京：中国宇航出版社，2007：25.

1. 长期性原则

规划一定要从长远考虑，着眼于大方向。同时，人生的各个阶段是持续连贯发展的，因此，职业生涯的规划也应考虑人生发展的整个过程。

2. 清晰性原则

清晰性原则即应该考虑目标、措施是否清晰、明确，实现目标的步骤是否直截了当，安排是否具体。

3. 挑战性原则

为避免陷于平庸，应该考虑制定目标或措施是否具有挑战性，太容易实现的目标对自我的内在激励作用不大，因此要根据自身的情况，制定高于现状但又切实可行的目标。

4. 可行性原则

可行性原则就是要从自身的实际情况和所处的环境状况出发，制订适合自己，并且与周围环境相适应的职业生涯规划。

5. 变动性原则

变动性原则就是在制订规划时，一定要将职业生涯看作是一个动态的发展过程，目标或措施应具有一定的弹性或缓冲性，这样在实际操作中，才能更好地根据环境或自身的变化适时地进行修正和调整。

6. 一致性原则

一致性原则即主要目标要与分解目标协调一致，具体措施要与目标一致，同时个人目标要保持与所在组织目标一致。

7. 可评量原则

可评量原则即规划的设计应该有明确的标准和时间限制，以便自己能根据进度来评量执行的情况，并适时地进行修正和调整，以保证计划的顺利进行和目标的实现。

(三) 职业生涯规划的步骤

职业生涯规划的主要内容反映规划制订者对价值观念、能力的自省程度和对职业生涯发展的自我把握程度。一份完整有效的职业生涯规划应包括职业素质分析(自我识别与测评定位)、职位环境分析、职业生涯目标的确定、实施策略与措施、反馈调整 5 个环节。[1]

1. 自我识别与测评定位

自我识别与测评定位是职业生涯规划的基础。自我识别要求能全面、客观、准确地了解自己；测评定位，就是在自我识别的过程中，通过一些科学工具的测试或他人的评价来更加全面地认识自我，从而更加客观和准确地给自己定位。自我识别与测评定位的主要内容是与个人相关的所有因素，包括兴趣爱好、气质、性格、能力、特长、专长、思维方式、价值观、情商等。只有在充分了解自己的长处和短处以及自己的兴趣爱好后，一个人才能更好地根据实际选择适合自己的职业。

---

[1] 李海芬. 教师职业生涯规划与设计(教师职业素养阅读丛书)[M]. 重庆：重庆大学出版社，2014：9.

2. 职业环境分析

除了正确、清晰地认识自己之外，一个人还需要对其所处的职业环境有一个清醒的认识。职业环境主要包括社会政治环境、经济环境和所在单位或组织的环境。人最本质的特点是具有社会性，一个人职业生涯的规划与发展必定会受到社会环境的影响，所以在设计职业生涯规划时，要充分考虑社会就业形势、经济发展状况、政治局势、所在单位的文化和价值理念等。只有在充分分析职业环境的基础上，设计的职业生涯规划才具有实际性和可行性。

3. 职业生涯目标的确定

没有目标的人生是没有意义的人生，同样，没有目标的职业生涯规划就根本称不上是规划。"明确方向是成功的一半"，我们制订职业生涯规划是为了实现目标，进而获得自己理想的生活。职业生涯的目标是指可预想到的、有一定实现可能性的最长远目标，包括人生目标、长期目标、中期目标和短期目标。需要注意的是，在制定目标时，目标不能定得太高，也不能定得太低，要根据自己的能力，制定有一定难度的、需要通过努力才能实现的目标，切忌在制定目标时好高骛远。

4. 实施策略与措施(制订行动计划与措施)

在确定了职业生涯规划目标后，行动便成了关键的环节。每一步的行动计划与措施都应为最终目标的实现而服务。所以，在制订规划时，行动计划与措施应具体可行、容易评量，具体来讲，包括职业生涯发展路线、教育培训安排、时间计划等方面的行动和措施。

5. 反馈调整

影响职业生涯规划的因素很多，有的变化因素可以预测，有的则难以预测。尤其在现代职业领域，变化更多、更快。要使职业生涯规划行之有效，就必须不断地根据外界的变化对规划进行调整与修正。对职业生涯的反馈调整主要包括职业的重新选择、职业生涯路线的重新选择、人生目标的修订、措施的实施与计划的变更等。在具体的实施过程中，我们需要在计划或措施实施一段时间后，对计划执行的情况进行内容和成效的评估，效果好则继续进行并保持下去，效果不好则根据相关的反馈信息，查找和反思存在的问题，并适时做出调整与修订，以保证职业生涯规划目标的最终实现。

第二节 职业选择的相关理论

一、帕森斯的特质因素理论

(一) 理论概述

帕森斯的特质因素理论又称帕森斯的人职匹配理论，特质因素理论是最早的职业辅导理论，1909年美国波士顿大学教授弗兰克·帕森斯(Frank Parsons)在其《选择一个职业》的著作中提出了人与职业相匹配是职业选择的焦点的观点。他认为，个人都有自己独特的人格模式，每种人格模式的个人都有其相适应的职业类型。"特质"是指能够通过心理测验所得的特征，包括能力倾向、兴趣、价值观和人格等；"因素"是指能够胜任工作表现必须具备的特征。"特质因素理论"就是研究个人心理特征与职业因素相匹配的理论。

(二) 特质因素理论内涵

帕森斯的特质因素理论有几个基本的假设：① 每一个人都有其独特性，这种独特性反映在兴趣、能力、需要、价值和人格特质上；② 每一个职业和工作也有其独特性，这些独特性反映在工作项目、所需能力、所提供的报酬等方面；③ 个人与职业的独特性都能够通过评估工具测量出来；④ 如果个人的特性和职业的特性是吻合的，双方都会感到满意。

特质因素理论的内涵就是指在清楚认识、了解个人的主观条件和社会职业岗位需求条件的基础上，将主客观条件与社会职业岗位相对照和匹配，选择一个与个人匹配相当的职业。特质因素理论以对人的特性的测评为基本前提，它提出了在职业决策中进行人职匹配的思想。

(三) 职业与人的匹配

帕森斯提出的职业选择三要素模式，在实践中逐步形成职业指导过程的三个步骤。

(1) 评价求职者的生理和心理特点，也就是"特性"。通过心理测量及其他测评手段，获得有关求职者的身体状况、能力倾向、兴趣爱好、气质与性格等方面的个人资料，并通过会谈、调查等方法获得有关求职者的学业成绩、工作经历等情况，并对这些资料进行评价。

(2) 分析各种职业对人的要求，也就是"因素"，并向求职者提供有关的职业信息，主要包括四个方面：职业的性质、工资待遇、工作条件及晋升的可能性；求职的最低条件，诸如学历要求、所需的专业训练、身体要求、年龄、各种能力，以及其他心理特点的要求；为准备就业而设置的教育课程计划，以及提供这种训练的教育机构、学习年限、入学资格和费用等；就业机会。

(3) 人职匹配。指导人员在了解求职者的特质和职业的各项指标的基础上，帮助求职者进行比较分析，以便选择一种适合其个人特点又有可能得到并能在职业上取得成功的职业。

人职匹配又分为两种类型。一是因素匹配(工作找人)。例如，有些工作需要具备专门技术和专业知识与掌握该种技能和专业知识的择业者相匹配；或脏、累、苦，劳动条件很差的职业，需要有吃苦耐劳、体格健壮的劳动者与之匹配。二是特性匹配(人找工作)。例如，具有敏感、易动感情、不守常规、个性强、理想主义等人格特性的人，宜从事审美性、自我情感表达的艺术创作类型的职业。

可以看出，特质因素理论强调个人所具有的特质与职业所需要的素质与技能(因素)之间的协调和匹配。因此，特质因素理论十分重视人才测评对个体特性的了解与掌握，这也是特质因素理论进行职业指导是以对人的特性的测评为基本前提的原因。

特质因素理论将个人与工作进行匹配的前提是这两者首先为固定不变的，然而，这两者都是在变化之中的，所以从发展的观点看，该理论在这一点上考虑不够充分。其次，特质因素理论注重心理测试工具的使用，但是心理测试工具本身存在着一定的信度与效度的问题，所以也遭到了一些质疑的声音。此外，特质因素理论侧重强调人与职业两者之间理性的匹配，却忽略了情感在职业选择决策中的影响作用。

二、霍兰德的类型理论

(一) 理论概述

约翰·霍兰德是美国约翰·霍普金斯大学荣誉退休教授。霍兰德的理论发展，源自于他对当时测验的疑惑，从疑惑中产生解决问题的动力，进而发展为理论。他于1959年提出了具有广泛社会影响的职业兴趣理论，认为人的人格类型、兴趣与职业密切相关，兴趣是人们活动的巨大动力，凡是具有职业兴趣的职业，都可以提高人们的积极性，促使人们积极地、愉快地从事该职业，且职业兴趣与人格之间存在很高的相关性。

1953年霍兰德编制了《职业偏好量表》，并在此基础上发展了自我指导探索(1969)，据此提出了"人格特质与工作环境相匹配"的理论(1970)。霍兰德职业兴趣理论将职业兴趣测试和个体分析二者有机结合起来。霍兰德类型理论的主要测评工具为其自行设计的《职业自我探索量表》(Self-Directed Search，SDS)。

1995年美国心理学会颁发杰出贡献奖给霍兰德，指出霍兰德的生涯理论提供了一个智性的工具，统整了人们对职业意图、职业兴趣、人格与工作史的知识。1999年，美国的《职业行为期刊》(Journal of Vocational Behavior)以专刊的形式发表了12篇论文，从不同角度阐述霍兰德类型理论在职业生涯发展中的贡献。

(二) 人格类型与职业类型的关系

1. 理论的基本原则

霍兰德以下列六个基本原则为基础，发展出简明又实用的类型理论。

(1) 选择一种职业，是一种人格的表现。
(2) 既然职业兴趣是人格的呈现，那么职业兴趣测验就是一种人格测验。
(3) 职业的刻板化印象(stereotypes)是可靠的，而且有重要的心理与社会意义。
(4) 从事相同职业的成员，有相似的人格与相似的个人发展史。
(5) 由于同一职业团体内的人有相似的人格，他们对于各种情境与问题的反应方式也大体相似，并且因此塑造出特有的人际环境。
(6) 个人的职业满意程度、职业稳定性与职业成就，取决于个人的人格与工作环境之间的适配性。

从这些基本原则来看，霍兰德的理论不是"单行道"，职业可以改变个人，个人也可以改变环境，二者是互相影响的；同时，它又是"结构的"(structural)或"类型的"(typological)，因为霍兰德的类型理论将浩瀚如海的个人与职业的资料，分成六个大类。

基于此，霍兰德称自己的理论是"结构交互式"(structural-interactive)或"类型交互式"(typological - interactive)的理论。

2. 主要假设

霍兰德将美国社会中的职业归纳成六大类型，相应地，也自然有六种不同类型的人会去从事和自己的类型相匹配的职业。其主要假设为：①在美国的文化中，大多数人可以归纳为六种类型，即现实型(realistic type)、研究型(investigative type)、艺术型(artistic type)、社会型(social type)、企业型(enterprising type)和传统型(conventional type)；②在美国的社会环境中，也有着相同的六种类型，即现实型、研究型、艺术型、社会型、企业型和传统型；③人都在追求某类工作环境,这类环境能施展个人的技术与能力,能展示个人的态度与价值,能胜任问题的解决和角色的扮演;④人的行为由人格与环境的交互作用所决定。

这六大类型的第一个字母按照一个固定的顺序排成一个六边形:RIASEC,显示出霍兰德类型理论的精华,我们可以借此了解霍兰德的理论假设、分类系统以及霍兰德代码(Holland Code)的运作。

当前职业兴趣测验已在教育、培训、企业管理等领域有了越来越多的应用。霍兰德的职业兴趣理论对于个人升学就业具有重要的指导作用,已成为众多职业咨询机构的重要工具。另外,霍兰德于 1982 年编撰完成的《霍兰德职业兴趣代码字典》对美国职业大典中的每一种职业都给出了职业兴趣代码,职业兴趣量表可直接应用于职业辅导和咨询。

霍兰德将职业归纳成以下六大类型,相应地,也自然有六种不同类型的人,会去从事和自己的类型相同的职业。

(1) 现实型。

现实型的人喜欢和事物打交道(工具、机械、设备),用手、工具、机器制造或修理东西。他们愿意从事实务性的工作,喜欢户外活动或操作。但是这种类型的人往往不喜欢社交。这类职业包括制造业、渔业、农业、林业、野外生活管理业、技术贸易、机械业、技术、特种工程师和军事工作等。

(2) 研究型。

研究型的人喜欢智力的、抽象的、推理的、独立定向的工作,他们会被吸引去从事包含较多认知活动(思考、组织、理解等)的职业,而不是以感知活动(感觉、反应或人际沟通以及情感等)为主要内容的职业。这类人往往缺乏领导能力。与该兴趣类型相匹配的职业有生物学家、化学家、大学教授、实验室工作人员、社会学家和物理学家等。

(3) 艺术型。

艺术型的人一般喜欢从事包含着大量自我表现、艺术创造、情感表达及个性化活动的职业。与该兴趣类型相匹配的职业主要有戏剧导演、作曲家、广告制作者及音乐家等。

(4) 社会型。

社会型的人喜欢从事包含着大量人际交往内容的职业,而不是包含着大量智力活动或体力活动的职业,他们喜欢帮助别人,也喜欢与人合作。与该兴趣类型相匹配的职业主要有教师、心理咨询医生、外交工作者以及社会工作者等。

(5) 企业型。

企业型的人喜欢冒险活动,喜欢领导和支配别人,或善于为了达到个人或组织的目的而去说服别人,喜欢从事包含着大量以影响他人为目的的语言活动的职业。与该兴趣类型相匹配的职业主要有商业管理、律师、政治运动领袖、营销人员、管理人员及公共关系管理者等。

(6) 传统型。

传统型的人常会被吸引去从事包含大量结构性的且规则较为固定的活动的职业,在活动或工作中,希望确切地知道工作的要求和标准,具有良好的控制能力,相当保守,一般按常规办事,往往要服从于组织的需要。与该兴趣类型相匹配的职业主要有办公室工作人员、会计师、银行出纳、行政助理、秘书和档案文书等。

霍兰德将工作者划分为六种类型，同时将社会职业也划分为六种类型：现实型、研究型、艺术型、社会型、企业型、传统型。霍兰德的六种人格类型及相应的职业如表1-2所示。

表1-2 人格类型与职业类型的关系

类型	人格类型特点	职业类型	典型职业
现实型 (R)	物质的；实际的；安定的；喜欢具有基本技能、有规则的具体劳动。 缺乏洞察力、不善与人交往	有一定程序要求的、明确的、具体的岗位职务，运用手、工具或机械进行的操作性强的技术性工作	工程师、技术员；机械操作、维修、安装工人，矿工、木工、电工、鞋匠等；司机、测绘员、描图员；农民、牧民、渔民；质检员、电力工程师、软件技术人员、建筑设计师、汽车工程师等
研究型 (I)	分析的；独立的；慎重的；喜好运用智力，通过分析、概括、推理定向的科学研究与技术工作。 缺乏领导能力	以观察和科学分析进行系统的创造性活动和实验工作，一般侧重于自然科学方面	自然科学和社会科学方面的研究人员、专家；化学、冶金、电子、无线电、电视、飞机等方面的工程师、技术人员；飞机驾驶员、计算机操作员等
艺术型 (A)	想象力丰富；知觉的；冲动的；理想的；有独创力的；喜欢以表现力来抒发丰富的感情。 缺乏事务性办事能力，不愿依赖、服从他人；不愿做循规蹈矩的工作	在文学与艺术方面，通过非系统化的、自由的活动方式，擅长具有艺术表现力的职业	音乐、舞蹈、戏剧等方面的演员、艺术家编导、教师；文艺、艺术方面的评论员；广播节目的主持人、编辑、作者；绘画、书法、摄影家、艺术、家具、珠宝、房屋装饰等行业的设计师等
社会型 (S)	助人的、易于合作；喜欢交往；责任感强；有说服力；愿为别人服务，关心社会问题，对教育和社会福利等事业有兴趣。 缺乏动手操作能力	为社会及他人办事或服务，从事与人打交道的、说服、教育、治疗及社会福利事业方面的职业	教师、保育员、行政人员；医护人员；衣食住行服务行业的经理、管理人员和服务人员等
企业型 (E)	支配的；冒险的；自信的；精力旺盛的；有自我表现欲的；不易被他人支配，喜欢管理和控制他人，喜欢担任领导角色。 缺乏科学研究能力	从事具有风险、需要胆略、承担责任较大的工作，善于管理、营销、投资与主持指派他人去做工作的职业	经营企业家、政府官员、商人、行业部门和单位的领导者、管理者等
传统型 (C)	有耐心和良好的自制力；服从的；实际的；稳定而有秩序的；思想比较保守、循规蹈矩、有条有理，喜欢系统性强的工作。 缺乏创造力和艺术性	按固定程序与规则，从事重复性的、习惯性的、具体的日常事务，适宜常规管理方面的工作	会计、出纳、统计人员；打字员、办公室人员；秘书和文书；图书管理员、旅游、外贸职员、保管员、邮递员、审计员、人事职员等

(三) 自我特质与职业特质的匹配

人格类型与职业关系也并非绝对地一一对应。霍兰德在研究中发现,尽管大多数人的人格类型可以主要地划分为某一类型,但个人又有着广泛的适应能力,其人格类型在某种程度上相近于另外两种人格类型,则也能适应另两种职业类型的工作。也就是说,某些类型之间存在着较多的相关性,同时每一类型又有极为相斥的职业环境类型。霍兰德用一个六边形简明地描述了六种类型之间的关系,如图1-2所示。

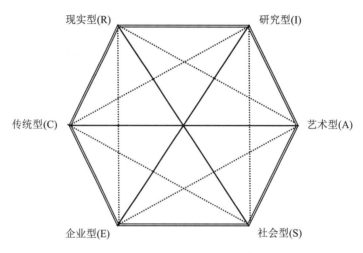

图1-2 霍兰德的六种人格类型

霍兰德用六边形模型来表示六种人格、职业类型的相互关系。他认为,环境造就了人格,反过来人格又影响着个体对职业环境的选择与适应;人们总是寻找能够展现自身能力与技能、与其态度和价值观相吻合的职业;职业满意度、稳定性和职业成就取决于个体人格类型和职业类型的匹配和融合;职业行为是人格与环境相互作用的结果。

霍兰德的六边形模型中,边和对角线的长度反映六种人格类型之间心理上的一致性程度,同时也代表着六种职业类型之间的相似程度。任何两种职业类型之间的距离越近,其职业环境及人格类型的相似程度就越高。六边形模型中每种类型与其他五种类型存在相近(在图中用单实线表示)、中性(在图中用双实线表示)和相斥(在图中用虚线表示)三种关系,形成人职关系的三种协调关系。① 人职匹配。根据六边形模型来理解,最为理想的职业选择就是个体能找到与其人格类型匹配的职业类型,即人职匹配。从而,个人最可能充分发挥自己的才能并具有较高的工作满意感。② 人职次匹配。如果个人不能获得与其人格类型相匹配的职业类型,则寻找与其人格类型相近的职业。由于两种类型之间有较高的相关系数,个人经过努力和调整也能适应职业环境,达到人职次匹配。③ 人职不匹配。最不理想的职业选择是个人在与其人格类型相斥的职业环境中工作。在这种情况下,个人很难适应工作,更不能感受到工作的乐趣,甚至无法胜任工作,是人职不匹配。

第三节 职业生涯发展的相关理论

一、舒伯的职业生涯发展理论

(一) 理论概述

在西方职业生涯发展理论的推演中,帕森斯开创职业辅导的工作模式,此后的半个世纪,新的理论发展都在特质因素理论的人境适配框架之下进行,所关心的问题,都集中在"职业选择"这个焦点上,只有少数学者对职业生涯发展的问题产生兴趣,舒伯是其中具有代表性的一位。舒伯的职业生涯发展理论,让职业生涯发展的概念取代了职业辅导的模式,开启了一个崭新的局面。

舒伯从人的终身发展的角度出发,形成了他的职业生涯发展理论。他认为职业生涯发展是一个连续不断、循序渐进、不可逆转的动态过程,是一个有次序、具有固定形态的可预测的过程。他还认为人各有不同的能力、兴趣和个性,因此人都有适应从事某种职业的特性。

舒伯将个体的职业生涯阶段划分为五个阶段:成长阶段、探索阶段、确立阶段、维持阶段和衰退阶段。各个阶段的不同特点见表1-3。

表1-3 舒伯的职业生涯五阶段理论

阶段	成长阶段 (出生至14岁)	探索阶段 (15~24岁)	确立阶段 (25~44岁)	维持阶段 (45~64岁)	衰退阶段 (65岁以上)
主要特点	该阶段个体开始发展自我概念,开始以各种不同的方式表达自己的需要,对职业的好奇占主导地位,并逐步有意识地培养职业能力	该阶段个体通过学校的活动、社团休闲活动,对自我能力及角色、职业进行探索,对自己的能力等方面进行现实性评价,完成择业及初步就业。	该阶段个体确定适当的职业领域,逐步建立稳固的地位,并谋求发展。这一阶段是大多数人职业生涯周期中的核心部分	该阶段个体全力稳固现有的成就和地位。开发新的技能,维护已获得的成就和社会地位	该阶段个体由于生理及心理机能日渐衰退,个体逐渐从原工作上退隐。开发更广泛的社会角色,减少权力和责任,适应退休后的生活

根据职业生涯发展阶段的划分,舒伯为职业行为和职业态度提供了一个框架,即职业发展任务。职业发展任务是个体在生活中的某点上需要面对的新的成就或责任。每个阶段的职业发展任务都是不同的,舒伯根据不同职业阶段的特点,提出了相应的职业发展任务,并总结了每个阶段适合职业发展任务的态度和行为。

在舒伯的职业生涯发展阶段理论中,每一阶段都有一些特定的发展任务需要完成,每一阶段都需要达到一定的发展水准或成功水准,而且前一阶段发展任务的达成与否关系到后一阶段的发展。而且在后续的研究中,舒伯对发展任务的看法又向前推进了一步。他认为,在人一生的职业生涯发展过程中,每个阶段都同样面对成长、探索、确立、维持和衰退的问题,因而形成"成长—探索—确立—维持—衰退"的小循环。

有关职业生涯发展阶段及各阶段的发展任务,见表1-4。

表1-4　舒伯的职业生涯发展阶段与发展任务

阶段	成长阶段(出生至14岁)	探索阶段(15~24岁)	确立阶段(25~44岁)	维持阶段(45~64岁)	衰退阶段(65岁及以上)
发展任务	该阶段发展的任务：发展自我形象，发展对工作环境的正确态度，并了解工作的意义	该阶段共包括三个时期：试探期(15~17岁)，考虑需要、兴趣、能力及机会，做暂时的决定，并在幻想、讨论、课业及工作中加以尝试；过渡期(18~21岁)，进入就业市场或专业训练，更重视现实，并力图实现自我，将一般性的选择转为特定的选择；试验并稍做承诺期(22~24岁)，生涯初步确定并试验其成为长期职业生活的可能性，若不适合，则可能再经历上述各时期以确定方向。该阶段发展的任务：实现职业偏好；发展一个符合现实的自我概念；学习开创更多的机会	该阶段分为两个时期：试验—承诺稳定期(25~30岁)，个体寻求安定，也可能因生活或工作上的若干变动而尚未感到满意；确立期(31~44岁)，个体致力于工作上的稳固，大部分人处于最具创意的时期，由于资深而往往业绩优良。该阶段发展的任务：找到机会从事自己想要做的事；学习和他人建立联系；寻求专业的扎实与精进；确保一个安全的职位；在一个稳固的位置上安定地发展	该阶段的发展任务：接受自身条件的限制；找出在工作上的新难题；发展新技巧；专注于自己的本职工作；维持在专业领域中既有的地位与成就	该阶段可分为两个时期：减速期(65~70岁)，工作速度减缓，工作内容或性质改变以符合逐渐衰退的身心状态；退休期(71岁以后)，停止原有的工作，转移精力至兼职、义工或休闲等活动。该阶段发展的任务：发展非职业性质的角色；学习适合于退休人士的运动；做以前一直想做的事；减少工作量

(二) 生涯成熟

生涯成熟是舒伯及其同事在生涯模式研究中(Super, et al., 1957)提出的概念。生涯成熟包括了"情意"与"认知"两个层面。情意层面包含生涯规划与生涯探索两种态度；认知层面包含生涯决策和工作市场信息两部分，此外生涯成熟还包括对职业类别偏好的认识，如图1-3所示。

《生涯发展量表》(Career Development Inventory) (Thompson & Lindeman, 1981)广为研究者与咨询师使用。生涯发展量表分为两部分。第一部分评估生涯成熟的四个维度——生涯规划、生涯探索、生涯决策及工作世界的认识，包含四个量表。生涯规划与生涯探索两份量表组合成生涯发展态度，生涯决策与工作世界的认识两份量表组合成生涯发展认知。第二部分评估对偏好职业的认识，由一个分量表单独构成。

1. 生涯发展态度

"生涯规划"着重于未来的思考和计划，"生涯探索"关心的是资源的处理，两者同样重视工作态度，合起来就是舒伯所指的生涯发展态度。

"生涯规划"(career planning)这个概念最关键的部分是要看出一个人对于生涯规划专注投入的程度。"生涯探索"(career exploration)最重要的是能够测量出一个人愿意去探索或去搜寻生涯信息的程度。

2. 生涯发展认知

"生涯决策"的概念是关心运用知识和思考做决定的能力。"工作市场信息"强调搜索职业信息的能力。两者同样重视工作能力,合起来就是舒伯所指的生涯发展认知。

"生涯决策"这个概念包括学生如何拥有做决定的能力,以及如何实际进行生涯决策的操作。"工作市场信息"就是一个人进行有效的生涯决策前,必须具备充分的职业信息。

3. 职业类别偏好的认识

这一个概念原本不在舒伯的原始理念中,而是在生涯发展量表内另外强调的。在生涯发展量表中,要求被试者选出他们喜欢的职业类别,然后根据这些职业类别提出问题,根据回答可以知道被试者对自己喜好的职业有多少的认识和理解。

4. 现实感

"现实感"是舒伯在1990年提出的概念,现实感是一个整体概念,其内容包括前述的情意与认知层面,主要用于评估一个人能否综合个人的、自陈的,以及客观的测评资料,以分析个人目前的生涯准备程度能否进入一个适性发展的职业环境。

由于不同的阶段会有不同的生涯发展任务,因此生涯成熟程度会因年龄不同而有所差异。

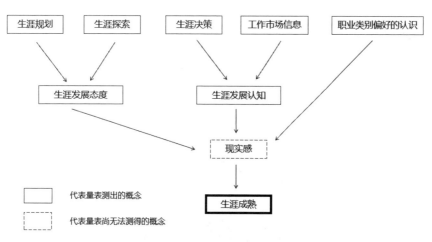

图1-3 生涯成熟的概念图

生涯成熟反映了每个人在不同生命阶段所完成任务的历程和状态,在进入职业生涯前,一般用职业选择来衡量心理活动的发展水平;进入职业生涯后,虽然也存在职业发展水平的问题,但还有一部分更为重要的任务,如适应工作岗位所在的组织、如何稳定自己的职业、如何晋升,在面临退休时如何规划等。

下面有一个关于生涯成熟度的测验,请根据自己目前的情况(不是未来的愿望)进行选择:"非常不同意"1分;"不同意"2分;"尚可"3分;"同意"4分;"非常同意"5分。

1. 我曾想到要做一些事，让自己今天或明天发展得更好。
2. 我认真思考过我将来要做什么样的人。
3. 我为将来的工作和生活做准备(如选课、收集资料)。
4. 一般在生活中，我能做出相当合情理的决定。
5. 对于自己的未来发展，我能独立自主地做决定。
6. 目前我就读的专业是经过慎重选择的。
7. 我就读的专业与我将来的预定工作、进修、家庭发展方向关系密切。
8. 我了解自己的能力、专长。
9. 我了解自己的个性、兴趣和重视的事物。
10. 我关心社会和时局的变迁，并考虑它们对我目前及将来发展的影响。
11. 我会收集正确的信息，以便做决定时参考。
12. 我能恰当地呈现自己，让别人认识我。
13. 我已经计划好将来要发展的方向。
14. 在我待过的学校和环境，我通常适应得很不错。

该测验的分数越高，生涯成熟度越高。

一般来说，在人生各个阶段，生涯成熟度越高的人越关心自己目前和将来的发展，越有自知之明，越能运用信息，越能在环境中适应并且求进步。舒伯提出了衡量个体生涯发展和成熟的标志性原则。

(三) 生涯彩虹图

20世纪80年代，舒伯提出了一个更为广阔的观念——"生活广度与生活空间的发展观"，除了原有的发展阶段理论，还加入了角色理论。由这两者的决定因素以及彼此间交互的影响，绘成一个多重角色生涯发展的综合图形。这个生活广度、生活空间的生涯发展理论，舒伯是用"生命/生涯的彩虹图"(life-career rainbow)来表示的(如图1-4所示)。

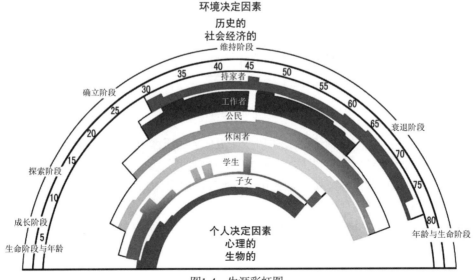

图1-4 生涯彩虹图

1. 横贯一生的彩虹：生活广度

在生涯彩虹图中，第一层面代表的是横跨一生的生活广度，又称为大周期。彩虹的外围显示人生主要的发展阶段和大致估算的年龄：成长期(约相当于儿童期)；探索期(约相当于青春期)；确立期(约相当于成人前期)；维持期(约相当于中年期)；衰退期(约相当于老年期)。

从成长、探索、确立、维持到衰退，这一连串纵贯式的生命全期发展，标记着一个人生涯成熟的程度。在这五个主要的人生发展阶段内，各个阶段还有小的阶段。生涯成熟指一个人在不同的生涯发展阶段，因应生涯发展任务的准备程度。生涯发展任务受到两个因素的影响，分别是个人生理与社会发展的程度；社会期待必须达到的程度。

2. 纵贯上下的彩虹：生活空间

在生涯彩虹图中，纵向层面代表的是纵贯上下的生活空间，由一组职位和角色组成。舒伯认为，人在一生当中必须扮演9种主要的角色，依次是儿童、学生、休闲者、公民、工作者、夫妻、家长、父母、退休者。同时，各种角色之间又是相互作用的。舒伯指出，为了某一个角色的成功付出太大的代价，有可能导致其他角色的失败。

舒伯职业生涯彩虹图表明了个体一生中的角色是不断变化的。由生涯彩虹图可知人生中角色突显的变化程度，各种生活角色的结合和强度是个人生涯的基础。"角色突显"指一个人在这些角色位置上投入的程度。个人在不同时期对不同角色的投入和重视程度，则以每一道彩虹深浅不一的颜色表现。从生涯彩虹图中可以看出，成长阶段最显著的角色是子女；探索阶段是学生；确立阶段是工作者和持家者；维持阶段工作者角色突然中断，又恢复了学生角色，同时公民与休闲者的角色逐渐增加；衰退阶段工作者角色则完全退出，休闲者和持家者的角色最突出。

二、社会认知职业理论

(一) 理论概述

社会认知职业理论(Social Cognitive Career Theory，SCCT)建立在班杜拉(Bandura)的社会认知理论(social cognitive theory)的基础上，[1] 强调"个人—行为—环境"的交互作用，将心理特质与社会、经济等影响因素加以整合，全方位解释个体职业兴趣和职业选择行为的原因。[2] 自我效能、结果期待与个人目标是该理论的核心变量。除这三个核心变量之外，该理论也十分重视其他变量，如兴趣、能力、社会因素(如社会经济地位、性别、种族)等对职业选择行为的影响(如图1-5 所示)[3]。

---

[1] Bandura，Albert. Social foundations of thought and action[J]. Journal of Applied Psychology, 1986, 12 (1):169.
[2] Schaub M, Tokar DM. The role of personality and learn-ing experiences in social cognitive career theory[J]. Journal of Vocational Behavior, 2005, 66(2): 304-325.
[3] 刘艳杰，姚莹颖. 社会认知职业理论对职业发展课程的启示[J]. 高教发展与评估，2015，31 (1)：91-97.

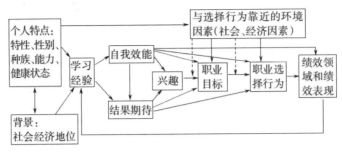

图1-5 社会认知理论模型

(二) 理论核心要素

社会认知职业理论认为个体的职业发展路径是多种生涯要素相互作用的结果，理论核心三大要素为自我效能、结果预期、选择目标。该理论认为这三个核心概念是促使职业行为产生的驱动机制，通过研究这些要素之间的相互关系，可以进一步回答兴趣如何形成、如何进行职业选择，以及如何获得不同程度的职业生涯发展成功等职业生涯问题。[①]

1. 自我效能

由班杜拉于1997年提出的自我效能概念，其界定经历了一个发展过程：如自我效能(self-efficacy)是"个体对自己成功实施所需行为的能力预期""人们对组织和实施达成特定操作目标的行为过程的能力判断"。[②] 研究者Lent指出，从社会认知观点来看，自我效能并不是一个被动的、静态的、单一的或整体的特质，而是一套动态的、与特定行为表现领域和活动有关的自我信念体系，这些信念与其他个人、行为和环境因素交互作用，构成了个人内在力量的最具核心性和普遍性机制。特别是自我效能感有助于个体做出活动和环境的选择决策，以及影响个体身处困境时的努力付出、坚持性、思考方式和情绪反应。[③] 总之，自我效能与个体的能力有关，用以回答"我能做这个吗？"这类问题。当个体认为自己有能力完成好这个任务时，他更愿意去从事这样的活动。可见这些与能力有关的自我信念是影响个体思考和采取行动的决定性因素，其随着未来经验而变化，又与环境条件相应和，并通过四种学习经验类型(即个人作业的完成情况；替代学习；社会劝说；生理状态和反应)而获得和修正。[④]

2. 结果预期

作为另一个重要的社会认知变量，结果预期(outcome expectations)是指个体对某一特定行为的可能后果所持有的各种信念，如"如果我这样做了，将会怎样？"。当个体认为某个行为能带来积极的结果时，他更愿意采取这种行动。班杜拉(1986)区分了三种不同类型的结果预期，

[①] Lent, R. W., & Brown, S. D. 2013 Social cognitive model of career self-management: toward a unifying view of adaptive career behavior across the life span[J]. Journal of Counseling Psychology, 60(4): 557-568.

[②] Bandura, A. 1977 Self-efficacy: Toward a unifying theory of behavioral change[J]. Psychological Review, 84: 191-215.

[③] Lent, R. W., Brown, S. D., & Hackett, G. 1994 Toward a unifying social cognitive theory of career and academic interest, choice, and performance[J]. Journal of Vocational Behavior, 45(1): 79-122.

[④] 龙立荣, 方俐洛, 李晔. 社会认知职业理论与传统职业理论比较研究[J]. 心理科学进展, 2002,(02): 225-232.

即物质性预期(如金钱)、社会性预期(如认可)和自我评价性预期(如自我满意),这些都会对个体的生涯行为产生重要的影响。Lent(2013)指出,SCCT 中的结果预期包含了与生涯有关的价值观。其中,价值观是儿童和青少年在基本的社会学习过程中获得的。对家庭成员、同伴、教师或其他人的观察,或者与这些人的互动,以及文化和宗教体系、印刷和电子媒体资源,这些都为年轻一代提供了传递价值观和个人行为准则的重要环境。学者们通常通过考察人们对特定工作条件或福利的偏好来测量价值观(如社会地位、金钱、自主权)。结果预期主要考察了人们对从事某些特定活动或职业而使自己的价值观获得满足的信念。例如,在工作条件和福利方面,教师这种职业能在多大程度上满足我的预期?人们通过多样化的、直接和间接的学习经验发展了自己在不同学业和职业领域中的结果预期。此外,自我效能也会影响结果预期,特别是当行为结果与其表现的好坏质量关系密切时更是如此。关于自我效能与结果预期对个体行为的影响,班杜拉(1986)强调在很大程度上二者都起着决定性作用,如该追求什么或者回避什么都深受它们的影响。当个体遇到困难或者需要操作复杂的技能等情况时,自我效能的决定性作用会更大些。

3. 选择目标

社会认知职业理论认为,自我效能、结果预期和个体目标三者之间的相互作用,影响了个体在整个职业生涯的发展过程,包括个体的求职、择业和职业发展过程。其中,选择目标是个人从事特定的活动或者达成特定的结果的意向。通过选择目标的设定,人们指导和组织自己的行为,它更是人们激发自我导向进而塑造行为的关键因素。社会认知职业理论的职业选择模型中,将职业选择过程分成职业目标、求职行动、行为结果三个基本过程。理论强调职业目标设置的重要性,指个体对实施某种行为以及达成某种结果而设置目标的估量。与求职活动相关的自我效能会对求职行为产生重要的影响,与自我效能一致的求职目标会提高求职活动的发生频次。美国的研究者洛克于 1967 年提出目标设置理论,认为目标本身具有激励作用,能把人的需求转变为动机,驱使人们的行为向着一定的方向努力,并将自己的行为与设置的目标对照,及时进行行为的调整和修正,从而保证可以实现目标。研究者表示职业目标清晰是求职者是否有清晰的求职目标以及对想要从事什么工作的清晰想法,还有研究证实了求职目标清晰度与求职行为之间的正相关关系。

(三) 理论模型

社会认知职业理论构建了一个包括个人、情境和经验因素的职业生涯决策模型框架,通过职业兴趣模型、职业选择模型和工作绩效模型这三个相互关联的子模型,系统阐述了职业选择、适应和发展过程。

在职业兴趣模型中,个人的职业兴趣由对特定职业的自我效能与结果预期共同决定,而学习经验直接影响着个体自我效能感的形成。

在职业选择模型中,该理论加入了两类环境变量的影响,包括个人背景变量及影响近期选择行为的环境因素。在整个职业选择的过程中,环境因素既直接影响着个人目标的设定及其职业行为,又能调节兴趣对职业目标所形成的影响。

在工作绩效模型中,个人能力、自我效能、结果预期以及绩效目标之间的交互作用共同决定表现成就,表现成就也会提供一个反馈环路,反作用于自我效能和结果预期。社会认知职业理论的三个子模型,为职前教师职业兴趣、职业选择和表现成就的形成提供了新的视角和思路,也为引导教师职业生涯发展提供了宝贵的理论支撑。

根据社会认知职业理论的观点,促使职业/就业行为提升的核心要素为自我效能、结果预期、选择目标这三个核心要素,这些要素之间的链式作用,进一步回答个体如何获得职业生涯发展成功。该理论模型构想以社会认知变量自我效能和结果预期为基础,相互作用,促进选择目标和选择行动的产生。该理论构念对选择行动的形成过程的解释是,以核心认知变量自我效能为基础,通过结果预期的作用,促进选择目标的建立,进而导致选择行动的产生,这一路径的形成充分体现了如何通过改变个体核心认知变量促使其职业选择行动的形成。可见,基于社会认知职业理论的职业选择行动的就业路径构念,为教师职业生涯发展提供了路径的理论参考。

三、职业生涯决策理论

(一) 理论概述

"决策"一词的意思就是做出决定和选择,具体是指为了达到一定目标,采用科学的方法和手段。做决定是人成长过程中的重要环节,一些重要决定甚至可能影响人的一生。在生活或学习方面,我们都在自行地决定一些关乎自身发展的重大事情,如专业选择、报考学校、升学考试、求职就业等。

职业生涯决策的定义是一个人在其职业生涯中经常会面临多重选择,这时就需要个人做出决定,即"职业决策"。职业决策被看成是一个由提出问题、搜集资料、确定目标、拟定方案、分析评价、最后选定等一系列环节组成的完整过程,而且在方案选定之后,还要检查和监督它的执行情况,以便及时发现偏差并加以纠正。这里的职业决策更多指的是个体在认知自我、探索发现职业发展方向的前提下,通过开展求职行动,成功获得工作机会,面对不同用人单位提供的不同工作机会,如何做出选择的问题。

影响一个人生涯决定或生涯选择的原因,一直是研究生涯发展的专家学者重视而且关心的主题。克朗伯兹的生涯决定社会学习理论(the social learning theory of career decision making),试图解释个人的教育与职业喜好和技能如何形成,以及这些喜好和技能如何影响个人对各种课程、职业和工作领域的选择。虽然其他的生涯选择理论或多或少也提到不同的影响因素对生涯选择的影响,但却不及社会学习理论对各种变因的描述清晰分明。

生涯决定社会学习理论所强调的影响因素包括遗传因素和特殊的能力、环境的情况与事件、学习经验、认知与情绪的反应,以及表现的反应和技能等。个别因素对个人的生涯决定虽只有若干程度的影响,但不同因素交互组合,却使得不同的人做出不同的生涯抉择。

1. 遗传因素和特殊的能力

个人自身遗传的一些特质,在某些程度上限制了个人对职业或学校教育选择的自由,包括种族、性别、外在的仪表和特征。某些个人的特殊能力也会影响他在环境中的学习经验和伴随这些学习经验而来的兴趣与技能,与个人未来的职业选择也有相当密切的关系,如智力、音乐能力、艺术能力、肌肉的协调等。

2. 环境的情况和事件

生涯决定社会学习理论认为,影响教育和职业的选择因素中,有许多发生于外在环境,非个人所能控制。这些环境的情况和事件,有的源于人类活动(社会、文化、政治或经济的活动),

有的源于自然力量(自然资源的分布或天然灾害)。其中，主要影响因素包括：工作机会的数量和性质、训练机会的多寡和性质、遴选训练人员和工作人员的社会政策和过程、不同职业的投资报酬率、劳动基准法和工会的规定、物理环境的影响(地震、洪水、干旱、台风等)、自然资源的开发、科技的发展、社会组织的改变、家庭的影响、教育系统的影响。

3. 学习经验

生涯决定社会学习理论认为，每个人独特的学习经验，在其决定生涯方向(career path)时扮演着重要的角色。日常生活中，刺激与增强的类型、性质以及两者配合出现的时机都非常复杂，因而没有一个理论能够很恰当地说明，究竟这些不定的变异现象如何影响个人生涯偏好和生涯技能的发展，又如何影响生涯的选择。以下的两种学习，是理论中最简约的形式，用以说明学习经验对生涯决定的影响。

(1) 工具式学习经验(instrumental learning experiences)。工具式学习经验的获得，与学习心理学中工具条件学习(instrumental conditioning)的过程有颇多类似之处。工具式学习经验的三个主要内容，分别指前因、内隐与外显的行为和后果(包括对这些后果的反应，如此的反应必然也成了后续学习经验的一部分)。"前因"包括了我们前面提到的各种环境的情况和事件，以及个人在生活中遇到的刺激(工作或问题)；"行为"的部分包括内在的认知和情绪反应，以及外在的行动；"后果"则包含了直接由行动造成的影响，以及当个体经验到这些后果时的认知与情感的反应。这一理论认为，凡是成功的生涯计划、发展和职业或教育表现所需之技能，均能通过连续的工具式学习经验而获得。

(2) 联结式学习经验(associative learning experiences)。联结式学习经验综合了班杜拉社会学习理论的观察学习和学习心理学中的古典条件学习(classical conditioning)，指某些环境的刺激会引起个人情绪上积极或消极的反应。如果原属中性的刺激和社会使个体产生积极或消极情绪反应的刺激同时出现，这种伴随的联结关系，使得中性的刺激也具有积极或消极的情绪作用。克朗伯兹指出，我们对于职业的刻板化印象，诸如"医生都是有钱人""教师都是清苦的"等，都是通过这种联结学习的经验而习得。因此，也许只有一个例子就能造成对某种职业的刻板化印象，终其一生，挥之不去，对其生涯的选择有着深远的影响。

4. 工作取向的技能

影响生涯决策的各种因素，如遗传因素、特殊能力、社会上的各种影响变量，以及不同的学习经验等，会以一种交互影响的方式锻炼出个人特具的工作取向技能。这些工作取向的技能包括解决问题的能力、工作习性、工作或作为的标准与价值、情绪反应、知觉和认知的历程(如选择、注意、保留、符号演练等心理动作能力)等。因素之间究竟是如何交互作用而造成工作取向的技能，这个过程尚难以了解。不过可以肯定的是，这些技能本身也会互为因果，相互影响，从而不断地精进。

(二) 生涯决策过程

我们在做不同的事情时会使用不同的策略，但是决定自己的生涯对很多人来说是大事，不同的生涯理论从不同的视角提出了很多不同的决策理论。职业生涯决策是个人对所从事的职业进行选择的行为，它是综合了个人对自我的认识，以及对教育与职业等外在因素的判断，在面临职业生涯抉择时所做出的各种反映。职业生涯决策是一个复杂的认知过程，为了更好地完成职业生涯决策过程，美国职业生涯理论家里尔登(Reardon)等人在认知信息加工理论中提出了CASVE决策模型，对我们理解职业生涯决策过程有参考意义。

CASVE循环包括沟通、分析、综合、评估和执行五个阶段，CASVE就是这五个词的英文单词首字母。沟通(communication)—分析(analysis)—综合(synthesis)—评估(valuation)—执行(execution)五个环节的循环如图1-6所示。

图1-6　生涯决策CASVE循环

1. 沟通

沟通包括内部和外部的信息交流，通过交流使个体意识到理想和现实之间存在的巨大差距。内部的信息交流是指个体自身的身心状态，比如在决策的时候，可能会感受到焦虑、抑郁、受挫等情绪，躯体上会有疲倦、头疼、消化不良等反应。外部的信息交流是指外界的一些对个体产生影响的信息，如关于求职的一些外部信息，促使个体也有意识准备找工作。通过内部和外部沟通，个体意识到自己需要解决某些问题。沟通阶段要意识到自己需要做出选择，通过各种感官和思考充分发现问题、明确差距。

2. 分析

分析就是通过思考、观察和研究，对兴趣、能力、价值观和人格等自我知识以及各种环境知识进行分析，从而更好地理解现存状态和理想状态之间的差距。在分析阶段需要对两方面的知识进行了解和分析，一方面是自我知识，包含兴趣、能力、价值观、人格等；另一方面是环境知识，每一个选择处于什么样的环境，需要了解每一份职业相关的信息。分析阶段是了解自己和各种选择的阶段，把各种因素和相关知识联系起来。

3. 综合

综合就是根据分析阶段所得出的信息，先把选择范围扩展开来，然后再逐步缩小，最终确定三至五个最可能的选项。这个先扩大后缩小的过程非常重要。综合阶段主要是综合和加工上一阶段提供的信息，从而制定消除差距的行动方案，该阶段的核心任务是确定个体可以做什么来解决问题。

4. 评估

评估就是对综合阶段得出的三至五个职业进行具体的评价，评估获得该职业的可能性，以及这个选择对自身及他人的影响，从而进行排序。在评估阶段，个人将选择一个职业或一个大学专业等，在评估时可以问自己"对我个人而言什么是最好的？"等问题，具体可以通过生涯平衡单进行评估。

5. 执行

执行是整个 CASVE 循环的最后一步，前面的步骤只是确定了最适合的职业，还不能带来职业选择的成功，需要在执行阶段将所有想法付诸实践。在执行阶段，需要制订计划，进行实践尝试和具体行动。如果职业生涯问题没有被解决，可以再次回到沟通阶段，重新开始一次 CASVE 循环，直到职业生涯问题被解决为止。

CASVE 循环是一个不断重复的过程，在执行阶段后，职业生涯决策者又回到沟通阶段，要确定已经做出的选择是不是最好的，以及是否能有效消除理想与现实间的差距。

CASVE 决策技术可用于解决个人职业规划问题，也可用于解决团体问题。用系统的方法思考这五个步骤，有助于个体做出有效的决策，成为一个更有效率的人。

(三) 决策风格

不同的工作，意味着不同的职业发展未来。由于选择的不确定性和高风险性，很多人在选择时表现出了不同的决策风格。正是各种理性和情感的结合使人们形成了各种不同的决策风格，使我们做出这样或那样的选择，从而使生活产生了欢喜或遗憾的结果。这种在后天的学习经验中逐渐形成的，并且在决策情景中采用的一致的、习惯性的行为方式就是决策风格。

美国职业生涯专家斯科特(Scott)和布鲁斯(Bruce)于1995年提出，决策风格是在后天的学习经验中逐渐形成的。决策风格可以划分为五种类型：理智型、直觉型、依赖型、回避型和自发型。

1. 理智型

理智型的决策风格强调周全的探求和对选择的逻辑性评估。这类决策者往往具备深思熟虑、分析、逻辑的特性，会评估决策的长期效用并以事实为基础做出决策。理智型决策风格是比较受到推崇的决策方式，强调综合全面地收集信息、理智地思考和冷静地分析判断，但同样也会出现因为害怕承担决策的后果而不能整合自己和他人观点的困扰。例如，每次决定去哪里旅游，都要先做攻略，完全计划好才行动，这反而会丧失生活中的自在和随性。

2. 直觉型

直觉型的决策风格以依赖直觉和感觉为特征，比较关注内心的感受。该类决策者往往以自我判断为导向，在信息有限时能够快速做出决策，当发现错误时能迅速改变决策。由于以个人直觉而不是理性分析为基础，因此这类决策发生错误的可能性较大。直觉在环境信息不确定的情况下往往有助于做出最佳的选择。但是如果这是判断的唯一方式，那就比较危险了，因为直觉可能会出错。

3. 依赖型

依赖型的决策风格以寻求他人的指导和建议为特征。依赖型的决策者往往不能承担自己做决策的责任，允许他人参与决策并共同分享决策成果，会受到他人的正面评价，但也可能因为简单地模仿他人的行为导致负面的反应，而且往往会被剥夺了自主选择的机会，当不得不自己决定时可能已经丧失了选择的能力。

4. 回避型

回避型的决策风格以试图回避做出决策为特征。回避型的决策风格是一种拖延、不果断的方式。面对决策问题会产生焦虑的决策者，往往因为害怕做出错误决策而采取这样的反应。他们更倾向于不考虑未来的方向，不去做准备，不知道自己的目标，也不思考，更不寻求帮助。由于他们担心自己犯错，且不允许自己犯错，而采取各种方式来避免失败；同时他们也是悲观主义者，认为错了就完了，往往犹豫不决。

5. 自发型

自发型的决策风格以渴望即刻、尽快完成决策为特征。自发型的个体往往不能容忍决策的不确定性以及由此带来的焦虑情绪，是一种具有强烈即时性，并对快速做决策的过程有兴趣的决策风格。自发型决策者常会基于一时的冲动，在缺乏深思熟虑的情况下做出决策，此类决策者通常会给人果断或过于冲动的感觉。

结合生涯决策过程，看看你适合哪种决策风格。其实，我们在不同的情境中会采用不同的风格，了解自己的决策风格可以让你在收集信息的基础上，灵活地做出更好的选择。

思考练习

了解你的决策风格

对于如何做决定，每个人都有自己独特的方式，或者说独特的决策风格。下面，让我们来测一下自己的决策风格。

你平时是如何做决定的呢？表1-5中的"情景陈述"栏列出了一般人在处理日常事务及做出生涯决定时的态度、习惯及行为方式。请阅读这些句子并填写右边的选项。每一个选项无所谓对错，符合你的真实情况即可。当你填写完毕后，将得分计算出来，看看你属于哪一类决策风格。

表1-5 生涯决策风格类型测试

序号	情景陈述	符合	不符合
1	我经常仓促、草率地做判断		
2	我经常冲动行事		
3	我经常改变决定		
4	做决定之前，我从未做任何准备，也未分析可能的结果		
5	我经常不经慎重考虑就做决定		
6	我喜欢凭直觉做事		
7	我做事时不喜欢自己出主意		
8	我做事时喜欢有人在旁边，以便随时商量		
9	我发现别人的看法与我不同，不知该怎么办		
10	我很容易受到别人的影响		
11	在父母、师长或亲友催促我之前，我并不打算做任何决定		
12	我经常让父母、师长或亲友来为我做决定		

(续表)

序号	情景陈述	符合	不符合
13	碰到难做决定的事情，我就把它放在一边		
14	每当需要做决定时，我就紧张不安		
15	我做事总是想东想西，下不了决心		
16	我觉得做决定是一件痛苦的事情		
17	为了避免做决定的痛苦，我现在并不想做决定		
18	我处理事情经常犹豫不决		
19	我会多方收集做决定所必需的一些个人及环境资料		
20	我会将收集的资料加以分析比较，列出可供选择的方案		
21	我会衡量各个可行方案的利益得失，判断此时此地最好的选择		
22	我会参考其他人的意见，再斟酌自己的情况来做出适合自己的决定		
23	经过深思熟虑之后，我会明确做出决定，制定最佳方案		
24	确定方案后，我会开展必要的准备行动并全力以赴做好		

计分方法：选择"符合"的记1分，选择"不符合"的不计分。
得分最高的一组代表自己的生涯决策风格，如表1-6所示。

表1-6 生涯决策风格类型测试结果

题号组	1～5题组	6～10题组	11～15题组	16～20题组	21～24题组
得分					
决策类型	理智型	直觉型	依赖型	回避型	自发型

(四) 职业生涯决策方法

1. SWOT分析法

SWOT分析法即态势分析法，是指个体通过分析自己的性格、能力、爱好、长处、短处、所处环境的优势和劣势，以及一生中可能会面临哪些机遇、职业生涯中可能会面临哪些威胁，将自身条件和需求与外部环境结合起来，制定职业生涯目标。

SWOT分析法于20世纪80年代初由美国旧金山大学的管理学教授韦里克提出。SWOT分析中的S代表strength(优势)，W代表weakness(弱势)，O代表opportunity(机会)，T代表treat(威胁)。其中S、W是内部因素，O、T是外部因素。

一般来说，决策者在进行SWOT分析时，应遵循如表1-7所示的4个步骤。

表1-7 个体生涯决策SWOT矩阵

因素	优势	劣势
内部因素	指个体可控并可利用的内在积极因素： 工作经验 教育背景 丰富的专业知识和技能 特定的可转移技巧(如沟通、团队合作、领导能力等) 人格特质(如职业道德、自我约束、承受工作压力的能力、创造性、乐观等) 广泛的个人关系网络 在专业组织中的影响力	指个体可控并努力改善的内在消极因素： 缺乏工作经验 学习成绩差，专业不对口 缺乏目标，且对自我的认识和对工作的认识都十分不足 缺乏专业知识 较差的领导能力、人际交往能力、沟通能力和团队合作能力 较差的寻找工作的能力 负面的人格特征(如职业道德败坏、缺乏自律、缺少工作动机、害羞、情绪化等)

因素	机会	威胁
外部因素	指个体不可控但可以利用的外部积极因素： 就业机会增加 再教育的机会 专业领域急需人才 由于提高自我认识、设置更多具体的工作目标带来的机遇 专业晋升的机会 专业发展带来的机会 职业道路选择带来的独特机会 地理位置的优势 强大的关系网络	指个体不可控但可以使其弱化的外部消极因素： 就业机会减少 由同专业的大学毕业生带来的竞争 具有丰富技能、经验、知识的竞争者 拥有较好寻找工作技巧的竞争者 名校毕业的竞争者 缺少培训、再学习造成的职业发展障碍 工作晋升机会十分有限或者竞争激烈 专业领域发展有限 公司不再招聘与你同等学力或专业的员工

案例分析

SWOT 分析运用

- 毕业于师范大学心理学专业的研究生××，男，在校期间专业成绩优秀，曾多次获得奖学金，发表论文若干，且一直担任学生会干部。但是此人性格急躁，容易冲动，而且没有直接的工作经历，唯一的工作经历是研究生二年级时在一家大型电子公司的人力资源部门实习了半年。在实习中，他感觉很好，喜欢人力资源工作，打算在此领域发展。现在，他想找一份人力资源管理工作。下面是他的SWOT分析(见表1-8)。

首先，进行自身优势、劣势分析，以及周围职业环境的机会和威胁分析。

其次，在这些分析的基础上制定应对策略并进行整合。

最后，确定谋求一家大中型外资企业的人力资源管理部门的工作。

表1-8　XX研究生同学的SWOT分析

SWOT 分析 职业目标：人力资源管理		内部环境	
		S(优势) 1. 硕士 2. 学生会干部，有管理经验 3. 大型公司半年实习经历 4. 具有心理学的知识背景	W(劣势) 1. 师范院校毕业 2. 没有丰富的工作经验 3. 专业不对口 4. 性格急躁，容易冲动
外部环境	O(机会) 1. 人力资源管理部门逐渐受到企业重视 2. 人力资源管理人才需求量增加 3. 心理学在人力资源管理中的重要性逐渐突显	S-O 策略： 1. 深入学习心理学知识，将心理学知识用到人力资源管理中 2. 发挥担任学生会干部时历练的管理特长	W-O 策略： 1. 利用较强的学习能力，自学人力资源管理课程，加强英语学习 2. 继续加强自己在师范院校培养的口语交流、文字书写等优势
	T(威胁) 1. 人力资源管理方向的毕业生多 2. MBA 数量剧增 3. 人力资源管理在很多企业中仍然处于起步阶段，运作不规范 4. 比起学历，我国许多企业更重视工作经验	S-T 策略： 1. 强调自身心理学背景的优势 2. 强调大型企业半年实习经验 3. 强调较强的学习能力和适应能力	W-T 策略： 1. 训练克制自己的冲动个性 2. 结合两个不同的专业，拓宽视野，提升创新能力 3. 积极寻找重视员工潜力的企业
分析后的整体结论：职业目标定位于大中型外资企业人力资源管理部门			

2. 决策平衡单

决策平衡单是帮助决策者使用表单的形式，系统地分析每一个可能的选项，判断分别执行各选项的利弊得失，然后依据其在利弊得失上的加权计分排定各个选项的优先顺序，以执行最优先或偏好的选项。决策平衡单如表1-9所示。其具体做法如下。

(1) 将选择水平排列在决策平衡单的顶部，在平衡单的左侧，垂直列出"个人物质方面的得失""他人物质方面的得失""个人精神方面的得失""他人精神方面的得失"四个方面的重要价值观和考虑因素。

(2) 给各种价值观和因素按1~5的等级分配权重。一项价值观或因素的重要性越大，它的权重就越高。5为最高权重，表示"非常重要"，3表示"一般"，1表示"最不重要"。对个人需求和价值观的准确了解，是给价值观和考虑因素指定权重的前提。

(3) 按照各项生涯选择满足个体价值观和考虑因素的程度，进行打分。分值在"-5"和"+5"之间，其中"+5"表示价值观和考虑因素在该生涯选择中得到了完全的满足，"0"表示不知道或无法确定，"-5"表示价值观和考虑因素完全未能得到满足。

(4) 将各项生涯选择的得分与各项价值观和考虑因素的权重对应相乘进行计分，将结果记录在相应的空格内。

(5) 将每一选择下所有的正负分数相加，得出它的总分，对所有总分进行比较和排序，总分越高，该职位选择越适合。

表1-9 决策平衡单

考虑因素		重要性的权数(1~5倍)	选择一		选择二		选择三	
			+	−	+	−	+	−
个人物质方面的得失	1. 收入							
	2. 工作的难易程度							
	3. 升迁的机会							
	4. 工作环境的安全							
	5. 休闲时间							
	6. 生活变化							
	7. 对健康的影响							
	8. 就业机会							
	其他……							
他人物质方面的得失	1. 家庭经济							
	2. 家庭地位							
	3. 与家人相处的时间							
	其他……							
个人精神方面的得失	1. 生活方式的改变							
	2. 成就感							
	3. 自我实现的程度							
	4. 兴趣的满足							
	5. 挑战性							
	6. 社会声望的提高							
	其他……							
他人精神方面的得失	1. 父母							
	2. 师长							
	3. 配偶							
	其他……							
加权后合计								

需要注意的是，在使用决策平衡单的时候，要注意目的不仅在于得出最后的排序结果，填写的过程也很重要。因为列举各项考虑因素、给各项价值观分配权重，以及给各项选择打分的过程本身，就是在帮助个人厘清自己的思维。这样一个仔细思索和反复推敲的过程，可能比单纯得出一个结果更为重要，更能够帮助个人做出适合于自己的决策。

 **案例分析**

小红同学生涯决策平衡单

基本情况：小红，女，某大学教育技术学专业三年级学生，性格外向，开朗活泼，喜欢与人交往，口头表达能力很强，是学院学生会干部，组织能力强。

她还有一年就要面临毕业，她考虑自己有三个职业发展方向：中学信息技术教师、市场销售总监、考取计算机专业硕士研究生。以下是她的具体想法。

(1) 如选择中学信息技术教师，小红认为这个职业是她的本专业，专业优势最大，工作也比较稳定，但目前社会需求量并不大。

(2) 如选择市场销售总监，小红希望用10年的时间实现这个目标，她认为这个职业符合自己的性格、兴趣，同时她曾利用暑期和课余时间兼职做过一些销售工作，有一定的工作经验。她认为自己的专业知识能够辅助销售工作的开展。

(3) 如选择考取计算机专业硕士研究生，小红的父母都是高校教师，他们希望小红能够继续深造，以后到大学任计算机专业教师。小红认为，虽然高校教师工作稳定，收入也高，但她不喜欢计算机专业的教学工作，且考研也有一定的困难。

具体分析见表1-10。

表1-10 小红同学生涯决策平衡单

考虑因素		重要性的权数(1～5倍)	选择一 中学教师 +	选择一 中学教师 −	选择二 销售总监 +	选择二 销售总监 −	选择三 考研 +	选择三 考研 −
个人物质方面因素	1. 符合自己的理想生活方式	5		−3(−15)	4(20)			−4(−20)
	2. 适合自己的处境	4	2(8)		4(16)		3(12)	
	3. 有较高的社会地位	3	5(15)			−3(−9)	5(15)	
	4. 工作比较稳定	5	5(25)			−3(−15)	4(20)	
他人物质方面因素	1. 优厚的经济报酬	4	3(12)		4(16)		4(16)	
	2. 足够的社会资源	5	3(15)		5(25)		3(15)	
个人精神方面因素	1. 适合自己的能力	4	2(8)		5(20)		2(8)	
	2. 符合自己的兴趣	5	2(10)		4(20)			−3(−15)
	3. 符合自己的价值观	5	2(10)		5(25)		4(20)	
	4. 适合自己的个性	4	2(8)		4(16)		3(12)	
	5. 未来发展空间	5	2(10)		4(20)			
	6. 个人就业机会	4	3(12)		4(16)		5(20)	
	7. 其他……							
他人精神方面因素	1. 带给家人的声望	2	4(8)		5(10)		5(10)	
	2. 有利于择偶以建立家庭	3	4(12)		4(12)		4(12)	
合计			153	−15	216	−24	180	−35
加权后得失差数			138		192		145	

3. 生涯愿景模型法

在面对抉择时该如何面对，首先要做的就是聆听你的内心。个人愿景是发自个人内心的、一个人真正最关心的、一生最热切渴望达成的事情，它是一个特定的结果，一种期望的未来或意向。每个人都会有一个对未来的美好规划和设想，当你为一个自己认为至高无上的目标献出无限心力的时候，它会变成一种自然的、发自内心的强大力量。

你需要将自己的愿景发掘出来，并有清晰的认识。愿景有多个方面，有物质上的欲望，也有关于个人健康、自由方面的欲望，还有在社会贡献方面对某领域知识的贡献等，所有这些都可成为人们心中真正愿望的一部分。总的来说，个人愿景主要包括以下几个方面。

自我形象：你希望成为什么样的人？即你可以变成你向往的那种人，你会有哪些特征？
有形财产：你希望拥有哪些物质财产？希望拥有多大的数量？
家庭生活：在你的理想中，你未来的家庭生活环境是什么样子？
个人健康：对于自己的健康、身材、运动及其他与身体有关的事情，有什么期望？
人际关系：你希望与同事、家人、朋友和其他人保持哪一种关系？
职业状况：你理想中的职业状况是什么样子？你希望自己的努力可以发挥什么样的影响力？
个人休闲：在个人学习、旅游、阅读或其他的活动领域中，你希望创造什么样的成果？

花一点时间，静静地思考你想要的生活全景，弄清楚自己内心的渴望。努力去实现这个愿景的过程，也会是一个内心愉悦的过程。

每个人都有自己的愿景，但在很多情况下，人们对自己的愿景往往是模糊的，这样就会造成行动的盲目。因此，对于每个人来说，关键并不是如何建立个人愿景，而是如何厘清个人愿景。具体的操作请跟着下面的提示来完成。

请你回顾在自己的小学时代、中学时代、大学时代都有过哪些个人愿景，其中哪些愿景实现了，之后的心情如何？哪些还没有实现，原因是什么？

想象实现愿景后的情景(假如你得到了深深渴望获得的成果)：这到底是什么样的情景，你怎样来形容它？你的感觉如何？这种感觉是不是你真正想要的？

检验并弄清楚愿景(分步检视你写下来的个人愿景所组成的清单和每个方面，从而找出最接近你内心深处的层面)：如果你现在就可以实现愿景，你会接受它吗？如果你现在就实现愿景，这愿景能为你带来什么？你接受了它，你的感受又怎样？

在个体理清自己的愿景的方法中，生涯幻游是一个不错且常常被用到的技巧。所谓的生涯幻游是结合音乐，通过幻游的方式，帮助个体引领出心象的视觉空间，降低个体日常生活对自己的最真实需求的压抑和压制，发现内心最需要的那个东西。进行生涯幻游活动，可以是团体形式，也可以是个体形式。当前，这种活动方式用在团体生涯规划中比较多。接下来，请试试生涯幻游吧。

生涯幻游

请务必尽量跟着指导语去做，在幻想的过程中不要给自己压力，顺其自然，跟着感觉走。大家首先选择一个自己认为舒服、放松的姿势坐好，可以靠着、趴着。

现在请你闭上眼睛，接下来，坐上时空隧道机跨越时空，到2035年的世界！好，时空隧道机已经启动了哦！想象一下，时间一直在流动，慢慢地流到了2035年！算一算，这个时候的你应该多少岁？这时的你，会是怎样的一个人呢？容貌有什么变化？你变得更高、更瘦，还是胖了呢？请你尽量想象自己那个时候的情形，想得越仔细越好。

你现在正躺在家里的床上。这时候是清晨，和以前一样，你从睡梦中醒来，首先看到的是卧室的天花板，看到了吗？它是什么颜色的呢？

接着，你下床了，走到浴室开始刷牙洗脸，看看自己的脸，是什么样子的呢？洗完脸，你来到衣柜前，准备换衣服上班。你打算穿什么衣服去上班？穿好衣服，你来到了餐厅，早餐吃的是什么？和你一起用餐的有谁？是父母，还是你的丈夫(妻子)或儿女？

吃完了早餐，你准备去工作。你回头看一下自己的家，它是什么样的房子呢？周围的环境怎么样呢？然后，你搭乘什么交通工具去上班？骑车、开车或坐公交车，还是别的？你快到达工作的地方了，先注意一下，这个地方看起来如何？你进入工作的地方，跟同事打了招呼，大家怎么称呼你呢？其他人在做什么？你该做些什么工作呢？

中午的时候，上个月的薪水发下来了，大概有多少钱？一天的时间很快过去，该是睡觉的时候了，你躺在早上起来的那张床上，请你回忆一遍这一天的工作和生活。你满意吗？过得愉快吗？

时空隧道机又渐渐把我们载回了今年。我们渐渐地回到现在的现实里，好，我们已经到了，请大家睁开眼睛，先活动一下手脚。

幻游结束后，请填写表1-11并思考一下，不同的生活形态对自己的重要程度，并客观思考如何才能让自己过上这样的生活。整理一下自己认为重要的生活项目。想一想，未来要达到自己想要的生活，现在要做哪些努力。

表1-11 生涯幻游计划

序号	生活形态项目	很重要	有点重要	不是很重要	非常不重要
1	住在空气清新的乡村				
2	住在生活便利的城市				
3	周围的邻居高素质				
4	有充裕的工作闲暇做自己喜欢的事				
5	可以自由支配自己的时间				
6	每天准时下班				
7	能自由支配自己的金钱				
8	每天有固定的时间和家人相处				
9	家庭幸福美满				
10	居住在小孩上学方便的地方				
11	有崇高的社会声望				
12	担任高级的管理工作				
13	有很多好友				
14	拥有丰厚的经济收入				
15	每天运动，锻炼身体				
16	和家人共享假期				
17	生活富有挑战				
18	贡献自己所能，参与社会服务				

课后练习

1. 决策就是做选择，我们在生活中基本上一直在做着这样或那样的选择，小到你选择现在读这本书，大到选择人生伴侣或职业。

请回想一下，你是根据什么来做出判断的，经常表现理性还是感性，是由自己做主，还是交给别人安排。

2. 探索决策风格

请在表1-12的"如何做决策"一栏中填写：① 你当时的情境；② 你有哪些选择；③ 你是如何做决策的；④ 你对效果的评价。

表1-12 决策风格测试

项目	如何做决策
高考报考学校	
大学专业选择	
参加什么社团	
是否要去勤工俭学	
交什么样的朋友	
职业的选择	

并根据这些项目来反思自己的决策模式。

3. 请分析你毕业时可能的主要去向，哪些因素会影响你的选择，你该如何处理？请借助 CASVE 循环对去向选择做出最终抉择。

4. 4~5人一组，以生涯彩虹图为依据，设计一个人的一生。要求给这个人一份工作，一个出生家庭，从出生开始设计人生的每个阶段，直至人生终点。

5. 以自己的参照，按照生涯彩虹图和职业生涯发展理论，从现在开始设计自己的人生发展路径，直至人生终点。

6. 请你思考：自己的人生有哪几个阶段，每个阶段之间的关系是什么样的，每个阶段的任务分别是什么，现在正处于哪个阶段，具体的发展任务是什么。

7. 根据职业生涯规划内容的学习，思考并回答下列问题。

(1) 我具体的职业目标是什么？

(2) 我的职业目标如何确立？

(3) 我如何实现职业目标？

(4) 我所学的专业能教会我做什么？

(5) 我还需要掌握哪些辅助性的专业技能？

(6) 我的第一份工作应选择什么行业？

(7) 进入这个行业需要具备哪些基本知识和能力？

(8) 在大学里我要做哪些方面的修炼才能使自己在毕业时获得一份理想的工作？

(9) 在大学里我要积累什么样的人脉才能获得帮助？

(10) 在大学里我应采取哪些途径关注我喜欢的行业和职业？

8. 为了了解自我、了解职业，了解自己与职业要求的差距，找出自我学习改进的最佳方法，请你模仿表 1-8 的分析过程，在表 1-13 中完成自己的职业生涯决策 SWOT 分析。

表1-13　SWOT分析练习

个人SWOT分析		内部环境	
		S(优势)	W(劣势)
外部环境	O(机会)	S-O 策略：	W-O 策略：
	T(威胁)	S-T 策略：	W-T 策略：
分析后的整体结论：			

第二章 教师职业生涯规划与发展

第一节 教师职业生涯规划与发展的概述

一、教师职业

教师一词既指一种社会角色,又指这一角色的承担者。广义的教师是泛指传授知识、经验的人;狭义的教师是指受过专门教育和训练,并在教育部门(学校)担任教育、教学工作的人。从狭义方面来理解,教师是指受过专门教育和训练的,在学校中向学生传递人类科学文化知识和技能,对学生进行思想道德教育,培养学生高尚的审美情趣,把受教育者培养成社会需要的人才的专业人员。《中华人民共和国教师法》第三条规定:"教师是履行教育教学职责的专业人员,承担教书育人、培养社会主义事业建设者和接班人、提高民族素质的使命。教师应当忠诚于人民的教育事业。"

我国虽然在20世纪30年代就对教师的职业地位和专业性等问题进行过讨论,但通过立法的方式来提高教师的地位和专业性却是在20世纪90年代。1993年,《中华人民共和国教师法》明确指出,"教师是履行教育教学职责的专业人员""国家实行教师资格制度"。这是我国第一次从法律角度确认了教师的专业地位和建立教师资格制度。1995年,国务院颁布《教师资格条例》。2000年,教育部颁布《〈教师资格条例〉实施办法》。2001年4月1日,在全国六个省(自治区、直辖市)的部分地区进行教师资格认定试点的基础上,国家首次开展全面实施教师资格认定工作,教师资格制度在全国开始全面实施。

教师资格制度的全面实施,不仅是提高我国教师队伍整体素质的重要保障,更是提高教师地位、提升教师职业专业性的重大举措。从一般性职业到专业性职业需要经过一个长期的、系统的发展过程,教师职业与其他任何职业一样,其专业发展也是职业要面临的最终选择。

既然"教师"是一种专业性的社会职业,那么它的专业标准又是什么呢?我们认为,教师职业是需要专门的知识和技能,并经过系统的教育和训练的不同于一般职业的特殊职业。它有着自己特定的专业性职业标准,具体来说,主要有以下几点。

一是要有自己独特的职业条件和培养体制,要有相应的管理制度和措施;二是从事教师专业工作必须接受系统的专业教育和训练,掌握专门的教育教学理论知识,具有较强的教育教学能力,达到规定的学历要求;三是要有特定的职业道德和较高的专业素质,能承担重要的社会和个体责任;四是在本职业范围内具有专业资格、专业职务等方面的专业自主权;五是具有相应的保障体系，专业工作为社会所认可，具有较高的社会地位。

教师职业具有其他职业所不具备的独特特点。

1. 教师职业的专业化特点

教师必须具有对不确定性和不可预测的教学情境做出解释与决策的能力，这种能力的形成需要一个逐渐发展和不断积累的过程，也是一个长期的、复杂的、内隐学习与外显学习相结合的过程。有关教师专业化的内容和标准是存在争论的，比较公认的教师专业化标准是从教育基本原理研究、专业知识与技能、专业道德、专业自主与专业知识等方面来界定的，要求教师具备科学先进的教育理念、丰富系统的理论知识、娴熟的教育教学技能、优良的伦理道德与健康的心理素质。

2. 教师职业的动态化特点

教师职业能力发展的动态性指在不同历史时期、不同社会背景、不同教改背景下要求教师的职业能力能够适应动态变化的需求，即教师职业发展在一定程度上具有不确定性的特点。教师职业能力发展的动态性并不是指教师职业发展无规律可循，不可捉摸，相反，它要求一名教师无论在何时何地，都能拥有个人专业发展的自主性并有能力实现自我专业发展，而且还强调教师能够自觉地在日常专业生活中进行自学。教师应以个人的专业结构完善为本，把教学工作看成是一种专业，教师应追求个人专业结构的不断改进并从中得到满足。

3. 教师职业的职业品质个性化特点

教师的职业心理品质在其人格特征中占有重要地位，教师的心理品质是在长期的教育教学实践中逐步形成和发展起来的。具体来说，教师应具备的心理品质有以下几种：强烈的求知欲、浓厚的学习兴趣，敏锐的观察力，理智感，自尊感和创新精神。教师在职业劳动过程中所形成的体现时代精神的教育理念、多层次复合性的知识结构，以及教育教学能力都具有个性化的特点。

4. 教师职业的连续性与阶段性结合的特点

教师专业化是一个发展的概念，既是一种状态，又是一个不断深化的过程。教师专业化是教师职业成熟的标志，从新教师到职业成熟是一个漫长的、动态的、纵贯教师职业生涯的历程，体现出螺旋式上升趋势和发展阶段的连续性与阶段性有机结合的特点，总之是一个持续发展的以专业化为目标和归宿的动态过程。[1]

由此可见，职业可以是一种谋生手段，也可以是一种精神追求和一种心灵寄托，作为一名教师，要充分了解教师职业四个方面的特点，才能更好地规划自己如何在教师职业发展之路上走得更加顺畅，这是每一名教师都应思考的问题。

二、教师职业生涯

教师作为一种较为特殊的职业，其职业生涯发展应作为一个专门的课题进行研究。教师职业生涯是指一个人作为教师从事教师职业的整个过程。教师职业生涯规划是指教师根据个体情况和所处的环境，结合自己与学校发展的双重需要，对决定教师职业生涯的因素进行分析，进

---

[1] 崔继红，李梦哲. 教师的职业生涯与规划[M]. 长春：吉林文史出版社，2012：12.

而确定事业发展目标,调控所在的环境因素,设计相应的行动计划并不断反馈和修正目标,最终达到目标的活动过程。因此,有效的教师职业生涯是教师个人与学校双方的责任,在双方共同努力下,通过完成教师的职业生涯规划,从而实现教师与学校的双赢。一方面,教师个人在进行职业发展规划中应对各个阶段进行设想和规划,包括对教师职业的选择与重新选择,对教师职业目标与预期成就的设想,对工作单位和岗位的选择,成长各阶段的目标及安排,对环境条件的考虑等。另一方面学校要帮助教师增进个人的专业知识与技能,将建立教育专业地位与形象作为终极目标,帮助教师明确个人的社会角色期望及身负教书育人的使命。

教师职业生涯发展指教师在个人能力、取得的职业成就、获得的工作职位、个人的职业素质等方面的变化,从而引发的职业心理体验和职业心理发展的过程。教师职业生涯发展分为两个方面:一是以时间过程为轴线的发展过程;二是以职业领域发展为轴线的发展过程。这两个方面主要包括为个人知识水平的提高、职业理想的实现、教育理念的成熟、教学监控能力的提升、独立的教学策略和教学行为的形成,以及其从教的心理感受的变化等。

案例

晓燕是师范学院英语教育专业毕业的学生,在大学读书时,她没有思考过将来。因为晓燕上的是师范学校,毕业后,她来到一所高中担任英语教师。刚工作的时候,她对学生、授课等充满了新鲜感,并没有体会到喜欢与不喜欢。然而,工作半年后,教学工作比较熟悉了,新鲜感也过去了,晓燕有时间静下心来思考职业、生活等事情。她更多地体会到工作的单调、无趣,当她看到身边年龄大一些的教师所过的生活时,深深体会到自己内心对这种生活和工作的抗拒。在自己不断纠结是否放弃这份职业时,有家人、同事、朋友劝她不要放弃这份稳定的教师工作。

案例分析:从师范类大学生到中学教师的转变,似乎是理所应当、顺理成章的事情,然而实践中有太多例子表明,一个师范类毕业生并不一定就是一个称职的教师。作为刚刚毕业的大学生,选择合适的职业发展方向尤为重要,人生精力有限,必须选准方向,如果选择了教师这一职业,那么至少应该问自己三个问题:我为什么要当老师,我愿意当老师吗,我想当一个什么样的老师?

(资料来源:根据网络资料整理)

三、教师职业生涯规划

教师的职业生涯规划是对有关教师职业发展的各个方面进行的设想和规划,其涉及对教师职业的选择,对教师职业目标与预期成就的设想,对工作单位和岗位的设计,对成长阶段的步骤及环境条件的考虑。教师职业生涯规划是为教师自己规划出的美好的职业发展路线,最终目标是使个人的自我潜能得到最大发挥,促进教师的可持续发展和成长。每个教师都有着自己的职业生涯规划,只是存在着系统与不系统、自觉与不自觉、成熟与不成熟之分。目标、设想、计划、方案、措施等是人类意识的特征,也是人与其他动物的根本区别。

由此可见,对教师进行合理有效的职业生涯规划有利于教师专业化的发展,也有利于教师自身素质的提高,更能促进教师积极主动地投入教学工作中去,提高教学效率。

影响教师职业生涯规划的因素有很多,对于任何一位教师来说,影响其职业生涯规划的因素都不止一个,因素和因素之间存在着很多相互作用,我们对一些主要影响因素进行梳理,进而帮助教师把握好如下原则,掌握职业生涯发展的方向。

1. 目标性与系统性原则

由于现代社会结构与教育结构日益复杂化,因此需要教师具备多种职能,教师职业生涯规划首先应遵循目标性和系统性原则。目标明确则有利于教师职业能力的提高,教师还可以借助各种信息了解自身的能力与缺陷,评估当下状态与目标之间的距离,从而确定职业发展的起点,以促进自身的职业发展。教师职业生涯规划是多元化目标有机结合的系统,是一个复杂的目标体系,职业存在状态的不同使得教师对其职业的含义与意义的认识也有不同,也使得教师有不同的职业理想与职业行为选择,最终导致教师具有不同的发展水平。

2. 主体性与主动性原则

教师职业发展的特点要求教师积极参与职业发展活动,作为职业生涯规划的主体主宰自己的职业生涯。教师应积极参加与学校的教学目标相关的职业发展活动,将职业发展活动与学科教学内容联系起来,将自己的职业发展与学生的不同需要结合起来,客观地评价自身的职业发展水平。

3. 动态性和可调性原则

在不同的社会背景与不同的教改背景下,对教师职业能力的要求是动态变化的。提倡教师的终身学习,教师的主体性终身学习,就是将自身作为发展的对象,其发展过程伴随着职业生涯规划的展开,在这个过程中,实时的监控与动态的调节机制是教师职业生涯目标的实现与职业活动的绩效的保证。

4. 多元化和多主体评价原则

对教师职业活动的成果评价是复杂的,也是不确定的。比如说在教学上,要想准确衡量教师对学生学习质量的改进和提高所做出的成果几乎是不可能的。即使是科研成果,数量好统计,质量却很难比较。更重要的是,对教师的职业活动存在着来自教师自身的内部评价与来自社会的外部评价,对二者的匹配程度的解释和理解直接影响到教师以后的职业活动。

5. 职业认同原则

教师职业可以说是一种助人职业,教师的职业活动成果最终体现为学生的活动成果,但学生之间是存在个体差异的,并不会每一名学生都能达到教育的理想状态,这就可能会导致教师职业成就感的差异。在成就感与挫折感、肯定感与无效感交替出现的情况下,教师对自己职业角色的积极整合与认同是避免角色混乱、角色冲突与角色超载的前提,这在教师职业生涯规划中也是至关重要的。

第二节 教师职业生涯规划与发展的内容及特点

一、教师职业生涯规划与发展内容

教师职业生涯规划与发展指教师在执教生涯中为实现其职业理想,获得其职业生命价值过程中,所发生的一切与其职业相关的活动,包括其岗位的变化、工作内容的定位、职位与职务变迁等标志性活动，以及在工作历程中所得到的职业知识技能、职业信念态度等方面的养成。

教师职业生涯规划与发展是与教师本人在学校教书育人的一系列活动相关联的职业经历的模式，如在学校从教经历、教研活动中与教学经验的丰富、教育理想和愿望的实现，以及得到学生与社会的认可、尊重等。教师职业生涯规划与发展会对环境条件做出反应，支持性的、鼓励性和援助性的环境能帮助教师追求有益和积极的职业进步；反之，环境冲突和压力会对职业生涯周期产生负面影响。

我国教师职业生涯的成功与失败，判断的标准主要是看其自主发展的水平、个人职业的体验、学生肯定和社会尊重等，其次是外在的职称、职务、报酬及地位等。在教育改革实践大背景下，面对新的职业环境，需要确立新的职业生涯成功标准。教师专业化发展已成为教师教育改革的趋势。教师专业化发展是指教师作为专业人员，在专业思想、专业知识、专业能力等方面不断发展和完善的过程，即从专业新手到专家型教师转变的过程。教师的专业发展始终相伴于教师职业生涯的演进，因此可以将一个教师职业生涯成功的标准用专业发展性质和结果来衡量。如教师在课堂工作中表现出的知识技能和判断力的提高程度、对学校和社会所做的贡献大小、在教育教学工作中个人生命意义的体现等，都可以反映教师职业生涯成功的水平和层次。一名成功的教师，应该在教育教学实践中取得突出的教书育人成绩，在教育理论和实践方面具有创新性的学术贡献，具有崇高的人格魅力并赢得学生的爱戴与社会的尊重。

二、教师职业生涯规划与发展特点

教师的职业生涯规划与发展，是对有关教师职业发展的各个方面进行的设想和规划，具体包括：对教师职业的选择；对教师职业目标与预期成就的设想；对工作单位和岗位的设计；对成长阶段的步骤及环境条件的考虑。教师职业生涯规划与发展通常具有以下四个主要特点。[1]

1. 个体性与社会性的统一

教师职业生涯规划的主体是教师，而不是学校或其他任何教育组织，教师职业生涯规划应该是教师的自我设计和安排，但这并不意味着可以将其视为纯个人的行为，必须尽可能地与所在地区和学校的整体规划保持一致。

2. 现实性与发展性的统一

任何职业生涯规划必须基于客观现实，教师职业生涯规划要从教师个人和时代、社会、学校发展的实际出发。此外，任何职业生涯规划还必须同时具有发展性，教师职业生涯规划要能够有效地促进教师的专业发展。

3. 规约性与机动性的统一

规划都具有约束性，规划一旦确定，就要按照规划进行，不可随便更改，反之规划将会失去它的意义。为了能够使规划不断完善，应纳入将来可能发生而目前规划中未加考虑的事情，好的规划总是留有余地，给执行者预留适度的弹性和余地。

4. 过程性与文本性的统一

教师职业生涯规划包括制订规划的行动和制订规划的过程，同时也指最终形成的文本。我

---

[1] 金连平. 关于中小学教师职业生涯规划若干问题的思考与建议[EB/OL].

们既要关注前期进行规划的行动和过程，也要重视最终形成的那个被称为职业生涯规划的文本，以行动为文本形成的基础，以文本为行动的规范。

三、教师职业生涯规划与专业发展

由于教师职业的特殊性，我们在探讨教师职业生涯的发展时离不开对教师专业发展的考虑。所谓教师专业发展，是指教师的专业成长或教师内在专业结构不断更新、演进和丰富的过程。教师专业发展更多是从教育学维度加以界定的，主要指教师个体的、内在的专业化提高。20世纪80年代以来，教师的专业发展成了教师专业化的方向和主题。人们越来越认识到，提高教师专业地位的有效途径是不断改善教师的专业教育，从而促进教师的专业发展。只有不断提高教师的专业水平，才能使教学工作成为受人尊敬的一种专业，成为具有较高社会地位的一种专业。从本质上说，教师的专业发展是教师个体专业不断发展的历程，是教师不断接受新知识、提高专业能力的过程。教师要成为一个成熟的专业人员，需要通过不断的学习与探究历程来拓展其专业内涵，提高专业水平，从而达到专业成熟的境界。

根据教师的专业结构，教师的专业发展可以有观念、知识、能力、专业态度和动机、自我专业发展需要意识等不同侧面；根据教师专业结构发展水平，教师专业发展可以有不同等级。可以说，教师专业发展和教师职业生涯发展所关注的都是教师发展的问题，但教师专业发展侧重于教师专业结构的变化及专业结构发展的水平，教师职业生涯发展则是以人类生命的发展与变化周期来看待教师的职业发展过程与周期。

教师的专业发展是教师职业生涯发展中的最重要部分，教师的专业发展过程也可以看作教师职业生涯的演进过程。因此，我们不能独立于生命发展周期的框架来谈教师的专业发展，也不能独立于教师的专业发展来谈教师的职业生涯发展。

教师的职业生涯与教师的专业发展的关系可以从以下三个方面来探讨。

(1) 教师职业生涯与教师专业发展的内涵存在一定的差异。教师职业生涯是一个中性的概念，任何一个以教书为职业的人都可以视为处在教师的职业生涯当中，不管他是否在主动地寻求发展。教师的专业发展则带有目标和价值性，意味着教师作为专业人员在从事其职业的整个期间寻求自我不断发展的过程。另外，教师的专业发展更加强调个体内在的、主动的发展，影响发展的因素主要源于教师本身，发展的结果是教师专业素质的提升，以及教师达到专业成熟的境界。教师的职业生涯则更显出变动性，教师在一生的职业生涯中是否会变动其职业岗位和工作岗位，更主要的是受外在环境和因素的制约。

(2) 教师的专业发展是贯穿于整个教师职业生涯的动态过程。对于对教育事业具有理想和热爱的教师来说，在其整个职业生涯过程中，一定会追求自身的专业发展。即使一些教师缺乏教育理想和追求，但目前教师专业化运动的推动，也会使他们卷入被动的专业发展过程之中。这样看来，教师专业发展与教师职业生涯是形影相随、同步前行的。由于教师的职业生涯既受制于个人因素，又受制于外部的客观条件，因此，教师的专业发展也并非按照某种专业发展的阶段模型的先后顺序逐步进行的，在教师职业生涯的进程中，教师的专业发展不断地经历着高潮和低谷，呈现波浪式发展的状态。

(3) 教师的专业发展提升教师职业生涯的质量。教师在其整个职业生涯中，通过持续的学习、实践、反思，使其专业道德和信念、专业技能、专业情意等不断地变化和提升，整体的教育教学能力也不断提高,成为一个良好的教育专业工作者。在教育实践过程中,教师通过实施自主的专业工作,促进学生的综合素质向良好方面发展,为社会和人类培育一代代合格甚至优秀的新生力量。不断的专业成长,能够使教师承担多元角色,胜任多重专业工作,完成社会赋予的教育和文化使命。另外,教师的专业工作还具有效率高和质量好的特征,而且其劳动所产生的巨大的社会价值,能够使教师在职业生涯中获得人生的成就感、职业的满足感和教育人生的幸福感,教师的整个职业生涯表现出鲜明的质量高、价值大的特色。[①]

可见,教师要实现自己的专业发展,必须进行职业生涯规划与发展,而教师的职业生涯规划与发展又必须将专业发展作为其核心理念,并使之贯穿于整个职业生涯发展的全过程。因此,我们在进行教师职业生涯规划与发展时,必须始终围绕教师专业发展这条主线来展开。

教师本人必须把教育教学工作视为一种专业,把自己视为一个持续发展的专业人员,一个需要通过不断学习与探究来拓展职业内涵、提高专业水平,并逐渐达到专业成熟境界的专业人员。当然,也需要组织加强对教师进行有计划、有目的、有针对性的教育培训活动,并在组织化的培训、学习和自我反思实践的基础上,逐步达到专业成熟的境界。

概而言之,教师专业发展是教师整合社会、学校与自身发展需要,对自己未来专业发展进行的主体规划和设计的过程,是通过积极有效的行动策略,以实现教师的专业内涵不断丰富、专业性结构不断改善、专业能力和专业发展水平不断提升的生命成长与发展的过程。因此,教师专业发展不仅是世界许多国家中小学教师队伍建设的重要发展趋势,是我国教育改革发展对教师队伍建设的时代要求,也是贯穿教师的职业生涯规划、设计整个生涯发展进程的核心理念。

第三节 教师职业生涯规划与发展的意义

一、有利于教师能力提升

教师作为知识的建构者和传授者,必须具备对知识的加工和建构能力,具体来说就是要具备知识的还原能力、知识展开能力、多元举例能力、知识转化能力和知识的整合能力。同时,作为教育公正的维护者,教师要尊重学生多方面的潜能和文化多样性,在教育过程中要关照各类学生的需要,通过有效的知识教学和思维的训练,使各类学生的潜力都得到应有的发展,并注重培养学生的研究意识和研究方法,在系统传授科学文化知识的同时,为学生提供广阔的智力活动背景,多角度揭示知识的性质,教给学生获取知识、运用知识、发现知识、建构知识的思维方式和具体方法。教师又作为行动反思者和研究者,要具备对个体实践进行反思、体悟与完善的能力。通过反思不断地扩展自己的知识,从而能更好地发挥自身多方面的潜能,不断完善自己的教学技艺,提升自己的教育智慧。因此,多元角色对教师自我能力和素质有很多新要求。

教师职业生涯规划与发展对教师能力和素质的提升有着重要的指导意义。首先,教师的职业生涯规划与发展有利于教师能力和素质的提升,有效贯穿于整个职业生涯阶段。成功的职业规划与发展有助于教师有效、合理地利用时间,分配资源,集中精力,做最有益于实现最终目标的事情。教师在职业生涯规划与发展中可以全面认识自我,通过对自己客观、全面的认识,

---

① 王卫东. 教师专业发展探新——若干理论的阐释与辨析[M]. 广州:暨南大学出版社,2007:132.

不但能更好地选定自己职业生涯发展的目标,正确选择合适的发展道路,还有助于明确自己目前的学习状态,对自己能力和素质的提升做出科学合理的调整规划。

其次,教师的职业生涯规划与发展是对教师能力和素质提升的完善。职业生涯规划与发展是教师职业成功的有效策略,具体地实施规划才能取得教师能力和素质提升的实效。教师个人职业的不断发展,能力的逐渐提高,都离不开教师的职业生涯规划与发展。教师对自己职业生涯的良好规划及树立教师能力和素质提升的理念,是教师职业成功的关键所在。

二、帮助教师明确职业目标

我们过去缺乏职业生涯设计的概念和意识,不少教师对自己要达到什么目标,通过几个阶段达到自己的目标,现在自己处于什么阶段等问题,往往是模糊不清的,有的甚至从来就没有这样考虑过。这些教师表现在工作上,就是听从领导安排,以完成任务为目标,没有自己的追求,态度被动;当工作不满意时,往往归因于外部的环境制约,认为自己尽了力,没有办法克服困难等。

职业生涯规划可化被动为主动,在追求中体会快乐人生。一个人一旦确定了职业生涯的发展目标,往往能使职业发展得更快。当我们沿着职业发展目标一步步前进,并逐步实现这些目标与规划时,就会产生强烈的成就感。

案例

一位老师的发展目标规划

作为一名刚走上工作岗位的新教师,对自己的职业有一个长远的规划,使自己在进行教育事业时有一个明确的方向,显得尤其重要。

我是刚参加工作几年的新教师,虽然能达到必要的工作要求,但在教学上与老教师比起来还相差很多,在课堂教学上还是会或多或少出现一些小差错,不能那么得心应手。但毕竟我还年轻,比较容易接受新的东西,思维活跃,有自己的想法,勇于探索、能吃苦、有上进心。

在未来的三年里我给自己制定的总目标是努力成为业务水平较高的教师,并在科研、课题上小有成绩。

一年目标:虚心接受同事的指导和帮助,端正教育思想、热爱工作、热爱学生;多上几次公开课,并取得老师的肯定;在论文写作上,能在区里或学校取得一定的成绩;在工作上,能得到老师的肯定及信任。

二年目标:在教学上有一定的提高,上一次区级或市级的公开课;在教师基本功比赛中能在区里得到一定的名次;在科研上认真参加语文组的课题研究。

三年目标:成为业务水平较高的教师,不断运用所学的理论知识指导自己的教学实践,在教学实践中感悟课程新理念,使自己的教学能力迅速提高,驾驭课堂更加游刃有余;能够独立接受上级的安排;在科研上有一定的成绩,能够在区里小有成绩。

目标已经制定,以后摆在自己面前的就是如何为这些目标努力奋斗。

(资料来源:张旭超:教师的个人发展目标规划[EB/OL].)

三、促进教师专业发展

关于教师专业发展的内涵，可以从以下几个方面进行分析。

首先，教师的专业发展从结构化的概念体系来看，它是由专业知识、专业能力和专业精神等构成的一个结构体系，这种专业性内在结构是教师的专业发展，不仅是传统意义上的知识的发展，更重要的是教师能力特别是创新能力的发展，是以价值观为核心的专业精神的发展。具体来说，在知识的发展方面，教师的专业发展不仅是一般学科知识的发展，而且是包括一般学科知识在内的人文学科和自然学科的知识的综合协调发展。教师的这种新知识的发展，不只是指他人经验或认识的结果，还是教师主体积极进行新知识探索的过程，是文本性知识、理解性知识、程序性知识、方法性知识的系统整合性的知识发展。在能力的发展方面，教师的专业发展不仅是一般学科教学技能的发展，还是以创新思维能力为核心的结构性研究能力的发展，教师的结构性研究能力具体包括发现问题、提出问题、分析问题、解决问题的能力，对个体案例进行具体分析研究的能力，对已有的结论、已有的知识、已有的原理进行批判、质疑和反思的能力，在对问题进行具体分析的基础上进行整体综合的能力，等等。

其次，从其状态来看，教师专业发展还可从静态和动态两个不同方面进行分析。从静态角度来看，教师专业发展是指教师在教育教学活动中形成教师的特定职业那一刻，也就是教师职业真正成为一个专业，教师成为专业人员得到社会承认这一发展结果。从动态角度来看，教师专业发展主要指教师在严格的专业训练和自身不断主动学习的基础上，逐渐成为一名专业人员的发展过程。在这一发展过程中，不仅需要教师自身主动学习和努力，以提高自己的专业能力，而且需要外部的推动和良好环境的创设，如入职标准和选聘机制、专业组织和专业规范、职前教育和在职培训。动态方面又可以分为两个角度：从职业群体的角度看，教师专业发展就是指教师职业由准专业阶段向专业阶段不断发展，逐渐符合专业标准，成为专门性职业并获得相应的专业地位的动态过程；从教师个体的角度看，教师专业发展是指教师个体专业持续发展、日臻完善的过程。多年来，人们的传统思维习惯往往把教师专业发展设定在教师职业形成的结果时段，现在我们理解教师专业发展就不能仅限于形成教师职业那一刻的结果状态，而应把它看作是一个纵向的、持续不断的运动过程，即教师专业发展的过程就是教师自身与其他成员和环境等多种因素互为关联、相互促进的互动过程，是教师持续专业性提升的动态过程。

最后，从教师专业发展的策略来看，它是知、行、思的交融和主体化的发展。教师专业发展还可以根据发展阶段和发展模式进行分析，如在教师的发展阶段有教师职前培养的准教师发展阶段、教师进入职业领域的角色适应发展阶段、教师胜任的专业发展阶段和自我超越的专业发展阶段；在教师专业发展的模式上有职前的学术知识模式、实务经验模式，有职后的在职进修模式、省思探究模式等。

由此可见，促进教师专业发展的策略和途径很多，而促进和帮助教师形成和执行自己的职业生涯规划，是很好的切入点。首先，教师职业生涯规划是教师专业发展的基础。教师专业的发展与成长，离不开教师职业生涯的规划。教师的专业发展使教师本身的专业素养、良好的品质得到提升，进而对学生有直接影响作用，这些都是在职业生涯规划的基础上进行的。其次，教师专业发展反作用于教师职业生涯规划，教师的专业发展在整个教师职业生涯中应运而生，伴随着教师职业生涯的发展而发展，同时教师专业发展对教师职业生涯规划有一定的制约作用。

四、缓解教师职业倦怠

职业倦怠是指个体因在体力、精力和能力上无法应付外界的要求而产生的身心耗竭状态，是个体厌倦和畏惧工作任务的一种心理、生理反应。现在有不少老师感到压力大，常有力不从心、沮丧、焦虑、情感枯竭之感，感到"脑子是满的，时间是满的，心却是空的"，这就是教师职业倦怠。通过职业生涯规划可以使教师明确职业发展目标，从而有计划、有步骤地提升自己的能力和素质，使自己更加自信乐观地面对在学习、生活中遇到的各种困难和问题。教师生涯是一个意义深长的生涯，我们的生命在学习中成长，在付出中完成，科学合理的职业生涯规划将使教师个人的生涯获得极致发展。

教师进行职业生涯规划与发展时，真正把自己的职业生涯置于理性的思考之上。首先，在职业生涯的开发阶段，个人可以对自己的潜能进行科学测评，为职业生涯的发展制定出方向、目标和方法，使其具备可操作性。这样可以保证自己在踏上教师岗位时不会对工作茫然无知，从而减少各方面压力导致的精力枯竭。其次，从职业发展的根本上来看，教师的职业倦怠是得过且过、缺乏科学职业规划的结果。因此教师若能制订出良好的职业生涯规划，可以使个人更理性地看待工作和生活，更平和地处理各种问题，也能更加深入地了解自己的价值取向和承受压力的能力，定期根据自己的职业生涯实践进行理性的评估，找出自己的差距和不足。如教师会在从事了一段时间工作后确定自己是否喜欢教师工作，在传授知识时选择适合自己个性发挥的方式、方法，针对自己在教育工作中的薄弱环节通过培训进行充实和提高，也会深谙教师职业发展规律，按照专业方法规划成功的职业生涯，从而有效地避免职业倦怠。

五、有助于教师保持积极心态

教师职业生涯规划可以帮助教师了解和悦纳自己，了解自身优点和缺点，养成对工作环境和工作目标进行分析的习惯，也可以使教师合理计划、分配时间和精力完成任务、提高技能，这些都有利于强化教师对环境的把握能力和对困难的控制能力。对环境的把握能力带给人们选择的能力，也带给人们自信乐观的人生态度。

教师职业生涯规划对教师的自信乐观的心态有良好的促进作用。良好的职业生涯规划有助于提升教师的价值追求。职业生涯规划是一个过程，这个过程就是探索生涯的路程、厘清生命的价值和意义，然后用行动去实现。在这个过程，教师个体不仅会提高工作满意度，而且还会更加追求事业的成功和自我价值的实现。通过职业生涯规划过程，教师会更加倾心于教育事业，追求更高的目标，这样就有助于教师按轻重缓急安排好日常工作，紧紧抓住工作的重点，增加成功的概率。教师比较好的生存状态和精神面貌就是精力充沛、信心十足、情绪饱满、活力四射，并能真切地感受到工作的价值和意义，觉得有成就感。

第三章 教师职业生涯规划与发展理论

通过前面章节关于职业生涯发展理论的学习，不难发现教师的职业生涯遵循着相同的规律和步骤，从最初的彷徨、选择到漫长的探索，历经职业高原期，步入再适应阶段，最后淡出、退休。每位教师的成长都无法背离职业生涯发展的一般规律。同样的，一些专家和学者也提出了教师职业生涯的阶段理论，这些职业发展理论为教师的职业生涯规划与发展提供了指导和帮助。

第一节 国外教师职业生涯发展理论

一、福勒的关注阶段论

福勒是教师职业生命周期理论研究的先驱者。许多关于这个领域的研究都根植于福勒的著作。在1969年，她编著了《教师关注问卷》(Teacher Concerns Questionnaire)。通过这份问卷的研究，她认为师范生在成为教师的过程中，所关注的事物是依据一定的次序更迭的，并呈现教师职业发展的四个阶段。

(1) 教学前关注(pre-teaching concerns)阶段：此阶段是职前培养时期。师范生此时还沉浸在学生角色中，因为未曾经历教学，也没有经历过教师角色，对教师角色仅处于想象阶段，所以没有教学经验，因此只关注自己。

(2) 早期生存关注(early concerns about survival)阶段：此阶段是初次接触实际教学的实习阶段。他们所关注的是自己的教学、班级控制、教学内容的熟练程度，以及上级的视察评价等生存问题。因此在此阶段，教师们都表现出明显的焦虑与紧张，感觉压力相当大。

(3) 教学情境关注(teaching situations concerns)阶段：在此阶段，既包括生存关注，同时也会关注教学上的种种需要或限制及挫折。教师较多关注的是自己的教学表现，而不是学生的学习，教师设法从关注学习转向关注教学情境。

(4) 关注学生(concerns about students)阶段：虽然许多教师在实习教育阶段就能表现出对学生的关注，但是他们通常要在学会应对自己的生存需求后才能对学生的需求做出反应。在这个阶段教师开始关注学生的学习、社会和情感需求，以及如何通过教学更好地影响他们的成绩和表现。

福勒的研究使人们认识到个人成为教师须经由一定的发展阶段逐渐递进，该理论侧重于从教师所关注的事物在教师不同发展阶段的更迭这一个视角来探讨教师的发展。教师专业发展的许多问题还有待进一步研究。但这一套教师关注阶段论的提出，为教师发展理论的研究开辟了先河，许多学者纷纷涉入该领域进行研究。

二、伯顿的教师发展阶段论

在20世纪70年代末至80年代初,美国学者伯顿(Burden)、纽曼(Newman)、皮特森(Peterson)和弗劳拉(Flora)在俄亥俄州立大学进行了一系列教师职业生涯发展的质的研究。以对教师的职业生涯进行静态分析的思路,将教师职业生涯分为以下三个阶段。

(1) 求生存阶段(survival stage):指从事教学的第1年。在这一阶段的教师,刚踏入教师行业,由于缺乏实际的教学经验,课堂的掌控能力较为一般,处于职业生涯的适应时期。此时教师所关心的是班级经营、学科教学、教学技能的提高、教学内容的了解,做好课程与单元计划及组织好教学材料,做好教学工作。此外,此阶段的教师已开始注意了解学生并与之相处,他们关注自己的生存问题,压力较大,迫切希望得到上级的肯定和同事的接纳等。处于该阶段的教师往往表现出明显的焦虑和紧张,缺乏自信心,很少尝试新的方法来满足不同学生的学习需求,因此这一期间教师从事教学的志向也可能会发生很大变化,不稳定性较强。

(2) 调整阶段(adjustment stage):指从教的第2~4年。教师对教学有了进一步的了解,也更轻松了。在这一阶段,教师逐渐适应了自己的角色,也适应了压力和负荷,有了相当的知识储备和教学经验的积累,于是开始注意到学生学习需求的多样性,开始从师生互动角度来考察自己的教学工作,寻求新的教学方法与技巧以满足不同学生的学习需求。他们开始了解学生的复杂性并寻找新的教学技能以满足更广泛的需要。教师与学生的相处变得更加开放和真诚,并感觉自己比以前更能满足学生的需求。

(3) 成熟阶段(mature stage):指从教5年和5年以上的教师。教师在教学活动中感到舒适,并能理解教学环境。他们有了安全感,能处理教学中发生的任何事情,不断尝试新的技能,关注学生需求的满足,重视与学生的关系。教师对教学活动已经驾轻就熟,对自己、对教学任务、对教学环境与学生的需求都有了充分的了解,能够得心应手、熟练、独立地处理教学过程中所发生的各种事情,能够妥当地处理好与上级、同事和学生间的关系。更为关键的是,处于该阶段的教师已经逐渐形成了自己的专业角色,确定了自己在专业中的位置。

三、费斯勒的教师生涯循环论

美国的费斯勒和克里斯森则在对教师的成长、组织环境、激励措施、个性化专业发展等方面进行诊断性思考和实证性研究的基础上,提出了动态的教师职业生涯发展周期模型。在该模型中费斯勒等研究者将教师职业周期分为八个阶段,同时结合翔实的个案,分析了个人生活环境和学校组织环境对教师的影响,阐明了相应的激励措施和支持体系方面的建议,为我们了解教师专业成长提供了一个非常有用的参考架构。

(1) 职前期(pre-service):教师角色的准备期,即教师的培养期,也包括教师接受新角色或工作时的再培训期。职前期主要是指在大学或师范学院进行师资培训阶段,也包括教师从事新角色和新任务的再训练,或者参加高等教育机构的学习、在职进修。

(2) 职初期(induction):这是教师任教前几年,要学习教师角色社会化,要适应学校系统的运作。这一时期,教师工作较为努力,希望能够得到学生、同事和领导的认可。

(3) 能力建构期(competency building):在此阶段的教师积极寻找新的资料、方法和策略,努力完善教学技巧、提高教学效率。此阶段的教师一般容易接受新观念,乐于出席研讨会、观摩会,热衷于研究、进修课程等。这时的工作富有挑战性,他们渴望教学技能的全面提高。

(4) 热情与成长期(enthusiastic and growing)：教师在此阶段，已经具有较高水平的教学能力。他们会更热心于教育工作，不断地追求自我实现，积极主动，丰富教学方法，能够积极参与学校的各种职业教育活动，有较高的职业满意度。

(5) 职业挫折期(career frustration)：此阶段通常在职业生涯中期，教师在工作中遭遇挫折，工作满意度逐渐下降，开始怀疑自己选择教师这份工作是否正确。这就是所说的"倦怠"，最显著的特征是教学产生挫折、倦怠和幻灭。

(6) 职业稳定期(stable and stagnant)：这一阶段的教师存在着"做一天和尚，撞一天钟"的心态，只做分内的工作，不会主动追求教学专业上的卓越与成长，不求有功，但求无过，可以说是缺乏进取心、敷衍塞责的阶段。该时期是教师职业生涯发展的"平原期"，有些教师处于停滞状态，只做分内工作，有些教师则维持原状，此阶段也是教师工作缺乏挑战性的阶段。

(7) 职业消退期(career wind down)：这是准备离开教育岗位的低潮时期。在此阶段，有些教师感到愉悦自由，因为他们曾有过辉煌的教学成绩并在心中留下美好回忆；对另一部分教师来说，则会以一种苦涩的心情离开教育岗位，因为他们是被迫离职或迫不及待地想离开工作岗位。

(8) 职业离岗期(career exit)：这是教师离开教职岗位的时期。该时期指教师离开教学工作后的一段时间，包括教师由于年龄因素正式退休，或由于某些原因暂时离职以及为寻找更满意的职业自愿性离职等。离岗期的教师所处的环境可能是积极的，也可能是消极的，主要取决于导致教师做出离岗决定时的情境。

费斯勒的教师生涯循环论，特别是其对教师发展的阶段描述，提供了一个较为完整的纵贯教师生涯的理论架构，具有重要的理论参考价值。

四、斯德菲的教师生涯发展模式

20世纪80年代末，斯德菲在借鉴和吸收费斯勒等人前期研究成果的基础上，依据人本主义心理学派的自我实现理论建立了教师生涯发展模式。该理论将教师发展分为以下五个阶段。

(1) 预备生涯阶段：主要包括新任教师和重新任职的教师。新任教师往往需要三年的时间才会进入下一个阶段，重新任职的教师则可以很快超越此阶段。他们的特征如下：理想主义、有活力、富有创意、容易接纳新观念、积极进取、努力向上等。

(2) 专家生涯阶段：该阶段的教师具有较高水平的教学能力与技巧，同时拥有丰富的专业知识及多方面的信息来源。他们懂得如何有效地管理班级和分配时间，对学生抱有高度的期望；他们能在自己的工作中激发潜能，达到自我实现的目的。

(3) 退缩生涯阶段：这个阶段包括三个小的阶段。初期退缩的教师很少尝试教学方法的改革，也不及时更新教学内容，他们的学生也表现平平；持续退缩的教师会表现出倦怠感和埋怨心理，"逆反"心理较强，或独来独往，或行为极端，或喋喋不休；深度退缩的教师在教学上表现出无能为力，有时甚至还伤害到学生。但是，这些教师并不认为自己有上述缺点，而且还有较强烈的自我保护和防范心理。

(4) 更新生涯阶段：在这一阶段的教师一开始出现厌烦征兆时，就采取积极的应对措施，所以这一阶段可以看到预备生涯阶段朝气蓬勃的状态。他们致力于追求专业成长，吸收新的教学知识。

(5) 退出生涯阶段：教师到了退休年龄或由于其他原因而离开教育岗位，这些教师或安度晚年，或追求其他的职业生涯。

五、休伯曼的教师职业生命周期论

休伯曼(Huberman, M., 1993)等人通过对教师职业生涯周期的研究，将心理学和社会心理学的研究方法相结合，把教师职业生涯过程归纳为以下五个时期，探索了每一个时期的发展主题，切合实际地描绘了教师的发展路线。

(1) 入职期(career entry)：教师教学的第1～3年，这一时期可概括为"求生和发现期"。其中，"求生"和"现实的冲击"相联系，课堂环境的复杂性和不稳定性、连续的失误使得教师对自己能否胜任教学工作感到怀疑，同时由于有了自己的班级、学生，又表现出积极、热情的一面。

(2) 稳定期(stabilization phase)：时间大概在工作后的第4～6年。此阶段的教师初步掌握了教学方法，由关注自己转向关注教学活动，不断改进教学基本技能，形成了自己的教学风格。

(3) 实验和重估期(experimentation and reassessment)：大约在工作后的第7～25年。随着教育知识的积累和巩固，教师们开始不满于现状，并重新审视自己所从事的职业。他们试图进行教改实验，不断对自我和职业进行挑战。有些教师在进行教学改革后可能会失败，由此引发职业危机。

(4) 平静和保守期(serenity and conservatism)：时间在教学的第26～33年。许多经验丰富的老教师在经历了怀疑和危机之后开始平静下来，能够较为轻松地完成课堂教学，也变得更有自信；同时也失去专业发展的热情和精力，志向水平开始下降，对专业的投入也减少，满足感越来越低。教师对学生的关系由亲热变得疏远，但对学生的行为和作业却越发严格。他们经历了平静期后变得较为保守，在教学上很少再尝试新的内容和方法。

(5) 退休期(disengagement)：时间为工作后的第34～40年，即教师职业生涯的逐步终结阶段。

休伯曼的这个理论揭示了不同教龄的教师只要心理发展水平接近，仍可能达到相同的专业发展水平，而且这种理论框架也能更好地解释教师专业发展中的实际情况。

第二节　国内教师职业生涯发展模式

一、教师职业生涯发展模式

我国学者王诞生根据休伯曼的生命周期理论来分析教师的工作生涯，他将教师的工作生涯划分为以下几个阶段。

生涯起点阶段(第1～3年)：因为工作的复杂性和压力，教师往往怀疑自己是否适合从事教师职业，投入教育的热情日渐消减。

稳定阶段(第4～6年)：教师的教学技能逐步形成，教学压力得到一定程度的释放，教师对教学较为投入，表现出自信、愉悦和幽默，工作进入一种相对稳定的状态。

行动主义阶段或自疑阶段(第7～18年)：一些教师在此阶段开始尝试各种不同的教学策略，提高教学质量；另外一些教师因为工作的稳定而开始怀疑是否有必要投入一生的心力在教师职业中，因而会选择离开教师工作岗位。

平静阶段或保守主义阶段(第19～30年)：由于人到中年，教师的体能及热情均处于衰退中，大部分教师能够比较平静地面对这一过程，还有一些教师因为已经具备丰富的教学经验，常对教育改革持保守态度。

脱离阶段(第31～40年)：教师临近退休，一些教师会坚守教学岗位，以平静的方式等待退休；一些教师则采用消极方式，选择提早离开教学岗位。

二、教师职业生命周期论

傅道春将教师的职业生涯发展划分为八个阶段，但是各阶段之间并没有严格、明确的区间划分。[①]

第一阶段：职前成长阶段，是进入教师岗位的准备阶段。此阶段的教师既有即将成为教师的期盼，又有对于教师岗位的陌生感，注重教学知识的教授与教学能力的展现，以获得进入教师岗位的自信心。

第二阶段：初步接触教师岗位阶段。此阶段是教师的入职阶段，此阶段的教师主要是对学校文化环境、教育环境以及学生的熟悉，初步实现社会身份的转变。

第三阶段：能力构建阶段。此阶段的教师教学技巧与教学能力有了较大幅度的提高，能够较快接受新的教育教学观念，并在教学过程中乐于接受更高难度工作的挑战。

第四阶段：热心与成长阶段。此阶段的教师已经形成自己的教学风格，并进一步学习新的教学方法与知识，注重教学专业的成长，具有较高的职业满意度。

第五阶段：职业退缩阶段。此阶段的教师教学热情下降、积极性不高、职业满意度也出现不同程度的下降，对工作出现懈怠的现象。

第六阶段：更新阶段。此阶段的教师工作能力有了质的提升，对于职业出现全新的感受，是教师职业生涯的升华阶段。

第七阶段：职业低落阶段。此阶段的教师面临离开教师岗位，有的教师表现出功成身退的满足自豪感，有的教师则表现出抑郁失落感。

第八阶段：职业退出阶段。教师因为年龄或其他因素而退出教师岗位，此阶段的教师要逐渐适应当前的生活状态，并积极寻求新的奋斗目标。

三、自我更新取向发展阶段理论

叶澜将教师的专业发展意识作为研究对象，在教师主要的职业生涯发展过程中，重点研究的是教师的教育教学专业的内在结构的更新及其进步规律，并提出了教师专业发展的五个阶段。[②]

第一阶段为"非关注"阶段。此阶段强调在进行师范学习之前，对于从事教育教学事业的信念及与教育教学专业相关的能力有密切关系的基础能力的无意学习。

第二阶段为"虚拟关注"阶段。进入师范类院校学习阶段，此时期没有对于专业学习与发展的意识，而实习期间则是专业意识发展的阶段。

---

① 傅道春. 教师的成长与发展[M]. 北京：教育科学出版社，2001：9-11.
② 叶澜，白益民. 教师角色与教师发展新探[M]. 北京：教育科学出版社，2001：278-302.

第三阶段为"关注生存"阶段。此阶段开始进入教师工作岗位，是实现角色转变以及适应教育教学实践的阶段。

第四阶段为"关注任务"阶段。此阶段是教师教育教学能力平稳发展的关键时期，关注的重点由"关注自我"转为"关注能够高质量地完成教育教学任务"，以获得职称、教师地位的提升和得到公众更高的评价。

第五阶段为"关注自我更新"阶段。教师在此阶段将持续对专业的发展给予更多的关注，但是不受外界环境影响，是以自身兴趣为导向而进行的专业发展。

四、教师发展时期论

申继亮是以我国中学教师为研究对象，借鉴国外的研究理论，从教师职业发展的视角，对教师的职业发展生涯进行分析和探讨的。[1]

第一阶段：学徒期。此阶段的教师主要是以熟悉教学为主。

第二阶段：成长期。此阶段的教师具有一定的教育教学能力，但是仍然需要进行教学知识的学习和教学实践，并尽快形成属于自己的独特教学风格。

第三阶段：反思期。此阶段的教师具有丰富的教学实践经验，但因自己保守的教学方法及知识理论体系的陈旧，在重复的教学过程中易产生职业倦怠。

第四阶段：学者期。此阶段的教师具有较为丰富的实践经验、较为完善的知识体系、先进的教学方法和较强的反思能力，学者期是每位教师职业生涯发展的目标。

五、教师社会化发展阶段论

王秋绒将教师的社会专业化发展分为三个阶段：师范生阶段、实习教师阶段、合格教师阶段，又将各个阶段划分成具体的小阶段。[2]教师社会化发展阶段论的时期划分和时期特点如表3-1所示。

表3-1 教师社会化发展阶段论

阶段	时期划分	时期特点
师范生阶段	适应期	此阶段以提高人际关系沟通能力及对新的学习环境进行适应为主
	稳定成长期	此阶段是教育知识与专业学科知识的学习，人际关系与组织能力的提高阶段
	成熟成长期	此阶段是将理论知识进行实践运用阶段
实习教师阶段	蜜月期	此阶段拥有初为人师的满足感和新鲜感
	危机感	此阶段的教师在教学过程中不断面临问题与压力，教师危机感也不断产生
	动荡期	此阶段的教师面对角色差距，或不断调整自我，或脱离教师岗位
	新生期	此阶段的教师刚工作之后因教学能力的提升而获得成就感
合格教师阶段	平淡期	此阶段的教师教学工作步入正轨，但因找不到工作的挑战性而工作积极性降低
	厌倦期	工作多年后教师心态的两极分化：乐于奉献、乐于教学；厌倦教学，失去动力

---

[1] 申继亮. 教师人力资源开发与管理[M]. 北京：北京师范大学出版社，2006：89-91.
[2] 王秋绒. 教师专业社会化理论在教育实习设计上的意义[M]. 台北：台湾师大书苑，1991：33-48.

第三节 教师职业生涯发展的规律

一、教师职业生涯发展理论的梳理

从教师职业生涯发展阶段的研究角度，对教师职业生涯发展理论的梳理，不同人有不同的视角，对教师职业生涯发展阶段的划分标准也存在明显的差异。但是，大部分研究者都有一个共识，即教师职业生涯发展是动态的，教师的职业生涯发展必须经历不同阶段，而教师在不同阶段有不同的特点和不同的需求。发展阶段理论对于教师实现自身的职业生涯发展及设计教师职业生涯发展活动具有十分重要的意义。一方面，这些理论能够帮助教师认清自己当前的发展位置，预期未来的发展方向，从而确立职业生涯发展目标，制订职业生涯发展计划，促进教师对自身职业生涯发展的反省认知。另一方面，这些理论可以有效指导教师职业生涯发展活动的设计和开展，还可以有效分析教师的不同阶段、不同需求、不同特征和不同发展目标，从而更有效地促进教师的职业生涯发展。

教师职业生涯发展理论生动地揭示了教师在整个职业生涯发展过程中所呈现的阶段性发展规律和特征，对教师的专业化成长具有重要启示。

第一，教师职业生涯发展理论揭示了教师的整个职业生涯发展是一个不断变化和发展的生命周期，也是一个不断学习、不断接受教育的连续过程。因此，我们在教师职业生涯发展过程中应始终融入"终身教育"的理念，以"终身教育"理念指导教师对教师职业生涯发展的全程规划。终身教育理念日益受重视，生涯发展的研究，已不只偏重个人的职业选择方面，进而扩大到个人自我潜能的发挥。教师逐渐体会到在职进修的必要性，光凭过去所学的知识和经验，是很难胜任目前的教学工作的，必须不断地进修，汲取各种经济、政治、科技和教育知识，以扩大知识领域，提升专业能力，最大限度地发挥个人自我潜能。具体来说，就是将教师的职前培养、入职教育和在职培训有机结合，并根据教师不同发展阶段的需求提供各类进修课程，使教师教育贯穿职业生涯的全过程，真正实现教师教育一体化。

案例

坚持终身学习，汇成江河之水——个人成长故事

古人云："学高为师。""学高"是教师执业的资本，是"为师"的根基。何为"学高"，在步入三尺讲台之初，我的理解是要给学生"一杯水"，教师必须先有"一桶水"，但二十余年漫漫从教之路，又使我深切感悟到，在信息时代来临、知识经济发展、教育理论创新、教育目标提升的当今社会，"一桶水"教师已远远不能适应时代要求，坚持终身学习，做"一条奔流不息的河流"，才是自己的理想与追求。

自踏上工作岗位以来，我时常以"宝剑锋从磨砺出，梅花香自苦寒来"的警句激励自己，并从中寻找强大的内驱力推动自己积极上进。读书学习让我变得充实丰富，也让我的教学工作变得游刃有余。每当遇上班级里一些偶发事件或者有不良的思想动向，我不会再将空洞的说教灌输给学生，常常用一些富有哲理的小故事来打动学生。如随着年级的升高，因为成绩的下降或其他原因，有些学生的自信心开始丢失，有的甚至还相信"命中注定"等无稽之谈，认为自己生来就是学不好的，或者把希望寄托在别人的身上。于是我就给学生讲《断箭》的故事，让学生从故事中明白，把胜败寄托在一支宝箭上，是多么愚蠢，多么可悲。自己才是一支真正的"宝箭"，若要它坚韧，若要它锋利，若要它百步穿杨、百发百中，磨砺它、拯救它的只能是自己。这样的教育不仅很受学生欢迎，而且效果也很好。同时，这些实例，也使我更加坚信，教师只有通过广泛的阅读，才能积累丰富的知识与经验，才会在教学中遇到棘手的问题时游刃有余，事半功倍。

"一分耕耘，一分收获"，这虽是自己学习之起步，积水之点滴，但我深信，千里之行，始于足下，涓涓溪流，终成江河。

(资料来源：李翠瑛. 坚持终身学习，汇成江河之水——个人成长故事[EB/OL].)

职业生涯规划对教师终身教育和终身学习的意义主要表现在两个方面。

首先，教师的职业生涯规划与发展有利于教师终身学习的有效贯彻。成功的职业规划有助于教师有效、合理地利用时间，分配资源，集中精力，做最有益于实现最终目标的事情。教师在职业生涯规划与发展中可以全面认识自我，通过对自己客观全面的认识，不但能更好地选定自己职业生涯发展的目标，正确选择合适的发展道路，还有助于明确自己目前的学习状态，对自己终身学习做出科学合理的调整规划。

其次，教师的职业生涯规划是对教师终身学习的深化和完善。职业生涯规划是教师成长的战略之一，具体地实施规划才能取得终身学习的实效。教师个人职业的不断发展，能力的逐渐提高，都离不开教师的终身学习。而教师的终身学习，如抓住工作中提供的专业性培训机会，利用业余时间培养自己的兴趣爱好以及在工作中不断和同事探讨新知识，汲取经验教训，提高工作熟练程度等都离不开对个人职业生涯的规划。教师对自己职业生涯的良好规划及自觉树立的终身学习的观点，是教师辉煌职业的关键所在。

第二，对于教师个人而言，职业生涯发展理论可以帮助教师更好地了解自己的优缺点、价值观、职业目标和职业生涯发展的影响因素，从而做出更科学、更合适的职业生涯规划，以积极的态度回应自身在职业生涯周期不同阶段的变化和需求，实现不同发展阶段的目标，因为优秀教师的优秀品质是逐步发展和积累起来的。

第三，对于学校管理者、教师培训机构而言，应根据教师职业生涯发展过程中不同阶段的需求和变化，给予适当、适时的协助。依据教师不同的职业生涯发展设计不同的职位、职务及工作，为教师提供教师职业生涯规划与发展的指导，协助教师制订个性化的职业生涯规划，在开发教师职业生涯的基础上实施科学的教师生涯管理，激发教师的工作热情，提高教师的职业满意度。

二、教师职业生涯发展阶段的规律

教师需要认识清楚自己所处的阶段，具有的特点和不足，从而知道如何扬长避短，如何发展自己，这也是探究教师职业生涯发展规律的意义。根据教师职业生涯阶段的划分理论，描绘出教师职业生涯发展的真实全貌，但教师个体差异无疑会影响这一理想的实现，结合已有研究者的研究结论，本书试图基于理论，总结教师职业生涯发展阶段的大致规律，以为广大教师群体指引方向。

1. 教师职业生涯的适应期

师范院校处于实习阶段的学生和大学毕业后从事教师职业 1~3 年的教师均处于教师职业适应期。教师职业适应期是指教师在角色心理上完成了从学生到教师的过渡，全面进入教师的角色，业务兴趣和情绪趋于稳定，能根据一般模式顺利组织教学活动，但还是缺乏灵活性和创造性的时期。其基本任务是完成由学习者身份向教育者身份的转变，达到初步适应工作环境和业务要求，能独立地开展工作和负起责任。在知识、能力、专业精神上都能向教师的职业标准看齐。其具体任务是学会备课，学会讲课，学会适应自己的职业生涯环境。

新手教师的困惑

刚走上讲台，我打定主意，要推陈出新，给学生一个惊喜。于是我采取了许多措施，如在教学中穿插游戏，用启发式教学，多让学生动脑筋，课外不布置太多作业……一时间，许多学生喊着爱上我的课，我心里也是美滋滋的。

一天，一位老师告诉我："校长对你有意见。"我茫然了。他说："你刚来，不知道学校的规矩。千万不能玩新的……"我当时想，反正学生拥护，怕什么。

一个月后，学校进行了月考，我教的科目全校排名倒数第三。面对这样的结果，我心里很沮丧：我没偷懒，怎么会考得这么差？这时，一位中学教师告诉我："别人下课拖堂，逼着学生背书，暑期布置的作业又多，学生做不完就要受罚。而你用什么启发式教学，讲课外的知识，这怎么能与人家比？小伙子，不要搞创新。我刚毕业时，和你一样，可到头来……哎！"

我还要不要走我的路，继续改革下去呢？难道我也应该像其他老师那样：没上课就将学生早早地赶进教室；下课了继续讲课，直到下一节课上课为止；上课提问题，谁答不上来，就罚站一节课；放假给他们布置一大堆作业……我感到非常苦闷。

(资料来源：金忠明，林炊利. 教师，走出教师职业倦怠的误区[M]. 上海：华东师范大学出版社，2011.)

2. 教师职业生涯的成长期

教师职业成长期，也称教师职业发展期，是教师完成角色转换、适应教师职业角色之后的一个重要发展时期。处于职业成长期的教师们已适应并胜任教育教学工作，能认识到教师职业的特点，并初步体会了当一名教师的酸甜苦辣。这一时期教师进步的步伐虽不如适应期，但仍是较大的，他们对职业的发展及自己的专业发展有自己的预期，长期处于积极的情绪状态中。教师在成长期的任务是在知识、能力、专业精神上，高标准地达到教师的职业要求。

一位年轻教师的成长之路

我还清晰地记得当我第一次踏入学校站到班级讲台上时，激动不已，心想我终于如愿以偿地成为一名人民教师，站在了人生最重要的一条起跑线上，怎样前进只有自己去把握。然而年轻的生命不允许波澜不惊，刚刚工作毫无经验，知道要爱自己的学生，却不知道如何把握分寸，更不知道什么是严中有爱，于是我真的和学生打成一片，陪伴着孩子的成长，这是一件让人感动的事。看着他们活泼可爱的笑脸，听着他们问的单纯而有趣的问题，使得自己一直保持着年轻纯朴的心态。但有时这帮孩子，偶尔也会变成调皮捣蛋的"小恶魔"。凭着一股子的执着和满腔热血，我相信自己会把工作做好。但是在起初的一个月内，我深感自己举步维艰。在上课的时候，对待班里的孩子我总是笑眯眯的，孩子犯错时，我也总是细心地跟他们说。可是渐渐地我发现，对于孩子，你对他们好，他们就认为你好欺负。我在读课文，有些捣蛋的孩子就会在边上嘀嘀咕咕的，有说话声，有唱歌声。我生气了，第一次在班里发了很大的火。回家后我泪水满眶，我迷茫了，我问我最敬爱的老师，我说我感到委屈，感到无助，怀念学生时代的日子。老师说，人不可能只活在过去，你需要成长，需要完成一个从学生到教师的蜕变，这种蜕变是要付出代价的，那就是虚心学习，学会尊重、理解、宽容、沟通和赏识孩子。按照老师的提示，我努力做着。

与此同时，我利用大部分时间向我们学校的老教师学习教学工作中的点点滴滴。我开始到处听课，在老教师身上我看不到一丝紧张与无措，取而代之的是和学生融为一体的轻松。原来课堂真的很讲究技巧，我们不能呆板地将课本知识输进学生的大脑，而应采取一些辅助方式来活跃课堂气氛，以利于学生更好地吸收并学以致用。辅助方式可以是游戏、歌谣、表演等。老师一个手势、一个微笑都有可能调动学生学习的积极性，同时低年级孩子最喜欢奖励教学，一个粘贴、一朵红花都能让他们感受到被赏识的喜悦。在课堂上加入这些元素后，我发现自己的生命又充满了活力，褪去了紧张与羞涩，我变得大方自然，寓教于乐的理念体现得淋漓尽致。老教师对我的建议让我收获了很多教学方面的方法，这些建议将是我今后工作中最宝贵的财富。

工作8年的时间里，我和孩子们互相陪伴着、共同成长着，但很多时候我不能控制自己的心，陷入泥沼的困境，曾经的我在工作中哭过，懊悔过，但谁不是一边受伤一边成长的呢，现在我要说的是我珍惜和孩子共同度过的岁月，有孩子陪伴的成长，是一件幸福的事。我愿意把所有和孩子之间的故事细心地编织成美丽的花环，装在行囊里，挂在月明的窗子下，珍藏在岁月里。

(资料来源：程振响. 教师职业生涯规划与发展设计[M]. 南京：南京师范大学出版社，2007.)

3. 教师职业生涯的成熟期

教师职业成熟期是一个教师完全适应教育教学工作的时期，也是其完全掌握了教学主动权，各方面都成熟后成为学校教学骨干的阶段。这一时期教师进步快，但较适应期、成长期来说进步相对慢些。在此时期，教师主要表现为具有献身教育事业的理想，有高度的社会责任感，具有观察了解学生的能力，组织、转换和传递信息的能力，组织管理能力，教育科研能力；能够独立地、主动地开展多项复杂工作，能够灵活地处理事情；遇到困难与挫折时，有耐挫力及调节力；具有自我分析、自我反思能力。此阶段为教师发展的黄金期，绝大多数教师将获得高级职称，一部分教师将成为教学骨干或学科带头人，还有少数人被提拔重用。其具体任务是明确职业生涯设计的科学依据，提高自己的理论素养，使自己的职业生涯设计更符合规律。

 案例

做最好的自己

张老师在教师岗位上已经工作了八年。八年来，她一直在当地的一所重点小学任教，现在，

她担任语文和思想品德学科的教学,并且兼任教学副校长的行政职务。

在学生时代,张老师就被评为优秀师范生,并加入了中国共产党。当她带着学生党员和优秀毕业生的光环来到学校时,所有的人都对她另眼相看。虽然她毕业的时候就已经是大专学历,在当时的小学中属于学历层次较高的老师,而仅仅用了三年时间,她又在工作之余拿下了汉语言文学专业的本科学历,成为学校乃至于当地小学教师中的领头雁。她担任过班主任,四年后,由于工作出色被评为"优秀班主任",在教学中,由于业务能力突出,频频在市、区级的评课中获奖;她被任命为教研组长,并带领全组的老师共同努力,夺得了"市级优秀教研组"的称号。在工作中,她善于反思和总结,独立主持的几项课题研究,都搞得扎扎实实、有声有色。各级各类论文评比都少不了她的名字,在学校发表文章最多的也总是她。担任教科室主任工作时,她又乘着课程改革的东风,带领全校教师开发了当地第一套校本课程,并颇具匠心地开展了几次在全省范围内都产生了一定影响的教学开放活动,打造了学校的科研品牌。由于在业务能力上的不断钻研,她被评为市级的骨干教师,并应邀到各地送教和讲学,参加学科教材的建设,产生了一定的影响。正在她的各方面才华充分展现、对事业的选择有多种机会的时候,她却毅然放下了手中的一切,选择了进入高等学府攻读教育硕士学位。一年后,她以一种崭新的姿态回到学校,在竞选中被推选为学校分管教学的副校长。

(资料来源:程振响.教师职业生涯规划与发展设计[M].南京:南京师范大学出版社,2007.)

4. 教师职业生涯的高原期

教师职业高原期是指教师成长过程中的一个相对静止的状态。高原期有两层意思:一是高水平状态的平稳发展,为少数优秀教师所处的境界;二是心理学意义上的高原状态,即僵持在某种程度上难以突破,为多数教师所遇到的情况。此阶段的发展任务:选择并完善其创新内涵,以求可持续发展;寻求实践与理论的结合,突破自己的高原状态,形成自己的教学风格与人格魅力,尽情发挥自己的聪明才智,注意发挥自己的潜能,反省自己的不足,规划自己新的发展。其具体任务是明确突破自我就是编织生命的辉煌,科学制订发展的生涯规划。

 **案例**

身心疲惫的何老师

何老师,44岁,语文老师,性格比较内向,从小生活在农村,大学毕业后回到家乡,在家乡的一所乡级中学任教。由于何老师工作认真负责,三年后调到县级中学,很快成为学校的教学骨干,并且在本市有了一定的知名度。市区的一所重点高中想调他去,他心想市里的工作、生活环境比较好,机会也会多一些,而且也为孩子的未来着想,就欣然前往。可是到了市里以后,情况并不像他想象的那样乐观。由于初来乍到,与同事的关系比较陌生,加上他来自农村,同事难免有点"眼色"对他,这使他自尊心受到了极大的伤害。虽然随着时间的推移,大家对他的教学能力的评价有了较大的改变,但他依然感觉到失落。他整天忙于工作,很少有空闲的时候,看看周围同龄人,大都在为房子、孩子忙碌着,他也就随了大流。

在一次体检中,他被发现患有高血压,他感叹地说:"我感觉现在的生活平淡无味,整天机械地忙碌着,没有时间停下来思考,学校的应试越来越激烈,从早到晚都在学校,花了那么多时间,也没见到有什么效果,教育的意义已经索然无味,别说学生厌学,我都感到厌教了。

但这就是现实,我们每天都要应对。教师吃的是良心饭,对得起学生就对得起自己了。但是现在身体弄成这个样子,不值得,还是要善待自己,否则什么都白忙。"

(资料来源:程振响.教师职业生涯规划与发展设计[M].南京:南京师范大学出版社,2007.)

5. 教师职业生涯的超越期

教师职业超越期是教师职业生涯和专业发展进入收获期的重要阶段。在这一时期,教师的人格特质、专业发展水平、社会支持和组织文化系统显现出更为成熟的特征。他们具有稳定而持久的职业动力、显著的创新精神和能力、个性化的教学风格与模式、先进独创的教学思想和理论、丰富而突出的教学科研成果,在校内外有一定影响力和知名度,并在长期的教学实践中形成了自己对教育和教师的独特理念;不断追求新境界,并把教育理想升华为教育信念,把教育当作一种事业、一种生活方式、一种价值取向。

案例

执着追求的李庾南

她没有大学文凭,高中毕业就走上了教师岗位;她没有行政职务,至今仍是一位普普通通的中学教师。然而,她执着地追求,顽强地拼搏,不断地超越,数十年如一日致力于教学改革和教育科研的实践,创立了效果显著、影响深广的"自学·议论·引导教学法"。她就是江苏省首批名师、数学特级教师李庾南。

1978年,李老师毅然摒弃了"年年卖旧货"的机械重复式教学,在领导的支持、同伴们的鼓励下,她提出了"学生自学数学能力及其培养"的实验研究课题,踏上了漫长的初中数学教学研究探索之路。那时,课堂上仍然充斥着"满堂灌"的现象,许多老师对此熟视无睹,而李老师却不甘现状,知难而进,在20世纪80年代初就上了一堂以学生为主体、培养学生自学能力的公开课。这堂课在得到部分专家学者赞许的同时,也引来了不少非议和责难。

可这些并没有击倒李老师,她通过认真总结,更加勤奋刻苦地继续在教改之路上探索与拼搏。为了弥补教育理论方面的不足,追踪课改前沿信息,每个暑假她都要赴扬州师范学院,接受专家学者两个星期的个别辅导。

1984年,为了撰写论文《初中学生数学自学能力及其培养》,她向多方老师请教,与朋友磋商。她曾经早上六点从扬州出发,赶往镇江;然后再从镇江赴常州中学;傍晚又风尘仆仆地赶到南京,直到后半夜,她才到达南京朋友的住处。一夜只睡三个多小时,第二天一早又急忙赶往省教研室,向有关专家学者求教。她一天奔波了四座城市,收获是沉甸甸的。

1984年早秋,名不见经传的李庾南老师带着凝聚着她自己与众多师友心血的论文,赶赴安徽绩溪,参加全国数学教学研究会第二届年会。在这次会上,李老师严密的论证、精确的推理、简洁而生动的语言征服了小组的同志,也征服了与会的专家学者。随着同仁的祝贺、记者的采访、媒体的报道,李庾南的名字像长了翅膀,迅速地飞向祖国的四面八方。从那以后,不断有外省、外市的学校邀请她去讲课讲学,她精心准备,抓紧机会向别人学习,不知不觉中实现了自己职业生涯的一次大超越。

李老师在前进道路上所遇到的困难和挫折,是常人难以想象的。所幸的是,她在自我排解的同时,广交良师益友:有单位里的同仁,有各地的专家学者,也有编辑部、出版社的朋友。

师友们给了她超越的信心和动力,既使她的专业知识获得了长足进步,又为自我发展争取了良好的空间。

在繁忙的教学、教研之余,她还阅读了古今中外著名教育家的名著和新课程理论,曾两赴美国考察基础教育改革现状,丰富自己的认知视野,拓展自己的实践能力。在26年教改研究中,她倾情于学科教育的理论研究和实践探索,历经了"学生自学数学能力及其培养""创建自学·议论·引导教学法""优化学习过程,改善教学结构""学程导进技艺研究""主体性教育研究""初中学生学力的形成与发展"六个阶段的探索;经历了由数学学科到多学科、由初中到高中、由校内到校外的推广,研究领域和范围不断拓展,研究成果日益显著。在他人研究成果的基础上,她总结提炼出自己的教学思想,即"自学·议论·引导"教学法。自学——虽然自学的形式多样,但是突出了自主学习;议论——强调自主学习基础上的交流讨论,并突出了合作学习、探究学习以及在互动互究过程中的自觉体验、感悟的学习方式。她倡导的教学方式提倡教师是学生合作学习的伙伴,教师的作用是在导向、帮助、激励、评价、释疑、解惑中发挥的。她在几轮实验和推广中,十分注意吸纳、丰富、扬弃与拓展,聚焦一个方向,打造一个团队,坚信自己的能力,主动赢取各方理解和支持,因此,教育思想不断刷新,教学技艺日益成熟。

从1978年以来,她以写促思,出版了《初中数学自举议论引导教学法》《初中代数教学结构》《初中几何教学结构》《李庾南教数学》《数学自学·议论·引导教学法》等七部专著,发表论文一百余篇。她应邀为中国教育电视台、中国电视师范学院、江苏教育电视台等拍摄理论讲座、教学录像近两百讲;远赴北京、辽宁、广东、新疆等26个省份做学术讲座150多场次;多次举办教育教学改革讲习班,培训了教学骨干、教研人员、高师院校的学生达两万多人次。

普通教师李庾南,在自己平凡的工作岗位上,创造了令人倾慕的成绩:她荣获过全国中小学教学改革"金钥匙"奖、全国中学数学教育的最高荣誉奖——苏步青数学教育奖;她是中学数学特级教师、江苏省首批"名师"、第九届全国人大代表、江苏省有突出贡献中青年专家、享受国务院政府特殊津贴专家。

(资料来源:程振响.教师职业生涯规划与发展设计[M].南京:南京师范大学出版社,2007.)

第二部分
教师职业生涯规划与发展解析

第四章 教师职业生涯规划与发展的自我评估

第一节 职业价值观的评估

一、职业价值观概述

(一) 价值观

价值观是人们对事物重要性的主观判断,简单地说,就是你追求什么,赞成什么,反对什么。价值观支配着人的一切行为,是个体做出行为的基本驱动力。当某种东西被需要时,它就比其他不为人们需要的东西更为重要,我们就说这种东西的"价值"高于其他——这种观念就是价值观。

价值观是关于"事物价值"的观念,是人对客观事物及自己的行为结果的意义、作用、效果和重要性的总体评价,它会推动并指引一个人做出决定、采取行动。由此可见,价值观决定着我们的各种选择,从选专业、选择职业到求职就业,我们的各种决定背后都有价值观在起作用。

(二) 职业价值观

价值观在职业领域的体现,即职业价值观,它是人在从事满足自己内在需求的活动时所追求的工作特质或属性,即我们认为工作的各种属性,如是否能提升能力、工作待遇是否够好、工作环境是否舒适等孰轻孰重、哪个更为重要的观念。职业价值观也叫工作价值观,是价值观在个人所从事的职业上的体现,是人们对待职业的一种信念的态度,或在职业生涯中表现出来的一种价值取向。个体对某项职业的价值判断和希望从事某种职业的态度倾向通常用职业价值观表述,也就是个人对某种职业的希望、愿望和向往。职业价值观表明了一个人通过工作所要追求的理想是什么,是为了财富,还是为了地位或其他因素。

职业价值观体现了职业活动对个体需要的满足关系,不同的职业能满足人的不同价值需求。如科研工作可以满足人的能力运用、成就感、自主性、权威等价值需求;自由撰稿人能满足人的创造性、自主性、独立等需求;商业工作能满足人的报酬、工作环境、成就感等需求。如果对创造性要求比较高,那么与设计、建筑、广告创意、艺术等有关的工作可能会符合需求。

职业价值观在职业生涯规划中的意义在于，当面临职业选择或决策的时候，我们越是清楚地知道自己的职业价值观，以及自己在工作和生活当中想要追求什么，我们的生涯发展目标就越清晰，我们就越容易做出选择，而不会被一些条件所诱惑。因此，职业价值观是我们做出决策的重要依据，这就是我们在职业生涯规划中要探索职业价值观的意义。

二、职业价值观类型

每个人对于工作的需要不同，对于职业价值的追求也不同。对于职业价值的内在要素，不同的学者有不同的分类方法。美国学者戴维斯与罗圭斯特(Dawis, Lofquist, 1993)从工作适应的角度，分析个人与工作适应良好与否的因素，他们采用从工作经验中测量需要重要性的方法，分析出个体与工作相关的21种需要，利用因素分析衍生出6种职业价值观。

(1) 成就(achievement)：工作的价值在于允许使用自己最擅长的能力，实现自己的理想，包含的需要是能力运用和成就感，具体如表4-1所示。

表4-1 成就价值观解析

价值因子	定义	解释	举例
能力运用 (ability utilization)	在工作中可以运用个人的能力	在实际工作中能发挥自己的专长，较好地完成工作任务，这样的情况让自己对工作感到满意	通过擅长的计算机和机械操作技术设计出机器人； 擅长摄影，为每一个活动定格下精彩的瞬间； 擅长绘画，为班级制作黑板报； 组织能力较强，为每次班级活动献言出力等
成就感 (achievement)	在工作中可以获得成就感	工作中可以实现自己的想法，获得自我肯定的感觉，这样的情况让自己对工作感到满意	解出一道想了很久都没有解出来的难题，感到很开心； 在课堂上做出精彩的发言和辩论而高兴； 考试中取得不错的成绩，自己很满意； 为在运动场上跑出了好成绩，和大家合作在篮球场上取得了胜利等而自豪

(2) 独立(independence)：工作中的满意感来自能自主做决策，包含的需要是创造、负责和自主，具体如表4-2所示。

表4-2 独立价值观解析

价值因子	定义	解释	举例
创造 (creativity)	在工作中能尝试自己的想法	不必事事遵循惯例，可以有自己的想法和工作上的创新，这样的情况让自己对工作感到满意	在生活或学习中可以有自己独特的想法，做事情常常另辟蹊径，举一反三； 即使一个问题已经有解决方案了，也会再问问自己：还有其他的解决方法吗？ 凡事不循规蹈矩，愿意尝试和冒险； 无论什么事情，常问问自己为什么

(续表)

价值因子	定义	解释	举例
负责 (responsibility)	在工作中可以自己做决定	可以审时度势、因势利导地自己做决定，这样的情况让自己对工作感到满意	开班会时，可以自己选择班会的主题、内容和形式； 在团体活动时，更希望成为做决策的人，而不是被安排事务的人； 遇事有主见，有想法，能自己做决定
自主 (autonomy)	在工作上的安排很少受到监督	在保证工作任务按时完成的情况下，工作内容、方式、时间等可以根据自己的情况做调整，这样的情况让自己对工作感到满意	喜欢大学以后的自习课没有老师来坐堂、监督，遇到不懂的问题，自己去教师办公室找老师答疑； 在学习上能自己安排，不是每天被父母、老师安排等

(3) 认可(recognition)：满意感来自工作能提供晋升、领导潜能和较高的声望，包含的需要是晋升、认可、权威和社会地位，具体如表4-3示。

表4-3　认可价值观解析

价值因子	定义	解释	举例
晋升 (advancement)	工作中有晋升的机会	所从事的工作能提供清晰的成长空间和顺畅的上升通道，这样的情况让自己对工作感到满意	在学生组织和社团中，主动参与部长、会长、主席等职位的竞选； 在社会兼职工作中，希望能担任更高的职务； 在实践活动中，被任命为团队负责人等
认可 (recognition)	所做的工作能得到认可和赞赏	在工作中因为优异的表现、做出的努力、取得的成果等得到了别人的认可和尊重，这样的情况让自己对工作感到满意	因为成绩不错而得到了老师的表扬； 在社团中的努力工作得到了成员的好评； 在公交车上的让座、大街上的见义勇为等得到了他人的赞许； 在支教和助困活动中，得到了来自偏远地区小学生的钦佩等
权威 (authority)	在工作中能给予其他员工指导与指示	因为自己的经验和成就，使得自己可以在工作中给予其他同事指导，这样的情况让自己对工作感到满意	在学生组织中，作为部门负责人，能指导新人开展活动； 在学习中，作为过来人，能传授学弟学妹们学习经验； 能基于自己的经验、能力和职位等，指挥他人行动
社会地位 (social status)	在工作中被其成员所尊敬	可以在工作中沉淀声望，获得他人的尊敬与钦佩，这样的情况让自己对工作感到满意	希望在团队中成为"重要人物"； 希望能在团队或工作中获得个人威望

(4) 关系(relationships)：工作中的满意感来自能提供服务给他人或同事，且处在一个友善、无竞争的工作环境中，包含的需要是同事相处、社会服务和道德观，具体如表4-4所示。

表4-4 关系价值观解析

价值因子	定义	解释	举例
同事相处 (co-workers)	在工作上有容易相处的同事	工作中，同事们互帮互助，关系友好和谐，这样的情况让自己对工作感到满意	总是积极地为班级或者宿舍关系的融洽而努力； 很喜欢待在和谐友好的氛围中，积极参与社团内部成员的聚会与沟通； 那些来自团体内部的鼓励和帮助让自己觉得更有力量； 轻松愉快的伙伴关系，能让自己很开心
社会服务 (social service)	为了他人的幸福而工作	所做的工作能为其他人带来快乐与幸福，这样的情况让自己对工作感到满意	愿意花时间去做各类志愿服务工作，花精力去帮助需要帮助的人； 成为所在城市或国家的注册志愿者； 在力所能及的范围内伸出温暖的手，被大家评为乐于助人的使者； 能摒弃私心和偏见，为他人做点事情
道德观 (moral values)	在工作上不会被强迫做违背良知的事情	工作内容、方式等都是符合社会道德的，从事这份工作不会感到良心不安，这样的情况让自己对工作感到满意	学会计的同学，不用在工作中有会被迫"做假账"的担忧； 学新闻的同学，在工作中不会主动或被迫报道社会虚假新闻； 学市场营销的同学，在工作中不会主动或被迫设计远远脱离实际的广告等

(5) 支持(support)：满意感来自工作中能提供支持性管理要素，从而使自己逐渐成长，包含的需要是政策公平、人际支持和技术指导，具体如表4-5所示。

表4-5 支持价值观解析

价值因子	定义	解释	举例
政策公平 (company policies and practices)	在工作中能得到公平的待遇	组织能公平公正地处理成员的待遇、报酬、发展空间等问题，这样的情况让自己对工作感到满意	评优评奖时能有公平的评分细则，改卷评分时能有标准的打分制度； 社团奖惩制度制定时能充分考虑各种情况，对现有规章制度的执行公平公正； 公司对组织成员的各项分工与奖惩，做到不偏不倚、公平公正
人际支持 (supervision, human relations)	在工作中能得到公司和主管的大力支持	自己的工作能得到来自主管的帮助，从而能获得相应的资源与支持，使得工作进展顺利，这样的情况让自己对工作感到满意	开展班级活动，在场地借用、同学动员、物资准备等方面得到老师和学校的大力支持； 班级每个同学过生日，均会收到来自辅导员、班级委员的生日礼物； 在做职业探索的生涯人物访谈作业时，获得了专业老师的帮助，联系到三位校友，从而顺利进行了访谈； 看重来自领导、主管的情感支持和资源帮助

价值因子	定义	解释	举例
技术指导 (supervision, technical)	在工作中能受到公司和主管良好的技术培训与指导	主管能在工作的技术和方法层面上对自己进行指导与培训，能有效提升自己的工作能力，这样的情况让自己对工作感到满意	课后遇到不懂的问题去找任课老师答疑时，获得了老师认真详细的解答； 每接受一项新的工作任务时，均有来自任务下达者的指导； 初入职场，主管给自己配备职业导师，安排培训计划，对自己在技术上进行提升和指导； 来自公司、领导、主管的技术指导，让自己感觉很满意

(6) 工作条件(working conditions)：工作中满意感来自工作安全及良好的工作环境，包含的需要是活动、独立、多样性、报酬、安全感和工作环境，具体如表4-6所示。

表4-6 工作条件价值观解析

价值因子	定义	解释	举例
活动 (activity)	工作时间内是忙碌而又充实的	在工作过程中忙碌而充实，工作任务是饱满、高效的，这样的情况让自己对工作感到满意	喜欢把自己的生活安排得紧凑而饱满； 课余时间参与多个组织的活动； 希望实习工作中一直有事可做，不清闲
独立 (independence)	在工作中可以单独完成任务	在工作中基本不需要分工协作，可以独立地完成工作任务，这样的情况让自己对工作感到满意	学校组织征文活动，自己写好文章应征即可，不像举办篮球赛之类的活动需要组织全队参与； 在大学老师布置课程大作业时，更偏向于选择个人完成的项目，而不是团队合作的项目； 喜欢不受他人的影响而自己独立完成工作
多样性 (variety)	在工作中可以做一些不同的事情	工作内容有变化，可以经常尝试不同的事情，这样的情况让自己对工作感到满意	在实习实践中，希望被安排的岗位可以每天接触不一样的人； 在学生组织中，希望被安排在外联部或宣传部等部门，每天可能会面临不同的情况； 在学习中更喜欢尝试去解决以前没有遇到过的题目
报酬 (compensation)	有较高的工作薪资	与其他工作相比，工作的薪资较有竞争力，这样的情况让自己对工作感到满意	在选择兼职时会考虑不同工作的薪资报酬，对收入较高的兼职有明显的倾向性； 以薪资或者其他经济收入的高低作为择业的重要标准
安全感 (security)	工作较为稳定	在较稳定的组织中工作，基本不会面临无预兆的失业问题，这样的情况让自己对工作感到满意	在择业时倾向于去往大型国企或者世界500强等稳定的公司，对去往自主创业和新兴产业等风险较大的公司有顾虑； 向往稳定的职业和工作岗位

(续表)

价值因子	定义	解释	举例
工作环境 (working conditions)	拥有良好的工作环境	工作中硬件设施良好，环境宜人，这样的情况让自己对工作感到满意	希望未来工作的地点附近没有污染源，公司内部提供冷暖气，工作空间舒适整洁；偏爱拥有国际化平台的公司，看重与更高层次的人交流合作；喜欢有利于自己身心健康的工作环境

我们的价值观会随着知识的增长和生活经验的积累而不断改变和调整。价值观在我们十五六岁的时候就会初步形成，但是会随着不同的人生阶段而发生变化，甚至会被一些外部的巨大变化所影响。在这一过程中，每个人都在根据自己的天赋、能力、需要、动机等慢慢形成较为明晰的与职业有关的自我认知。随着一个人对自己越来越了解，他的价值观中占主要地位的职业价值因子会越来越清晰。因此，保持价值观本身的开放性，不断更新关于自我和周围世界变化的信息，接受价值观和环境的互动性，可以帮助我们更好地实现自我发展与职业发展的平衡。职业价值观在价值观体系中作为一个极为重要的组成部分，通常是人们对某一职业所赋予的看法、意义的总和；同时也是人们在职业生活中所表现出来的一种价值取向。职业价值观决定一个人追求什么、如何生活(生活方式)，决定一个人能在什么样的职业与生活领域感受到幸福。我们探讨职业价值观会使生活、职业行为更有意义、更有方向感。

三、职业价值观探索

(一) 价值观澄清

鉴于价值观在一定程度上支配人的行为，是个体做出行为的深层原因，可见，认识自己的价值观就显得十分重要。下面介绍一些价值观的探索过程，希望能够帮助你认识自己的价值观，在生涯定向和职业选择中，选择自己认为值得做、愿意做并愿意为之付出努力的职业类型。价值观探索的方法有很多，一般而言，需要经历以下七个步骤。[①]

1. 自由选择

一个人的价值观必须是个体自由选择的结果，任何外界强制灌入或说教的结果都不能认为是个体自己的价值观，外界的教育只有真正内化为个体内心的价值体验时才有可能融入个体的价值观中。经过自由选择而确立的价值观才能真正起到引导个体行为的作用。

2. 选择途径多样化

我们可以从不同的途径选择自己的价值观，如可以进行群体辨别或内省方式，辨别与生活中遇到的问题相关的价值观，整理每一种价值观并对这些选择产生的后果进行比较和分析。

3. 三思而后择

当一个人处于情绪激动或在遇到某些大事情而感情冲动的时候，所做出的价值选择并不能代表他真正的价值观。个体的真正价值观只有通过对不同价值选择的后果进行认真考虑和衡量

---

① 蒋建荣，詹启生. 大学生生涯规划导论[M]. 天津：南开大学出版社，2005.

比较之后才能确定,也只有这样的选择才是有意义的选择,才是个体真正的价值观的体现。

4. 重视自己的选择

一般来讲,我们对自己认为有价值的东西都会重视和珍惜的。只有我们所重视和珍惜的价值观才是我们真正的价值观的一部分。

5. 公开自己的选择

如果我们的选择是在自由环境中经过自己认真思考才得出的结果,我们不仅会重视和珍惜它,而且能够对外界大方地公开它。

6. 根据选择采取行动

一个人的价值观能够左右他的生活,对他的日常生活产生举足轻重的作用。一个人如果认为某种东西有价值,就会乐于付出自己的时间、精力、金钱甚至生命,去尝试、去实践,百折不挠、锲而不舍。

7. 重复自己的行为

如果一个人的某种观念、态度或兴趣已经上升为他的价值观,那么,他就会在各种不同的时间和场合一而再、再而三地表现在行为上,价值观将长久地支配人们的行为。

(二) 职业价值观作用

职业价值观是在需要的基础上形成并发展的,对人的职业选择和职业发展行为起着定向和调节的作用,探讨职业价值观对于我们的职业选择和职业发展有着重要的作用。

职业价值观影响职业选择。有效的职业决策与一个人对自己的价值观的明晰程度有关,价值观越清晰,选择的过程就越容易。当有若干个选项放在面前不知如何取舍时,我们往往采取排除的方式,这时价值观就像一个过滤器,帮我们做着澄清和排序。

职业价值观推动职业发展。职业价值观能提供贯穿职业发展始终的动力,而且将我们的职业推动至事业,甚至使命感的高度。心理学家罗圭斯特与戴维斯(Lofquist,Dawis,1984)认为,当个人能够满足工作的要求时,个人能够达到"外在满意";当工作环境能够满足个人的需求时,个人会感到"内在满意"。当个人同时达到内在和外在满意时,个人与环境之间的关系就比较协调,个人的工作满意度会比较高,在该工作领域中能持久发展,进而会尽最大的力量将工作做到极致,在工作中实现人生的意义和价值。

四、教师职业价值观

教师的职业价值观就是人们对教师职业所赋予的一定看法、意义的总和,是人们对教师职业的一种信念和态度。教师的职业价值观是教师价值观体系的重要组成部分,对教师的职业目标、职业动机等起着决定性的作用。

教师是以传递文化知识、实行教化、造就人才为宗旨的一个专门职业。教师通过培养人才已然成为推动经济发展和社会进步的重要力量,教师的行为牵动着千家万户的心,甚至关乎一个国家和民族的前途和希望。教师对其职业价值的认识和看法直接影响教师的工作态度和工作行为。不同的教师,对其工作的体悟不同,自然形成不同的职业价值观。但不管教师个体怎么看,经过多年的历史积淀,人们对教师职业已经赋予了一般的认识、信念和态度,形成应然的教师职业价值观。

教师职业价值观是指教师对于所从事的教师职业的一种评价，它反映着教师的需要，并直接影响教师的工作态度。职业价值观能增强工作满意度，提高工作绩效，因此积极的职业价值观会极大地影响教师的职业生涯成功。

首先，教师应当具有职业信念。教师的职业信念，就是指教师在对自己从事教师职业的认识基础上，形成对教师职业的坚信不疑的看法和态度。教师职业信念是教师献身教育工作的根本动力，能激励教师自觉从事教育活动。具备坚定的职业信念的教师，会激励自己全身心投入工作，在教学劳动中发挥主动性、积极性和创造性，教师的职业信念也可以使教师摆脱纯粹物质功利的诱惑，具备热爱教育事业之心，在教育生涯中活得快乐，使平凡工作得以升华，变得更有意义，促进自身职业生涯的进一步发展。

其次，教师应当具有职业幸福感。个体在从事某一职业时基于需要得到满足、潜能得到发挥、力量得以增长所获得的持续快乐体验，称为职业幸福感。孔子作为中国历史上第一个把教育作为自己专门职业的圣贤，他懂得教师职业的特有价值，他"诲人不倦"，"饭疏食，饮水，曲肱而枕之，乐亦在其中矣"，这就是孔子为师的幸福感。教师拥有的职业幸福感就是一种教育情境中的眷恋与感动。

结合人们对教师职业价值的现实观念，将教师的价值观分为四种类型：生存型、享受型、奉献型和发展型。[①]

"生存型"教师职业价值观认为，教师仅仅是为了谋生和养家糊口而从事教师职业的。持此观点的教师主要是从生计出发、站在功利的角度，以被动和消极的眼光看待自己的职业，如把教师看成是知识的搬运工，把教师的工作看成是无可奈何的选择，将教师职业当作寻找"更好"职业之前的跳板等。

"享受型"教师职业价值观认为，教师是为了体验人生和品味幸福而从事教师职业的。持此观点的教师主要是从兴趣出发，站在非功利的角度，以对教育事业和学生的热爱来对待自己的职业，如把学生的成长当成教师最大的快乐，对平凡的工作充满热爱，在付出与给予中获得内心满足等。

"奉献型"教师职业价值观认为，教师是为了服务社会和奉献自我而从事教师职业的。持此观点的教师主要是从社会和学生需要出发，站在超功利的角度，以为社会做贡献的立场看待自己的职业，他们从事教师职业是为了学生的成长和发展，因学生的良好发展而感到自豪，感到自己奉献的价值，如把学生的成长当成自己最大的骄傲，在平凡的工作中甘当燃烧自己、照亮别人的"蜡烛"，为学生、为教育事业奉献自己的一切。

"发展型"教师职业价值观认为，教师是为了服务社会和完善自我而从事教师职业的。持此观点的教师主要是从自身和社会需要出发，站在超功利的角度，以完善自我、为社会做贡献的立场看待自己的职业，他们从事这一职业是为了过一个更有意义的人生，因而感到崇高而有价值，如把教师看成是教育活动的反思者和研究者，以终身自我教育作为教育生涯的推动力，视教师职业为不仅给予也在收获的有意义活动等。

教师职业价值观的这四种类型并不是相互排斥的，持"享受型""奉献型"与"发展型"职业价值观的教师也有生存的需要，持"发展型"职业价值观的教师也有"享受"和"奉献"

---

① 张凤琴. 教师职业价值观的理论与实践研究[D]. 内蒙古师范大学硕士学位论文，2005，6：7-8.

的需要，只是这四种教师职业价值观显示一种由低至高的提升。总体而言，在现实中，完全属于这四种类型职业价值观中某一种的教师是很少的，多数教师的职业价值观是属于两种或几种类型的混合型。就群体而言，在一个学校、一个地区，乃至一个国家中可能持"生存型""享受型""奉献型"和"发展型"四种以至多种职业价值观的教师并存，这体现了教师对其职业价值的不同认识水平。这种不同的认识水平决定他们对待职业的不同态度，不同的行为选择，也由此决定了教师不同的职业发展水平。

案例

Y老师采用探究的方式讲述本次课堂内容，主要围绕三个问题让同学们来思考。①本文在表达情感方面有何特色？②本文在选材方面有何特色？③文章在结构方面有何特点？教学难点主要体现在理解徐志摩的人生态度。Y老师并没有通过平铺直叙的方式来讲述这两篇纪念性文章，而是通过让同学们一个问题接一个问题深入探究得出结论，这不但吸引了学生的注意力，还培养了学生自己动脑思考的好习惯。课堂气氛十分活跃，尤其在探讨到《吻火》中的比喻时，同学们丰富的想象力让课堂气氛尤为活跃。

访谈过程如下。

Q：Y老师，您讲得可真是让我开眼界了。在课堂上感觉那就是您的舞台，我在下面听课都觉得您站在上面特别耀眼。当然，这是我的感受，请问您觉得您作为教师有那种自我实现感吗？

A：嗯……(沉思)其实我从刚开始上课的第一天起，我的目标就不是单纯地为了一个能够养家糊口的饭碗而努力，我喜欢做教师，也喜欢教师这个职业，希望能充分发挥自己的潜能，实现自我。究竟什么是实现自我，我认为就是能在工作中找到一种成就感和快乐幸福的感觉。

Q：那您在成为名师之前难道不重视自己的薪酬方面的东西吗？

A：我当然也在意，因为人最基本的要求就是要生存，只有生存下来，才有能力实现自我努力。但是，我不是很赞同把高的薪酬待遇作为自我成功的标准或者目标。高的薪酬待遇可以从很多方面来实现，但是，作为教师，我觉得我们需要的不仅仅是这些，我们在教书育人的过程中体会到了存在的价值。另外，我觉得薪酬可以与劳动付出相平衡。关于薪酬这一点我是比较满意的，也许是因为工龄也够了，国家给的相应的政策已经能完全保障我的生活需要，在这一点上我已经没有什么后顾之忧了。

Q：您的工作需要占用您的业余时间吗？

A：当然需要占用了，但是我觉得这是我自愿的，因为我的心里有自己的目标，我只有付出更多的努力才能获得更多的成就。每个成功人士的背后都有很多汗水和泪水。无论是什么职业，都是需要不断学习的，教师尤为如此。因为我们所教授的知识随着时代在进步，我们教育的是新时代的学生，我们就需要不断地充电，只有这样，才能满足学生们的需要，才能满足我们内心的渴望。

Q：您能适应教师工作的压力吗？

A：其实，我接触的名师也有很多，我在和他们聊天时发现，我们最大的一个共同点就是都喜欢挑战自我，呵呵，这可能就是我们在人生道路上不断实现自我的表现吧！我们能成为名师也是通过层层比赛、选拔、评比，最后才能确定的。

我们不害怕压力，对于我来说，越有压力，就越有动力，因为压力越大就证明最后的满足感会越强。呵呵，我想到了波拉特和斯卡达玛丽说过的这样一句话："假如拥有足够多的经验，每个人都可以获得所学领域的技能。但是，如果总是把'问题'降低到可以运用已学会的模式和程序来解决的程度，就会使人停滞不前。"

(资料来源：高颖. 职业价值观对名师成长影响的实证研究[D]. 辽宁师范大学，2010.)

一个人的职业发展过程，其实是一个人的自我在与环境互动中不断成长的过程。在职业发展中，一方面，我们需要澄清自己的价值观，弄清自己最看重的是什么，并按照自己的价值观行事，"听从自己内心的声音"，顺势而为，勇于实践；另一方面，我们也要不断了解职业和组织的需要，保持开放的心态，不断与外界环境互动，获取平衡，必要时能够调整自我，有所突破和提升。这才是自我发展与职业发展的良性循环。

练习

我的职业价值观践行计划

根据自己的情况，完成《我的职业价值观践行计划表》。

根据前面所学的职业价值观探索知识，写出你最看重的5项价值因子。

根据前面所学的目标职业与职业价值观知识，写出你的目标职业所包含的最典型的5项价值因子。

选取你的目标企业、目标岗位，分析你的目标企业、目标岗位所包含的工作价值因子。

比较这些价值因子，从中挑出5~8项你最希望践行的价值因子，从不同的践行方面(如专业学习、社团活动、学生工作、社会实践、兼职、实习、志愿服务、家务劳动、自主活动等)考虑如何践行它们，在表4-7中写出你未来的践行计划。

例如，有同学选择能力运用，希望在自己所擅长的专业学习上践行自己这一价值观，他打算：① 在自己擅长的科目上取得好成绩；② 运用自己所学的知识解决或解释实际生活中的问题；③ 积极参与自己擅长的相关科目的学科竞赛；④ 争取与自己的专业所学相关的实习工作。有的同学看重社会服务，打算在大学期间多参加志愿者活动。

表4-7 职业价值观践行计划表

自己的职业价值观	1.	2.	3.	4.	5.
目标职业包含的职业价值观	1.	2.	3.	4.	5.
目标企业包含的职业价值因子	1.	2.	3.	4.	5.
目标岗位包含的职业价值因子	1.	2.	3.	4.	5.

我的践行计划

序号	打算践行的价值因子	践行方面	践行计划
1		A	
		B	
		C	

(续表)

序号	打算践行的价值因子	践行方面	践行计划	
2			A	
			B	
			C	
3			A	
			B	
			C	
4			A	
			B	
			C	
5			A	
			B	
			C	

在践行价值观的过程中，你不仅可以找课程老师或者咨询师进行相关的咨询，还可以和朋友们分享你的践行故事，相信你能通过这些交流获得更多的快乐和满足。

第二节 职业兴趣的评估

一、职业兴趣概述

兴趣是个体力求认识某种事物或从事某项活动的心理倾向，它表现为个体对某种事物或从事某种活动的选择性态度和积极的情绪反应。兴趣对人们的职业生涯具有重要的影响。首先，兴趣是最好的老师，它是一种强大的精神力量。当一个人对某种事物产生兴趣时，就能调动人的积极性，从而对事物进行积极的感知和探索；反之，则不会取得预期的结果，无法使人的聪明才智得到充分发挥。其次，兴趣可以提高人的工作效率。当一个人对某项工作产生兴趣时，就可以敏锐的洞察力、高度集中的注意力、丰富的想象力和充沛的精力投入工作，工作效率也得到极大提高。再者，兴趣是促使成功的重要因素。兴趣是动力的源泉，当对工作感兴趣时，就愿意投入更多的时间和精力，也就更容易取得成就。因此，在进行职业选择时，要全面了解和把握自己的兴趣，不同的人有不同的兴趣，人们应该根据自己的兴趣特点选择适合自己的职业。

职业兴趣是指一个人想从事某种职业的愿望，即一个人力求从事某种职业的心理倾向。职业兴趣可以说是职业和兴趣的有机结合，是兴趣在职业方面的表现。职业兴趣的发展一般要经历一个发展过程：有趣(短暂、多变的兴趣) —乐趣(专一、深入的兴趣) —志趣(具有社会性、自觉性、方向性的兴趣)。在影响职业发展的诸多因素中，兴趣对于职业发展的方向选择和动力维持都有着重要影响。

1. 兴趣是职业定向与选择的重要依据

在职业选择的诸多要素中，兴趣属于动力系统，指引着我们朝向喜爱的工作。同时，在职业的获取上，兴趣可以使我们集中精力、持之以恒地去获得喜欢的职业。

2. 兴趣能提高工作效率，让人充分发挥才能

兴趣可以启迪智慧、提高认知，引导人创造性地开展工作。当一个人对某种职业产生兴趣时，他就能发挥整个身心的积极性，积极感知和关注职业的知识、动态，并且积极思考，大胆探索；就能情绪高涨，想象丰富；就能增强记忆效果，增强克服困难的意志。

3. 兴趣是保障职业稳定性的重要因素

兴趣使工作不再是一种负担，而是一种享受，这种愉悦赋予了工作意义感，使得个体即使遇到困难和挫折也不会轻言放弃，保障了职业的稳定性。大量研究表明，兴趣和工作满意度、职业稳定性、职业成就感之间存在着明显的关联。当个人对某方面的工作感兴趣，枯燥的工作就会变得丰富多彩、趣味无穷。同时，人们倾向于在感兴趣的工作上投入更多的时间，也能得以培养更强的能力。由于有较强的能力，人们在从事自己喜欢的事情时就会感到得心应手，更加增添了对这项工作的兴趣，从而形成良性循环。

阅读材料

6月毕业季，首批"00后"告别校园，步入职场。他们的职业选择也成为人们关注的焦点。本周，中国青年报社社会调查中心联合问卷网(wenjuan.com)，对2072名受访者进行的一项关于"00后"的调查显示，在选择工作时，受访"00后"主要考虑薪资待遇(73.5%)和行业前景(61.1%)。92.7%的受访"00后"对新职业有兴趣。

(1) 受访"00后"找工作主要看重薪资待遇和行业前景。

李莞娟是河南某高校应届毕业生，目前找到的工作和专业不太对口，她表示自己愿意积累经验，不断调整职业规划。李莞娟说，在找工作的过程中，自己比较看重成长空间，"希望选择的职业跟专业相符，或者契合未来的职业规划。现在没有那么迫切想要赚大钱，也希望工作氛围是轻松的。"

本科应届毕业生梁一萌，今年9月即将到西北大学读研究生，对于未来的职业选择，梁一萌比较看重薪资和成长空间。"我更愿意选择一份压力不太大的工作，薪资不用很高，但要有成长空间。"

河北师范大学大四学生寇津昊表示，在选择工作时首先会考虑薪酬问题，"要能够满足正常生活。但薪酬高代表对人才的要求也高，所以会不断提升自己"。

数据显示，在选择工作时，"00后"受访者主要考虑的是薪资待遇(73.5%)、行业前景(61.1%)，然后是有发展空间(58.8%)、符合兴趣爱好(53.9%)，其他还有稳定性(48.8%)、专业匹配度(41.9%)、自由度(36.7%)、所在城市(36.5%)、团队氛围(33.8%)和有双休(33.5%)等。

柳羽(化名)是广西某高校大三学生，她表示对于工作，会更看重个人的发展空间，"我觉得在工作中体现个人价值很重要，如果工作能和兴趣结合起来就更好了。虽然可能很难一步到位，但会逐渐向目标靠近"。

李莞娟表示，自己很愿意从基层做起。"做基层工作要能吃苦，但成长更快，学到的更多，会成为促进未来发展的无形财富。"

(2) 92.7%的受访"00后"对新职业有兴趣。

随着社会的发展，职业选择也越来越多。今年6月，人社部公布了18项新职业。本次调

查显示，92.7%的受访"00后"对新职业有兴趣，其中37.4%的受访"00后"非常有兴趣。

"很多新职业的出现，是因为人们将爱好融入了职业，这也符合'00后'的特点，有个性、敢创新，在工作中提高自己的生活幸福感。"河北师范大学应届毕业生雷天倚觉得，随着社会的发展，更多的就业岗位和机会也应运而生。灵活就业在鼓励年轻人创造自我价值的同时也在推动社会发展，"一些伴随互联网发展而出现的新职业，也许随着时间的推移，也会慢慢变得像传统职业一样常见了"。

"感觉近些年灵活就业人员越来越多了。随着新媒体的发展，灵活就业的岗位也多了。"梁一萌认为，新职业的出现体现了社会发展的新需求，"灵活就业对我们年轻人来说也是一种新机遇"。

"最近刷短视频时，总会看到'00后整顿职场'的话题，但我觉得没有这么夸张。"李菀娟说，作为首批毕业的"00后"中的一员，自己找工作时虽然会看重双休、五险一金等，但不会过度挑剔工作内容和工作氛围。

反向背调、准点下班、拒绝团建……对于现在一些所谓"00后整顿职场"的现象，调查中，48.2%的受访者觉得年轻人有魄力，做了自己想做的事情，47.7%的受访者坦言有些不良职场规则是该改改了。与此同时，46.0%的受访者表示应该理性表达诉求，不要变成"杠精"，29.4%的受访者认为这些行为太过偏激了，弊大于利。

来自浙江的"90后"宁晓(化名)，有个比自己小10岁的"00后"妹妹，她感觉现在"00后"在职场中的表现，是一种"冲劲儿"的体现，"也许当初'90后'初入职场时，前辈们看我们也会觉得有许多跟职场格格不入的特点，但现在我们也在适应职场环境"。

宁晓觉得，职场需要年轻人的活力和创造力，与此同时，学会倾听来自年轻人的声音也很重要，"需要采用合理的方式，让年轻人发挥出他们的优势，实现青年和社会的共同发展"。

(资料来源：孙山，金文.92.7%受访"00后"对新职业感兴趣[N].北京：中国青年报，2022-6-30:10.)

二、职业兴趣类型

美国心理学家霍兰德提出了兴趣类型理论。

(一) 理论假设

霍兰德将职业归纳成六大类型，相应的，也有六种不同类型的人，会去从事和自己的类型相同的职业。其主要假设为：

大多数人可以被归纳为六种类型：现实型(realistic type，简称 R)、研究型(investigative type，简称 I)、艺术型(artistic type，简称 A)、社会型(social type，简称 S)、企业型(enterprising type，简称 E)和传统型(conventional type，简称 C)。

同样有六种类型的环境存在，其名称及性质与兴趣类型的分类一致。霍兰德认为，一种环境可以是一种职业、一种工作、一种休闲活动、一个教育项目或一个学习领域、一所学校或者是一个公司的文化氛围。

人都在追求某类工作环境，这类环境能施展个人的技术与能力，能展示个人的态度与价值，能胜任问题的解决和角色的扮演。

(二) 霍兰德兴趣类型

1. 现实型(R)

人的特点：这类人喜欢操作机械、修理仪器等需要技术的活动；喜欢用实际行动代替言语表达，重视现在胜于重视未来；喜欢具体明确、需要动手操作的工作环境；喜欢从事机械、电子、建筑、农事等方面的工作。他们通常情绪稳定、忍耐力强，给人以诚实、谦和、踏实的印象。

职业环境特点：这类工作环境常有个人可操作的工具、机器等。需要人们按一定程序要求，明确地、具体地从事技术性、技能性工作。在这类工作环境中，处理与物接触的问题比处理人际关系问题更重要。

典型职业：质检员、电力工程师、软件技术人员、建筑设计师、汽车工程师等工程技术人员，运动员等。

2. 研究型(I)

人的特点：这类人喜欢研究并解决抽象的问题，喜欢运用心智能力去观察、分析、推理，喜欢与符号、概念、文字、抽象思考有关的活动；喜欢从事理化、生物等需要动脑的研究性工作；在工作中表现出优异的科学能力。他们通常个性独立、温和、谨慎、理性、有逻辑。

职业环境特点：这类工作环境通常需要运用复杂抽象的思考能力。需要人们通过观察、科学分析等进行系统的、创造性的研究工作和理论性工作。在这类环境中不太需要处理复杂的人际关系，大多数时候需要使用智慧，独立解决工作上的问题。

典型职业：心理学家、物理学家、计算机分析师、营养师、统计员、记者等。

3. 艺术型(A)

人的特点：这类人喜欢借助文字、声音、动作或色彩来表达内心想法和对美的感受；喜欢自由自在的、富有创意的工作环境，对美的事物具有敏锐的直觉。他们个性热情、冲动，有丰富的想象力和创造力，乐于独立思考和创作。

职业环境特点：这类工作环境通常开放自由，鼓励个人表现和创意。这类环境通常需要通过非系统化的、自由的活动进行艺术表现和创新工作，不太需要程序化的事务性工作。这类环境提供了开发、创造、自由的空间，鼓励感性与情绪的充分表达，不要求逻辑形式，使用工具也是为了传达内心的情绪或创意。

典型职业：演员、艺术家、园艺设计师、室内设计师、服装设计师等。

4. 社会型(S)

人的特点：这类人喜欢从事与人接触的活动。对人慷慨、仁慈、喜欢倾听和关心别人，能敏锐觉察别人的感受。在团队中，乐于与人合作，喜欢和大家一起完成工作。他们关心人胜于关心物，关心他人的福祉。他们个性温暖、友善、乐于助人，容易与人相处。

职业环境特点：这类工作环境鼓励人们彼此了解、互相帮助、和睦相处。这类工作环境通常需要人际交往技能，需要更多时间与人打交道。这类工作环境强调人类的核心价值观，如理想、友善等，充满了经验指导与交流、心理的沟通等。

典型职业：大学教师、社会工作者、警察、顾问、运动教练、护士等。

5. 企业型(E)

人的特点：这类人喜欢以言语说服或影响他人，领导他人；喜欢销售、管理、法律、政治方面的工作；做事有组织、有计划，喜欢立刻采取行动，领导人们达成工作目标。他们通常精力充沛，生活紧凑，善于表达，希望拥有权力。

职业环境特点：这类工作环境中充满了权力、金融或经济议题。这类工作需要组织与影响他人共同完成目标，需要胆略、冒险以及承担责任，不太需要精确细琐的事务和集中心智的工作。这类工作氛围重视升迁、绩效、权力、说服力和推销能力，强调自信、社交手腕与当机立断。

典型职业：公关代表、销售、经理人、政治家、律师等。

6. 传统型(C)

人的特点：这类人喜欢以有系统、具体、例行的程序处理文书或数字资料；喜欢从事会计、秘书等数字计算、文书数据处理方面的工作，较不喜欢从事创造类活动；喜欢在别人领导下工作，乐于配合和服从。他们通常表现为有秩序，做事仔细，有效率，值得信赖。

职业环境特点：这类工作环境注重组织与规划。这类工作环境需要注意细节、精确度、有系统、有条理，严格按照固定的规则、方法进行工作，不太需要笨重的体力劳动和创意、创新为主的工作。这类工作需要运用到数字与人事行政的能力。

典型职业：书记员、计算机操作员、行政助理、银行出纳员、秘书等。

三、职业兴趣探索

(一) 职业兴趣

探索职业兴趣的方法有很多，有心理测评、游戏活动、自我省思、实践体悟等。我们主要通过心理测评和实践体悟的方法来识别自己的职业兴趣，前者属于正式评估，后者属于非正式评估。霍兰德自行研发的职业测评工具，应用最为广泛的有《职业偏好量表》(vocational preference inventory)(Holland，1985)与《职业自我探索量表》(self-directed search，简称SDS)两种。其中，《职业自我探索量表》由活动(activities)、能力(competence)、职业(occupation)、自我评定(self-estimation)四方面构成，每一方面，所设计的活动、能力、职业或自我评定都按R、I、A、S、E、C六种类型的顺序排列。测评做完之后，可以得到自己在六大类型中分数最高的前三项，根据分数高低依次排列字母，得到自己的霍兰德兴趣代码。

职业兴趣是职业选择中最重要的因素，是一种强大的精神力量。职业兴趣测验可以帮助个体明确自己的主观性倾向，从而能得到最适宜的活动情境并给予最大的能力投入。根据霍兰德的理论，个体的职业兴趣可以影响其对职业的满意程度，当个体所从事的职业和他的职业兴趣类型匹配时，个体的潜在能力可以得到最彻底的发挥，工作业绩也更加显著。在职业兴趣测试的帮助下，个体可以清晰地了解自己的职业兴趣类型和在职业选择中的主观倾向，从而在纷繁的职业机会中找寻到最适合自己的职业，避免职业选择中的盲目行为。我们主要介绍如何利用霍兰德职业兴趣测试，了解自己的职业兴趣。

兴趣岛

假设你获得了一次免费度假游的机会，有机会去表4-8所示的六个岛屿中的一个，唯一的要求就是你必须在这个岛上和岛上的岛民一起生活至少半年的时间。请不要考虑其他因素，仅凭自己的兴趣挑出你最想前往的三个岛屿。

表4-8 兴趣岛

A岛	美丽浪漫的岛屿。岛上有许多美术馆、音乐厅，弥漫着浓厚的艺术文化气息。同时，当地的原住民还保留了传统的舞蹈、音乐与绘画，许多文艺界的朋友都喜欢来这里寻找灵感
I岛	深思冥想的岛屿。岛上人迹较少，建筑物多僻处一隅，平畴绿野，适合夜观星象。岛上有多处科学博物馆及科学图书馆等。岛上居民喜好沉思、追求真知，喜欢和来自各地的哲学家、科学家、心理学家等交换心得
C岛	现代、井然的岛屿。岛上建筑十分现代化，是进步的都市形态，以完善的户政管理、地政管理、金融管理见长。岛民个性冷静保守，处事有条不紊，善于组织规划
R岛	自然原始的岛屿。岛上保留有热带的原始植物，自然生态保持得很好，也有相当规模的动物园、植物园、水族馆。岛上居民以手工见长，自己种植花果蔬菜、修缮房屋、打造器物、制作工具
S岛	温暖友善的岛屿。岛上居民个性温和、十分友善、乐于助人，社区均自成一个密切互动的服务网络，人们多互助合作，重视教育，弦歌不辍，充满人文气息
E岛	显赫富庶的岛屿。岛上的居民热情豪爽，善于企业经营和贸易。岛上的经济高度发展，处处是高级饭店、俱乐部、高尔夫球场。来往者多是企业家、经理人、政治家、律师等

查看结果：

六个岛屿代表着六种典型的职业生涯兴趣类型(其中，第一个是主要兴趣，第二、三个是辅助兴趣)，如表4-9所示。

表4-9 兴趣岛解读

	艺术型(artistic)
A岛	共同特点：有创造力，乐于创造新颖、与众不同的成果，渴望表现自己的个性，实现自身的价值。做事理想化，追求完美，不重实际。具有一定的艺术才能和个性。善于表达、怀旧，心态较为复杂。 典型职业：喜欢的工作要求具备艺术修养、创造力、表达能力和直觉，并将其用于语言、行为、声音、颜色和形式的审美、思索和感受，具备相应的能力。如艺术方面(演员、导演、艺术设计师、雕刻家、建筑师、摄影家、广告制作人)，音乐方面(歌唱家、作曲家、乐队指挥)，文学方面(小说家、诗人、剧作家)。不善于事务性工作
	研究型(investigative)
I岛	共同特点：思想家而非实干家，抽象思维能力强，求知欲强，肯动脑，善思考，不愿动手。喜欢独立的和富有创造性的工作。知识渊博，有学识才能，不善于领导他人。考虑问题理性，做事喜欢精确，喜欢逻辑分析和推理，不断探讨未知的领域。 典型职业：喜欢智力的、抽象的、分析的、独立的定向任务，要求具备智力或分析才能，并将其用于观察、估测、衡量、形成理论、最终解决问题的工作，并具备相应的能力。如科学研究人员、工程师、计算机编程人员、医生、系统分析员

(续表)

	传统型(conventional)
C 岛	共同特点：尊重权威和规章制度，喜欢按计划办事，细心、有条理，习惯接受他人的指挥和领导，自己不谋求领导职务。喜欢关注实际和细节情况，通常较为谨慎和保守，缺乏创造性，不喜欢冒险和竞争，富有自我牺牲精神。
	典型职业：喜欢要求注意细节、精确度、有系统有条理，具有记录、归档、根据特定要求或程序组织数据和文字信息的职业，并具备相应能力。如秘书、办公室人员、记事员、会计、行政助理、图书馆管理员、出纳员、打字员、投资分析员
	现实型(realistic)
R 岛	共同特点：愿意使用工具从事操作性工作，动手能力强，做事手脚灵活，动作协调。偏好于具体任务，不善言辞，做事保守，较为谦虚。缺乏社交能力，通常喜欢独立做事。
	典型职业：喜欢使用工具、机器，需要基本操作技能的工作。对要求具备机械方面才能、体力或从事与物件、机器、工具、运动器材、植物、动物相关的职业有兴趣，并具备相应能力。如技术性职业(计算机硬件人员、摄影师、制图员、机械装配工)，技能性职业(木匠、厨师、技工、修理工、农民、一般劳动者)
	社会型(social)
S 岛	共同特点：喜欢与人交往、不断结交新的朋友、善言谈、愿意教导别人。关心社会问题、渴望发挥自己的社会作用。寻求广泛的人际关系，比较看重社会义务和社会道德。
	典型职业：喜欢要求与人打交道的工作，能够不断结交新的朋友，从事提供信息、启迪、帮助、开发或治疗等事务，并具备相应能力。如教育工作者(教师、教育行政人员)，社会工作者(咨询人员、公关人员)
	企业型(enterprising)
E 岛	共同特点：追求权力、权威和物质财富，具有领导才能。喜欢竞争、敢冒风险、有野心、有抱负。为人务实，习惯以利益得失、权力、地位、金钱等来衡量做事的价值，做事有较强的目的性。
	典型职业：喜欢要求具备经营、管理、劝服、监督和领导才能，以实现机构、政治、社会及经济目标的工作，并具备相应的能力。如项目经理、销售人员、营销管理人员、政府官员、企业领导、法官、律师

通过兴趣岛这个小游戏，我们对自己的职业兴趣有了一定程度的了解。事实上，霍兰德在职业关系方面做出了大量的理论与实证研究，在此基础上提出了六边形模型的概念。由于六边形模型直观、易懂，目前在世界范围内被广泛应用。

霍兰德人格类型理论将大多数人归纳为六种兴趣类型：现实型、研究型、艺术型、社会型、企业型和传统型。霍兰德所划分的六大类型，并非是并列的，有着明晰的边界。他以六边形标示六大类型的关系。

相邻关系：

如 RI、IR、IA、AI、AS、SA、SE、ES、EC、CE、CR 及 RC。属于这种关系的两种类型的个体之间共同点较多，现实型 R 和研究型 I 的人就都不太偏好人际交往，这两种职业环境中也都较少机会与人接触。

相隔关系：

如 RA、RE、IC、IS、AR、AE、SI、SC、EA、ER、CI 及 CS，属于这种关系的两种类型个体之间共同点较相邻关系少。

相对关系：

在六边形上处于对角位置的类型之间即为相对关系，如 RS、IE、AC、SR、EI 及 CA，相对关系的人格类型共同点少，因此，一个人同时对处于相对关系的两种职业环境都兴趣很浓的情况较为少见。

人们通常倾向选择与自我兴趣类型匹配的职业环境，如具有现实型兴趣的人希望在现实型的职业环境中工作，可以最好地发挥个人的潜能。但职业选择中，个体并非一定要选择与自己兴趣完全对应的职业环境。评价个体的兴趣类型时也时常以其在六大类型中得分居前三位的类型组合而成，组合时根据分数的高低依次排列字母，构成其兴趣组型，如 RCA、AIS 等；影响职业选择的因素是多方面的，不完全依据兴趣类型，还要参照社会的职业需求及获得职业的现实可能性。因此，职业选择时会不断妥协，寻求于相邻职业环境，甚至相隔职业环境，在这种环境中，个体需要逐渐适应工作环境。但如果个体寻找的是相对的职业环境，意味着所进入的是与自我兴趣完全不同的职业环境，则我们工作起来可能难以适应，或者难以做到工作时觉得很快乐，相反，甚至可能会每天工作得很痛苦。

大多数人可能具备多种不同的兴趣类型。各类型之间也并非完全独立，而是分为兼容、中性、相斥三种情况，每个人的兴趣类型都可以用三个字母表示，如 RSC。人们可以通过霍兰德代码职业对照表查出相对应的职业。

(二) MBTI 人格

下面介绍的理论来自西方，在中国的职业生涯教育中有着广泛的运用，它就是 MBTI。

1. MBTI

MBTI 全称"迈尔斯—布里格斯个性分析指标"，是"Myers-Briggs Type Indicator"的英文缩写。20 世纪 40 年代，美国一名叫伊莎贝尔·迈尔斯(Isabel Myers)的非专业人士同她的母亲凯瑟琳·布里格斯(Kathryn Briggs)在研究了卡尔·荣格(Carl Jungle)的《心理类型》的基础上，设计出一种用于鉴别不同类型行为风格的测试表。

MBTI 能够让人们了解自己的处事风格、特点、职业适应性、潜质等，从而提供合理的工作及人际决策建议。目前，它已成为世界上应用最为广泛的测试工具之一，用于团队建设、职业发展与咨询、婚姻、教育、医疗、法律等诸多领域。美国每年有 300 余万人参加 MBTI 和动力工具使用的培训，在世界 500 强企业中有 80%以上的高层管理者、高级人事主管在使用 MBTI 这一工具。

2. 维度与类型

MBTI 理论认为，人格存在着偏好(preference)，体现在四个维度。

(1) 人与世界相互作用的方式：外倾(extraversion，简称 E)与内倾(introversion，简称 I)。

(2) 获取信息的方式：感觉(sensing，简称 S)与直觉(intuition，简称 N)。

(3) 做决策的方式：思考(thinking，简称 T)与情感(feeling，简称 F)。

(4) 喜好的生活方式：判断(judging，简称 J)与知觉(perception，简称 P)。

偏好对每个人而言，在四个维度存在不同的倾向，就像左手与右手，一个人如果是左撇子，并不意味着他从来不用右手，只是更喜欢用左手。对个体而言，大部分人格的偏好是与生俱来的，但稳定的人格特征有时候更多地受个体经历的影响。

四个不同的人格维度，每个人的偏好都会对应相应的字母，交叉组合起来就形成十六种不同的人格类型，如一个人的人格类型是 ENFP，那就说明他是外倾、直觉、情感和知觉型。每种人格类型都会表现出不同的行为方式与特点，由此也决定了个体在价值观、行为举止、交流风格、兴趣爱好、职业偏好上的差异。

3. MBTI维度解析与探索

(1) 外倾(E)还是内倾(I)。

外倾(E)和内倾(I)，是从人与世界相互作用的角度去描述的。外倾型的人"以他人为中心"，他们总是从外部的世界获取能量，同时也将能量释放于外部的人和事。如果将外倾型的人看作雷达，那么这个雷达总是在扫描周边的环境，雷达信号越多(也就是与人的互动越多)，外倾型的人就越会感到精力充沛。相反，内倾型的人则关注"内心的想法和精神世界"，他们喜欢将自己的感受和经历投向内心，而不是向身外寻找答案。如果将内倾型的人也比作雷达，那么雷达总是被调成内在的频率。外倾型的人总是自然而然(而且是不自觉地)问自己："我是怎样和万事万物联系的？"而内倾型的人则会(同样不自觉地)问："万事万物是怎样和我相连的？"

社交中，外倾型的人充满活力，总是想向外寻找，更容易被理解、接近，于是拥有很多朋友和广泛的社交圈；而内倾型的人则天性独立，孤独和沉思使他们感到兴奋和喜悦，相较于外倾型的人，他们的朋友就没有那么多，但交往更加深入。在人多的社交场合中，外倾型的人更容易成为人群的中心，内倾型的人则更多时候是一名参与者、倾听者。

工作风格上，外倾型和内倾型的人也会呈现不同的状态。外倾型的人在遇到需要处理的问题时，喜欢召集大家一起讨论，问题的解决方案往往是在与他人的讨论中形成的。内倾型的人则更喜欢安静的工作环境，不喜欢过多的外界干扰，遇事也喜欢独立思考。如果就某个问题，组织外倾型和内倾型的人在一起讨论，先发言的往往是外倾型的人，而内倾型的人虽不会率先发言，但发言时对问题的理解往往会显得更加深刻而全面。

成就动机上，外倾型的人因为从外部世界获取能量，他们的成就动机往往来自外界积极正向的评价；内倾型的人则更多地相信内心所认定的价值，在认准的事情上，即便没有他人的肯定，也会坚持不懈、长期努力。

外倾型与内倾型的特征比较如表 4-10 所示。

表4-10 外倾型与内倾型的特征比较

外倾型(E)	内倾型(I)
"我们讨论一下吧。"	"让我想想。"
关注外部环境	关注内心世界
与他人相处精力充沛	独自度过时光精力充沛
好与人交往，善于表达	安静而显得内向
喜欢成为注意的焦点	避免成为注意的焦点
注意别人如何看待自己	为自己设定标准

(续表)

外倾型(E)	内倾型(I)
行动，之后思考	思考，之后行动
说的多于听的	听的比说的多
喜欢边想边说出来	在心中思考问题
用实际操作或讨论的方式能学得更好	用思考、在头脑中"练习"的方式学得更好
兴趣广泛	兴趣专注

(2) 感觉(S)还是直觉(N)。

感觉(S)和直觉(N)，是从人们感知、接受信息的方式上去描述的。人每天接收大量信息，有些人偏好通过感官(视觉、听觉、触觉、味觉、嗅觉)来接收信息，称为感觉型；有些人偏好依靠"第六感"来处理信息，他们关注的不是事物的表象，而是表象后的实质，称为直觉型。

感觉型的人更关注细节，而直觉型的人往往会将大量的信息抽象成整体。在求职面试的时候，如果面试官询问求职者过往的工作经历时，感觉型的求职者会详细、具体地告诉面试官某项工作自己是如何完成的，而直觉型的求职者则会更多地告诉面试官，过去经历带给自己的成长和感受。

思维方式上，感觉型的人是直线式的，考虑完一个问题，然后再考虑下一个，而直觉型的人思维方式却是跳跃的。许多人格类型的研究专家认为，在MBTI的四个层面中，感觉和直觉是造成人之间巨大人格差异的分水岭。

感觉型与直觉型的特征比较如表4-11所示。

表4-11 感觉型与直觉型的特征比较

感觉型(S)	直觉型(N)
"请告诉我具体事实。"	"我要了解全局。"
通过感官来认识事物	通过想象和直觉来认识事物
相信确定和有形的东西	相信灵感和想象
留心具体的和特殊的；进行细节描述	留心普遍的和有象征性的；使用隐喻和类比
观察敏锐，能记住细节	当细节与某一模式相关时才能够记住
喜欢使用和琢磨已知的技能	喜欢学习新技能、新思想和概念
重视现实性和常情	重视想象力和独创力
经过仔细周详的推理一步步得出结论	靠直觉很快得出结论
着眼于当前的实际情况	着眼于未来的可能

(3) 思考(T)还是情感(F)。

思考型(T)和情感型(F)则是人们做出决策或是对事物得出结论的不同方式。思考型本质上是非个人的，思考的目标是客观真实、重视逻辑；情感型的目标则是人，依据个人的情感和价值观对事物做出判断。尽管没有一个人是纯粹的思考型或情感型，但还是会存在一种倾向。无论是思考型还是情感型都是一个理性的决定过程，差异在于二者做出决定的依据不同，而并非是思考型的人没有情感，或情感型的人思维不合逻辑。

思考型的人，主宰其思想的是客观、逻辑，当其做出决定时，会客观、有条理地分析整个事件，他们会扪心自问："这事儿有意义吗？正反两方面都是什么情况？我做出决定会产生怎样的后果？"他们要努力地使自己的决定客观。而情感型的人恰恰相反，他们从自己对事情的感受，及其对自己和他人产生的影响出发，会自问："这样做对吗？对别人的影响是什么？"因而思考型的人往往表现出逻辑性强、善于分析的特质，情感型的人则表现出感性而又富于同情心的特质。

在职业偏好上，商业，尤其是管理会吸引思考型的人。对事物或各种状况做出富有逻辑性的客观分析是思考型的人的天赋之一，而商业尤其是管理情境中遇到诸如要根据成本或是公司的利益裁员这一艰难而又需要迅速做出决定的情境时，思考型的人总是表现得思路清晰、胸有成竹。而情感型的人则更会偏好医疗、教育、咨询或是销售的工作，因为这些工作可以满足情感型最大的需求——帮助他人。情感型的人希望能理解别人，并能从帮助他人的过程中获得满足感。在职业中，思考型的人更容易在与物、思想相关的工作中取得成就，情感型的人则更善于处理与人打交道的工作。

由于决策方式的差异，思考型与情感型必然影响到人际交往的方式。思考型的人将真实和诚实看得高于一切，有些问题即使会伤害到别人，他们也倾向于实话实说；情感型的人则尽量避免引起他人不必要的痛苦和不舒服，而认为与人交往要富有技巧。因而在交往方式上，思考型往往给人强硬的感觉，情感型则给人柔和的感觉。

思考型与情感型的特征比较如表 4-12 所示。

表4-12 思考型与情感型的特征比较

思考型(T)	情感型(F)
"这合乎逻辑吗？"	"会有人因此受到伤害吗？"
对问题进行非个人因素的逻辑分析	衡量决定对他人产生的后果和影响
重视符合逻辑、公正、公平的价值；一视同仁	重视同情与和睦；接受准则的例外性
运用因果推理	受个人价值观的引导
更关注道理或事物本身，而非人际关系	能够预计到别人会如何感受
爱讲理的	富有同情心的
寻求一个合乎真理的客观标准	寻求和谐的气氛和积极的人际交往
公平意味着每个人都能得到平等的待遇	公平意味着每个人都被作为独特的个体来对待

(4) 判断(J)还是知觉(P)。

判断(J)和知觉(P)，是从人们如何组织自己的世界，以及采取不同生活方式的角度去描述的。

判断就是最终得出结论，它包含"终点"的意思。因而判断型的人需要迅速地做出决定。如果判断型的人被邀请去参加一场音乐会，他会有非常强烈的愿望，尽快决定去还是不去。如果不是在去与不去的问题上太过矛盾，一旦事情解决，他就会倍感轻松。而知觉型的人则喜欢在做出决定之前保持开放的心态，因为他们意识到有无数的因素涉及其中，还有更多的未知因素，所以并不急着做出决定。如果外在因素强迫知觉型的人做出决定，会让他们感到很不舒服。所以，他们减轻自身压力的方式就是拖延着不做决定，尽可能久地保持着选择的开放性。如果知觉型的人被邀请去参加音乐会，除非他真的非常想去，否则他不会太快做出决定。

由于判断型的人喜欢得出结论，使得他们喜欢自己掌握一切，把一切安排得井井有条，甚至替别人做决定，具有强烈的责任感，从完成一项工作中获得巨大的满足，绝不拖延。判断型的人总是先工作，然后才休息、娱乐。与此相反，知觉型的人有开放、容人、好奇、渴望经历、适应性强的这些特质，使得他们习惯让别人来做出安排，对事情的态度也不像判断型的人那么黑白分明，而是更多的带有"中间地带"的色彩。对待工作，他们往往在享受到玩乐的乐趣之后，才肯回到工作上来。这与他们高度重视工作过程，在意自己所从事的事情是否能带来乐趣有关，因而知觉型的人往往不急于完成工作。

在组织秩序方面，判断型的人系统、有条理，喜欢规则并坚定地执行，而知觉型的人则认为规则是限定自由的一种束缚，会让他们无法对事物做出自然的反应。例如，两个女孩相约去海边旅行，两人一个是判断型，一个是知觉型。判断型女孩为旅游制定了详细的行程安排和旅游路线，什么时候吃饭、什么时候游玩、什么时候购物都安排得妥妥当当。而知觉型女孩看到计划后，会非常震惊，在她的想象中，自由自在地徜徉在海边，随意地购物、游览、放松身心，让自己完全融入当地的生活节奏才是她想要的，而按部就班地旅游参观，会让她感到非常不舒服。

需要指出的是，判断和知觉并不存在优劣之分，大多数判断型的人都非常欣赏知觉型的人开放的心态，正反两方面看问题的角度，自然、快速调整的能力；而大多数知觉型的人也非常羡慕判断型的人迅速做出决断的能力，做事有条不紊、旺盛的创造力，强烈的责任感，树立目标、不达目的誓不罢休的毅力。二者其实是需要相互作用的，如果过分地判断而缺乏知觉的开放性，会让人变得狭隘、严苛，难以看到别人的观点和全面把握信息；如果过分地知觉而缺乏判断，那会陷入无休无止的体验，而永远得不到结果。

判断型与知觉型的特征比较如表 4-13 所示。

表4-13　判断型与知觉型的特征比较

判断型(J)	知觉型(P)
"让我们快点把事情完成吧。"	"等一等，再看看吧。"
预先制订计划，喜欢提前把事情落实和决定下来	保持灵活性，避免做出固定的计划
建立目标，准时完成	随着新信息的获取，不断改变目标
喜欢先完成一项工作后再开始另一项工作	喜欢同时开展多项工作
满足感来源于完成计划	满足感来源于计划的开始
做了决定后最为高兴	当各种选择都存在时，感到高兴
力图避免最后一分钟才做决定或完成任务的压力	最后一分钟的压力会使他们感到动力十足
"工作原则"：工作第一，玩其次	"玩的原则"：现在享受，然后再完成工作
注重结果(重点在于完成任务)	注重过程(重点在于如何完成任务)

4. MBTI人格探索

与兴趣一样，探索行为风格的方法有很多，包括心理测评、自我省思、实践体悟等，在上文每个维度的介绍中，我们大体对自己每个维度的偏好有了初步判断，接下来，我们进一步通过心理测评和实践体悟的方法来探索自己的行为风格。

MBTI 测试是当今世界上应用最广泛的性格测试工具和人才甄别工具之一，它包括一套各种指标的表格，可以衡量和描述人们在与外界互动、获取信息、做出决策、生活方式等方面的心理活动规律和性格类型。借助正式心理测评，不仅可以帮助我们鉴别出性格类型，还可以探索每种偏好的程度。

表4-14是MBTI十六种人格类型，分别注明了每种类型的职业倾向。这张表对你思考未来从事的职业，有何启发呢？

表4-14 MBTI十六种人格类型职业倾向

ISTJ(稽查员)	ISFJ(保护者)	INFJ(咨询师)	INFP(治疗师)
职业特征： 能够利用经验和对细节的注意完成任务的职业。 代表职业： 管理者、行政管理、执法者、会计	职业特征： 能够运用经验帮助或辅助别人的职业。 代表职业： 教学/教导、健康护理(生理、心理)	职业特征： 能够促进自己情感、智力或精神发展的职业。 代表职业： 教学/教导、咨询服务、艺术工作者	职业特征： 能够运用创造和集中体现其价值观的职业。 代表职业： 咨询服务者、作家、编辑、艺术工作者、社会工作者
ESTJ(督导者)	ESFJ(供给者)	ENFJ(教师)	ENFP(激发者)
职业特征： 能够运用对事实的逻辑和组织完成任务的职业。 代表职业： 管理者、行政管理	职业特征： 能够运用个人关怀为他人提供服务的职业。 代表职业： 教育、健康护理(生理、心理)	职业特征： 能够帮助别人在情感、智力和精神上成长的职业。 代表职业： 教学/教导、艺术工作者	职业特征： 能够利用创造和交流去帮助促进他人成长的职业。 代表职业： 咨询服务者、教学/教导、艺术工作者
ISTP(操作者)	ISFP(作曲家)	INTJ(智多星)	INTP(设计师)
职业特征： 能够动手操作、分析数据或事情的职业。 代表职业： 手工艺者、技术领域、农业、执法者、军人	职业特征： 能够运用友善、专注于细节服务的职业。 代表职业： 健康护理(生理、心理)、商业、执法者	职业特征： 能够运用智力创造和技术知识去构思、分析和完成任务的职业。 代表职业： 科学家或技术领域、计算机技术人员、法官、律师	职业特征： 能够基于自己的专业技术知识独立、客观地分析问题的职业。 代表职业： 工程师、计算机技术人员、科学家、作家
ESTP(发起者)	ESFP(表演者)	ENTJ(指挥官)	ENTP(发明家)
职业特征： 能够利用行动关注必要细节的职业。 代表职业： 销售人员、工程技术人员、商业、执法者、应用技术	职业特征： 能够利用外向的天性和热情去帮助别人的职业。 代表职业： 健康护理(生理、心理)、教学/教导、教练、儿童保育员	职业特征： 能够运用实际分析、战略计划和组织完成任务的职业。 代表职业： 管理者、领导者、销售人员、律师	职业特征： 能够有机会不断承担新挑战的工作。 代表职业： 科学家、管理者、艺术工作者

四、教师职业兴趣

通过霍兰德职业兴趣理论，可以了解与教师这一职业密切相关的职业兴趣类型，即社会型。一般而言，女性在常规型、艺术型和社会型上的平均得分高于男性，而男性在现实型、探索型上的平均得分高于女性。这可能是因为，在现实型上，男性往往肢体协调能力和动手方面的技能较强，而且偏好于那些有明确规则的技术性活动；在探索型上，男性常常表现出对理论思维或数理统计方面的喜爱，同时对具有挑战性的工作也较为偏爱，不太喜欢从事循规蹈矩的工作活动；在艺术型上，女性比较喜欢幻想，喜欢追求美好的事物，并且想象力较为丰富；在社会型上，根据心理学著作中的描述，女性拥有较强的语言能力，但在空间概念的形成上较为困难；其次，女性更善于与他人交谈，乐于给他人提供帮助，较容易同情弱者，具有明显的人道主义倾向，在日常交往过程中，女性更习惯于通过和平的方式来解决人际关系中出现的问题。另外，社会上对不同性别赋予了不同的角色期望，这就带来了人们按照社会赞许的职业方向进行职业选择，比方说，人们往往认为适合女性的职业是中小学教师、幼儿园教师、文职人员、纺织工人等，而适合男性的职业是高管、工程师、建筑工、技师等。

所谓教师的职业兴趣，是指教师对教育事业、教学工作和学生发自内心的喜欢和热爱。从心理学上讲，这种兴趣是教师热切专注于教书育人而带有强烈情绪色彩的意向活动、积极态度和心理倾向，它表明教育者与教育事业毫无功利地完全融为一体，是纯感情的，既给教育者主动行为提供内在的动力，又给人带来愉快的情绪体验。教师的职业兴趣既有一般职业兴趣的共性，又有其特殊性，即教师职业兴趣具有双重特性。教师是专门培养人的职业，其培养对象是学生，主要是正在成长的青少年儿童，工作载体或工具是公认的或有定论的科学知识，主要指任教学科知识和教育科学知识。在这个过程中，教师既要不断传授知识、培养学生，又要不断研习知识和学问；既要有对学科教学的兴趣，又要有对学科的兴趣；既要热爱教育事业，又要热爱学生。[1]

职业兴趣是个体对某一职业的倾向性，具有明显的感情色彩。比如，如果幼儿教师对农村幼儿教育有浓厚的职业兴趣，这个教师会喜欢与小孩打交道，喜欢对小孩进行教育和管理。对与该职业相关的培训、进修等继续教育活动，教师也会有相应的兴趣。教师会主动寻找机会，克服经济紧张、交通不便等客观上的制约因素，积极主动地参与继续教育活动。只有他们积极参与、认真学习，继续教育才能取得实效。否则，即便参加继续教育活动，没有热情，态度消极，流于形式，不但不能取得预期效果，还对以后的继续教育活动产生不好的影响。

职业兴趣是教师专业成长和事业成功的内在动力。兴趣像一台强力的发动机，给教学工作提供源源不断的巨大动力，驱使教师心无旁骛、全身心地投入教书育人的工作，激励教师不知疲倦地加倍努力，即便外人看来是很劳累的活儿也不觉得是负担，甚至能力不是很强的老师也由此驱动而变得可敬、可爱。可以说，唯有保持职业兴趣，才能用最有力的方式维持某一个行业的正常运转，才能扮好一个教师的角色，从而把教育活动当作一项创造性的劳动，使自己的教育活动具有创造性，进而使自己在奉献中实现人生的价值。

教育是人(教师)与人(学生)心灵交融的工作。教师对教育、学生和任教学科的浓厚兴趣，不仅促使他认真地、充满热情地从事教学工作、钻研学科知识和教学方法，而且对学生的学习和

---

[1] 郭戈. 教师一定要有职业兴趣[J]. 河南教育：教师教育(下)，2021.

个性形成具有潜移默化的教育作用。许多优秀教师的经验也证明,他们之所以能做出突出成绩并使学生学有兴趣,很重要的一点就是他们喜爱自己所从事的职业和学生,并具有持久的兴趣或志趣。

探索兴趣与职业。

在这项活动中,请你思考一下自己喜欢做的七件事中,哪些可能与将来的职业有关,请把它们写在下面的空格中。

和职业有关并且喜欢做的事	有关的职业
1.	1.
2.	2.
3.	3.
4.	4.
5.	5.
6.	6.
7.	7.

第三节　职业能力的评估

一、职业能力概述

能力是直接影响活动效率,使活动顺利完成的个性心理特征。首先,能力是一种个性心理特征。所谓个性心理特征就是指人进行心理活动时经常地、稳定地表现出来的心理特点。其次,能力总是和人完成一定的活动相联系,离开了具体活动既不能表现人的能力,也不能发展人的能力。然而,并不是所有影响活动进行的心理特征都是能力,只有那些直接影响活动效率,使活动任务顺利完成的因素才能被称为能力。如兴趣、人格特征等影响活动,但不直接影响活动效率,不直接决定活动的完成,因此,这些都不是能力,而思维的敏捷性和言语表达的逻辑性,直接影响教师能否成功地完成教学任务,因而是一种能力。

任何一个职业岗位都有相应的岗位职责要求,一定的职业能力则是胜任某种职业岗位的必要条件。因此,求职者在进行择业时,首先要明确自己的能力优势以及胜任某种工作的可能性。在条件允许的情况下,可以由专业职业指导人员帮助分析,根据求职者的学历状况、职业资格、职业实践等来确定求职者的职业能力,必要时可以通过心理测试作为参考,在基本确定求职者的职业能力和发展的可能性的基础上帮助求职者进行职业选择。

职业能力是在实践的基础上得到发展和提高的,一个人长期从事某一专业劳动,能促使人的能力向高度专业化发展。个体的职业能力只有在实际工作中才能不断得到发展、提高和强化。个体职业能力的提高除了在实践中磨炼之外,另外最有效的途径就是接受教育和培训。像我们所熟悉的职业教育、专科教育、大学本科教育、研究生教育等，学生通过对有关知识和技能的掌握，对以后更好地胜任本职工作会有极大的帮助。

职业能力是人的发展和创造的基础。前面讲到能力是成功地完成某种任务或胜任工作的必不可少的基本因素，没有能力或能力低下，就难以达到工作岗位的要求，不能胜任工作。个体的职业能力越强，各种能力越是综合发展，就越能促进人在职业活动中的创造和发展，就越能取得较好的工作绩效和业绩，越能给个人带来职业成就感。

职业能力很大程度上影响教师职业是否顺利，如教师必须具有良好的言语能力，如果这方面比较欠缺，必然在日后的职场竞争中处于劣势；科学类课程要求教师必须具有较强的动手能力；数学类课程要求教师有较强的数理逻辑和空间想象能力；美术类课程要求教师有较好的空间想象能力等。了解一下自己各方面职业能力的强弱，能够帮助教师更好地规划自己的职业生涯。

二、职业能力的构成

由于职业能力是多种能力的综合，因此，我们可以把职业能力分为一般职业能力、专业能力和职业综合能力。

(一) 一般职业能力

一般职业能力主要是指一般的学习能力、文字和语言运用能力、数学运用能力、空间判断能力、形体知觉能力、颜色分辨能力、手的灵巧度、手眼协调能力等。此外，任何职业岗位的工作都需要与人打交道，因此，人际交往能力、团队协作能力、对环境的适应能力，以及遇到挫折时良好的心理承受能力都是我们在职业活动中不可缺少的能力。

(二) 专业能力

专业能力主要是指从事某一职业的专业能力。在求职过程中，招聘方最关注的就是求职者是否具备胜任岗位工作的专业能力。例如，你去应聘教学工作岗位，对方最看重你是否具备最基本的教学能力。

(三) 职业综合能力

这里主要介绍国际上普遍注重培养的"关键能力"，主要包括以下3个方面。

1. 跨职业的专业能力

从以下三个方面可以体现一个人跨职业的专业能力：① 运用数学和测量方法的能力；② 计算机应用能力；③ 运用外语解决技术问题和进行交流的能力。

2. 方法能力

方法能力包括：① 信息收集和筛选能力；② 掌握制订工作计划、独立决策和实施的能力；③ 具备准确的自我评价能力和接受他人评价的承受力，并能够从成败经历中有效地吸取经验教训。

3. 社会能力

社会能力主要是指一个人的团队协作能力、人际交往和善于沟通的能力。在工作中能够协同他人共同完成工作，对他人公正宽容，具有准确裁定事物的判断力和自律能力等，这是岗位胜任和在工作中开拓进取的重要条件。

林老师能否被评为优秀教师

林老师大学毕业后一直在某中学任英语教师。二十多年来，她工作认真负责，关心爱护学生，常常带病上课，经常放弃休息时间为学生开展英语课外活动，师生关系极好。她学有所长，熟悉各年级的英语教材；她教学有方，凡是她教的学生，无论成绩好的还是成绩差的，都会在原有的基础上前进一大步。在任教期间，她承担过不少全市性或全区性的英语观摩教学课，在校内外有较大影响。学生喜欢她，家长也赞扬她。

可是，林老师和校内同行之间的关系却不甚理想。平时，她很少和教研组中其他教师交往，业务工作也很少和他人磋商。她遵循着自己的教学信条：教师必须对学生高度负责，出色地完成工作任务，而教学的好坏靠的是自己的本事，主要靠个人钻研。因此，有人说她自命清高，孤芳自赏；有人认为她骄傲自大，目中无人；也有人议论她孤僻冷漠。对于这些议论，林老师认为是文人相轻的表现，自己无求于人，各人教各人的学生，对此可以"不屑一顾"。虽然淡漠的人际关系使得她心情不舒畅，但是也并不影响工作。

学校领导也认为，她在关心集体、和他人交流方面确有不足。领导找她谈过话，还让她担任年级备课组组长等，可是林老师与同事的关系改善甚微，特别是组内一些业务水平较高的教师，对她有不小的看法。因此，每逢评先进时，林老师总是得不到提名，甚至有一次调整工资时，对于她能否晋升二级也存有非议。

(资料来源：程凤春. 学校管理的50个典型案例[M]. 2版. 上海：华东师范大学出版社，2018.)

三、教师职业能力

职业能力是特定职业领域内的认知心理特征和发展潜力，教师职业能力是教师在真实的工作情境中，整体化地解决综合性专业问题的能力。职业能力的形成是教师职业生涯成功发展的基础，是其综合素质的重要体现，也是师范生培养的出发点和核心。教师职业能力是师范生从事教育教学工作的前提和保障。

为提升师范生教育教学能力水平，落实国家评价改革战略，建立师范生教育教学能力考核制度，2021年4月教育部办公厅印发了《中学教育专业师范生教师职业能力标准(试行)》等五个文件的通知，对中小学教育、学前教育、中等职业教育以及特殊教育的教师提出了"一践行三学会"的教育教学能力发展要求，为改革和创新师范生能力培养指明了努力方向。文件中将教师职业能力划分为师德践行能力、教学实践能力、综合育人能力及自主发展能力四个方面，并从掌握专业知识、学会教学设计、实施课程教学等方面对师范生教育教学实践所需的基本能力提出了细化要求。[①] 帮助师范生适应未来真实教育工作场景需要，促进师范生教师职业能力与现

---

① 教育部办公厅. 教育部办公厅关于印发《中学教育专业师范生教师职业能力标准(试行)》等五个文件的通知[ED/OL].

代教育快速发展需求的无缝对接，是师范院校面临的迫切问题。

加强教师职业能力培养，能有效调动广大教师参与教学工作的积极性和主动性，对其专业能力成长和职业发展意义深远；同时，在教师职业能力不断提高的过程中，教师队伍的凝聚力也会得到不断增强，有助于形成良好的教学与管理工作氛围。但教师职业能力培养是一个循序渐进的过程，需要教师的共同参与，不断调整职业能力培养方案和策略，构建完善的教师职业能力发展机制。一方面，想要促进教师职业能力的长期可持续发展，学校需要树立以人为本的管理理念，在教师职业能力培养的过程中，强调教师的主体性作用，促使教师收获认同感与归属感。学校还应给予教师充足的时间，使其能按照教学规划完成教学工作任务、科研任务，在本职工作中能有效促进教师职业能力发展。同时，学校应给予教师更大的开放空间，为其提供良好的教学和科研环境，使其能积极投入教学与科研工作，不断挖掘自身内在潜能，促进个体职业能力的提升。另一方面，构建教师职业能力发展的评价体系，在考查教师职业能力培养效果的过程中，学校需要结合不同专业学历结构、年龄结构的教师，设置与之相匹配的能力评价指标，有针对性地推动教师职业能力的提升。

教师的能力作为履行教师职责的适应程度和承受水平，是决定教育教学效能的基本因素。所以教师能力是在教学活动中形成并表现出来的，直接影响教育教学活动的成效和质量，决定教育教学活动的实施与完成。现代学校是一个开放系统，现代教师的能力系统亦应是一个开放的体系，有研究者将新时期的教师能力概括为一个教师能力体系，主要内容如表 4-15 所示。

表4-15 新世纪教师能力体系[①]

一级能力	二级能力
基本认识能力	观察力、注意力、记忆力、想象力、思维力
系统学习能力	自学能力、专业能力、信息资料的加工利用能力、外语能力
调控与交往能力	行为与心理的调控能力、人际交往能力

另外，有研究在综合了多个有关教师效能研究的基础上，把高效能教师应具备的能力归纳如下。[②]

(1) 在课堂上的组织管理方面，教师应具备的素质和能力有：

属于中心主导角色，但同时容许学生参与组织及计划；

课程有组织；

订立高目标，并与学生沟通目标的内容；

关注全班而非只顾及部分学生；

经常提供有益、有建设性的活动；

建立及保持清楚明确的教室规则；

常以正增强的方法去执行教室规则；

有效地控制学生的身体活动；

注意学生的行为表现；

让学生对自己的行为负责；

---

① 王爱玲，靳莹. 新世纪教师能力体系探析[J]. 教育理论与实践，2000，20(4)：41-44.
② 郑燕祥. 教育的功能与效能[M]. 香港：广角镜出版社，1991：122-123.

引导学生完成自己的工作；
快速正确地处理学生的行为问题；
以商讨的态度处理学生的投诉；
有效地应用小组动力、多加变化、增加挑战性。
(2) 在课堂教育学方面，教师应具备的素质有：
坚持追求高目标；
将每日程序写在黑板上；
提供广泛的学习内容；
提供适当难度的学习活动；
兼顾不同家庭背景的学生；
按部就班、系统施教；
提供足够的学习材料；
提供有系统的评语；
维持课程的进度；
使用适合学生认知程度的问题；
要求学生公开地参与；
提供学生足够的时间参与；
接受并采纳学生的建议；
提供学生即时反馈；
引导学生回答正确的答案；
保持学习进度、关注学生发展；
分配有益的活动；
少批评，奖赏恰当；
教学个别化；
常做复习及总结；
教学多元化；
经常保持良好的教室气氛；
令学生对自己的学习有责任感；
公平合理地对待学生。

阅读材料

教师能力发展阶段

教师在职业生涯发展过程中依次出现能力的建立、探索、保持、创新相互关联的阶段。

过渡发展阶段：一般指见习和助教教师(一般工作5年以内)，是从事教育事业发展的初始阶段。该阶段是培养职业兴趣、适应教育职业的过程。他们精力充沛，积极进取，努力钻研，处于职业艰苦的适应期。这个阶段教师能力的发展与培养至关重要，其基本职业通用能力是这一阶段发展的核心目标，包括教育基本能力、教育适应能力、知识获取能力、学习探索能力、总结分析能力等。

探索发展阶段：具有中级职称的教师(一般工作 5~10 年)，是从事教育事业进步、成长、发展风格的重要阶段。在这个阶段，他们心态稳定、有信心，年富力强，积累了一定能力和经验，工作已驾轻就熟。其能力目标应该是具有较强的职业通用能力，包括改革能力、知识更新能力、研究探索能力、指导能力、组织能力。

创新发展阶段：具有副高级职称的教师(一般工作 10~15 年)，是事业稳步成功、获取丰富经验的重要时期。这个时期，他们精湛的专业知识、良好的教育心态、对事业的无限责任感和追求感使得他们在这一阶段精力充沛，刻苦钻研，在诸多领域取得骄人成绩。其能力目标应该是具有较高的创新职业通用能力，包括创新实践能力、科学研究能力、训练管理能力、更新专业能力、专题教学能力等。

专业发展阶段：具有高级职称的教师(一般工作 15 年以上)，是创新技能、创新发展的重要时期。成熟、稳定、发展、创新是这个时期的显著特点。其能力目标应该突出体现创新职业通用能力方面，包括教学创新通用能力、研究通用能力、专题通用能力、专业通用能力等。

教师职业阶段性能力目标，是不同时期教师自我能力意识形成与发展的主体阶段。各个时期的能力维度之间是相互联系并存在交互作用的，这些能力维度统一于教师自身，教师的能力结构应处于不断的变革、提高之中，因为教师能力总是面临新的挑战，其整个活动过程之中充满了创造性。[1]

---

[1] 郑永成，崔琳，杨洪涛，等. 教师职业能力发展研究[J]. 中国成人教育，2008(18): 2.

第五章 教师职业生涯规划与发展的影响因素

第一节 社会因素

一、社会环境

社会因素属于外在因素,在很大程度上影响着教师的职业生涯规划与发展。古有"天地君亲师"的说法,荀子将师者与天地并列,说明自古以来对于教师这一职业是非常尊重的,教师也是具有崇高社会地位的。"国将兴,必贵师而重傅。"古人将国家兴亡与尊师重道结合起来阐释尊师重道的重要意义。这也说明在任何一个时代,教师所承担的责任都是重大的,国家的发展、社会的建设离不开人才的努力,而人才的培养也离不开教师的引领。古往今来,教师也应该受到该有的尊重与地位。《面向 21 世纪教育振兴行动计划》《中国教育改革与发展纲要》都强调:"要下定决心,并且采取重大的政策和措施,使教师的社会地位得到提升,让教师工作、学习、生活环境得到改善。"[1]

社会环境分析是对个体生存的时代背景和环境的分析,社会环境对处在某一时代背景下的所有个体的生涯发展都打上了时代的烙印。教师职业生涯规划绝不是教师一个人的事情,要受到多种社会因素的影响和制约,如社会对于这一职业的认识和态度,国家有关的方针政策等。国家政策对教师职业生涯规划起引导作用,教师为了获得聘任就必须按照国家政策来规划、发展自己的职业生涯规划。教育改革也是影响教师职业生涯发展的因素,如我国从 20 世纪 90 年代以来推行的以素质教育为目标的教育改革极大地影响到了教师的职业生涯规划。科学技术的进步对教师职业生涯发展的影响也越来越大,每一项新技术的发明和应用都对教育产生重要的作用,如计算机技术、多媒体技术都逐渐应用于教育领域,这对教师来说既是机遇又是挑战。教师要适应这种变化,就必须加强对教育技术的学习和应用,发展自己的职业生涯规划。

教育是立国之本。教育的快速发展,离不开广大教师的辛勤付出,而教育的每一次改革和创新同样也离不开广大教师的实践与创新,所以说教师是我国教育事业的脊梁,是教育改革发展的重要保障。想要推进我国教育事业的改革和发展,就必须依赖每一位教师的积极参与,而教师的职业生涯发展顺利与否直接关系到我国教育改革进程的快慢,因而不但学校要关注教师

---

[1] 财政部、教育部关于印发《"面向 21 世纪教育振兴行动计划"专项资金管理办法(修订)》的通知[Z]. 中华人民共和国财政部文告,2001(22):9-13.

的职业生涯发展，教育主管部门更应该关注教师的职业生涯发展，并应努力创设条件促进教师的职业生涯发展。

 **案例**

老师，你怎么什么都会

请说说"比"的认识。

他是一名生物老师，却拿着三角板和数学课本上起了数学课。理科专业的素养，有趣的教学方式，他的课每每都能吸引学生的目光。在一次教学技能比赛中，他甚至开了一节富有难度的公开课"比的认识"。生物老师教数学，这不是天方夜谭！

1. 老师，你这么早就买菜了

一天早上，学生在上学的路上遇见生物老师，看见他车子上挂着洋葱、番茄等蔬菜，问道："老师，你怎么这么早就买菜了？""这就是我的实验课材料，今天做的是洋葱内表皮鳞片细胞和番茄果肉细胞实验。"老师笑着回答。做实验是学生的最爱，他们一板一眼、精致细微，在做中学、学中做，一棵棵小蔬菜，一片片小叶子，一个个用显微镜看出来的细胞，都能以小见大，窥见另一个生命世界。

2. 老师，我想拆玩具车

他带着学生上了一节科学课"玩具车的秘密"，虽然只是一节课，但他一次次推翻教学设计重来，每一次都有智慧的创意闪现。一个学生在课堂上说："老师，我想拆玩具车！"他竟然真的在课上与学生一起拆了起来，一边拆一边分析其中的各种知识要素。一节简单的科学课却包含了物理、化学、生物、地理等多个学科的知识，全班学生都鼓起了掌，他们发现自己的老师没有局限于学科，也没有局限于常规的课堂教学模式。

3. 晾衣架真的只是竿吗

他正在指导学生设计一个晾衣架。"晾衣架不就是一根竿吗，有什么神秘的？"其实，他在指导学生一起研究科学问题——晾衣架能根据太阳直射角度调节晾衣架的角度，从而让衣服更大程度接触阳光。为了给晾衣架加入传感器，他与学生一起学习编程设计，一起敲打电脑键盘，还多次进行更新换代。

4. 老师，你怎么什么都会

从生物专业跨学科到数学教学，从科学课程动手实验到科技创新设计产品——老师，你怎么什么都会？

上面这些场景有些是真实出现的，也有些是想象之中的。教无界，育有痕，正处在互联网时代，未来教师的形态应该是这样的：未来，在学生心中，老师应该是无所不能的，是跨学科老师，是多元化智慧体。

社会在进步，科技在发展，在国家教育"五育"并举的导向中，我们不能止步不前。当我们具备跨时代的迁移能力和品格时，才有能力迎接人工智能、生物科技等新时代的到来，带着学生探索未来的科学世界。当有一天学生问老师："老师，你怎么什么都会？"那便是对未来的教师的最高评价。

(资料来源：张圳. 老师，你怎么什么都会[N]. 中国教师报，2021-01-06(016).)

二、社会制度

在教育越来越受到重视的社会大环境中,我国政府在教师薪资方面也出台相应的文件以提高教师的待遇,免除教师从教过程中的后顾之忧,鼓励教师从教,并鼓励教师终身从教;积极修订《中华人民共和国教师法》,不断建立和完善教师准入机制、教师资格再认定机制等,各种政策法律法规为教师行业保驾护航,在提高教师数量、完善教师从教体系中,更加注重提高从事教育事业的教师质量。

政府不仅要为教师提供法律制度保障,还要为教师提供各种在职学习的机会:继续教育、参加培训、参观学习等,建立继续教育制度,拥有符合当前时代发展的教学方法与教学观念,在学习中不断成长,在教学中不断学习。在对教师进行客观需要关注的同时更要注重对于教师内心需求的关注:社会的认可与信任。社会、学校应创造一些积极、宽松的舆论氛围,提高教师的工作认同感及工作积极性,从而提高教师的教育教学质量,促进教育改革的顺利完成。

社会中的政治、经济和文化等因素都会对教师的职业生涯发展产生直接或间接的影响。首先,社会的政治制度和经济发展水平是教师职业生涯发展的保障。我国在十年动乱时期,知识被贬低,教育被忽视,教育的社会功能被大大削弱甚至取消。对教师而言,这一时期这个群体的整体发展陷入"停滞期"。很多教师跳出教育领域,改从他行,退出了教育的职业生涯。

随着改革开放的到来,1978年恢复高考制度,教育重新得到应有的重视,一部分教师回归教育岗位,也让教师的职业开始有了一定的吸引力。然而,随着经商潮、下海潮的到来,又有一部分教师"下海",退出教师行业,改入他行。当前,我国随着科教兴国、教育先行等国家战略的实施和深入,教师职业对人们的吸引力越来越大,不仅师范类高校的毕业生想要进入该行业,很多非师范类高校毕业生也在考教师资格证,想要加入教师行业中来。由此可见,社会变迁对教师职业发展影响之大。

采访案例

中国教师报:《乡村教师支持计划》出台后,各省份都推出了具体的实施办法,而且许多省份都有自己的亮点。哪些是让您印象特别深刻的?

许涛:《乡村教师支持计划》出台以后,各省份跟进非常快,到今年1月,全国31个省(区、市)和新疆生产建设兵团都出台了《乡村教师支持计划》实施办法,实招硬招频出,亮点纷呈。

比如待遇方面,西藏在每月1000元和1500元补贴的基础上,继续提高三、四类地区乡村教师生活补助标准;湖南将支持政策扩大到全省所有的国贫县和省贫县乡镇以下的学校。

在编制方面,山东通过机动编制补充农村学校学科教师,特别是音体美等紧缺学科的教师,非常有效。江西、河北等地对工勤、部分管理岗位实行政府购买服务。云南配备心理健康教育教师,加强对寄宿制和农村留守儿童集中学校的心理健康教育工作。

在培养和补充方面,贵州以"特岗计划"作为主渠道补充乡村教师,每年能补充8000名至10000名大学毕业生。新疆每年定向培养3000名"一专多能"的乡村教师。江西单列男性乡村教师招生计划,逐步优化乡村教师性别结构。

在培训方面,不少省份有许多创新的做法,采取乡村教师容易接受的方式,把优质的教育资源送下去；另外，我们推进了志愿者项目、县级教师发展中心建设等，这方面广东已经领先了，浙江、江西也做得很好。

在职称方面，河南对农村一线从教满30年、距退休不满5年的乡村教师专设职数聘任。海南、湖南将乡村教师高级岗位结构比例提高3%～5%。

教师流动方面，四川规定凡是在城镇中小学任教满9年的教师，都应向乡村或薄弱学校流动，这个力度是空前的。

教师荣誉方面，江西率先设计推出乡村教师荣誉徽章奖励，并在各类评比表彰活动中，单列乡村教师指标，同时予以倾斜。西藏设立乡村教师终身成就奖，表彰终身扎根乡村教育的优秀教师。

国务院下发《乡村教师支持计划》后，各地出台了许多意想不到的好政策，乡村教师非常高兴能看到这些好政策，非常喜欢这些好政策。

(资料来源：黄浩. 好政策就要实实在在起作用[N]. 中国教师报，2016-03-16(002).)

三、社会支持

当前的社会发展环境中，教师的发展一方面得到了国家很强的政策保障，另一方面，也要看到，教师职业的社会竞争之激烈，持证上岗保障了教师的质量，也给师范类院校培养教师以巨大的压力。此外，教师的高学历、高职称比越来越大，也给很多在岗教师参加职后培训的压力。

社会文化因素(如教育理念、对教师角色和地位的认可度等)也是教师职业生涯积极发展的推动力。当然，随着教育改革的不断深入，一些全新的教育理念的提出，对教师而言，既是动力也是挑战。这些改革给教师以全新的机遇和挑战，要达到基础教育课程改革的目标，教师必须积极主动地改变自己的教学观念和教学策略，充分了解学生的特点，在某种程度上需要对自己已有的知识结构进行重组。如果一名教师成功地做到了这一点，那么这些改革可能就会成为其向专家型教师转型的重要契机。

案例描述

W老师是1997年参加教育工作的，从师范大学一毕业就被分配到Z中学当一名语文教师。2000年，学校要进行一项网络教学实验，为此，学校装备了在当时来说最先进的网络教室，并与专门的教育信息技术公司合作开发了一套网络教学平台，这样教师就可以利用这个网络教室开展网络技术与学科教学整合的实验研究。学校为慎重起见，从教师的实际情况出发，要求教师自愿报名参加网络教学实验。学校的初中语文教研组年轻教师多，对这个实验积极性很高，W老师也报名参加了教学实验。他说："记得在教学实验成立之前就有人问我，你愿意不愿意参加网络班，我说我肯定愿意。并不是所有的教师都愿意参加这种网络实验的。我当时对这个有很大的认同，一定要努力去尝试一下，要把以前没法实现的想法一点点去实现。"W老师说的想法就是他在教学过程中遇到了问题，然后希望通过一个新的方法来解决这个问题，他的想法其实就是一种新的教学思路。最近，W老师主要思考的一个问题就是怎样在网络教学中实现自己的教学目标、思路、想法以及怎样把网络的优势体现在课堂中，也就是说怎样把网络与传统的教学结合在一起。W 老师是一个非常善于思考的教师,刚工作的几年里,他就针对多媒体教学在语文教学中的应用进行了一些探索,对于学校要进行的网络教学,他当然表示了极大的热情。但是当真正开始进行实验时,W 老师遇到了一个接一个的问题。

首先遇到的问题就是如何尽快掌握网络技术,熟悉网络教学平台,以适应网络教学的日常所需。W 老师虽然在大学期间已经掌握了一定的计算机技能,但是对于网络技术还是比较陌生的。为此,学校组织网络实验小组的教师在暑期进行了专门的培训,一方面了解网络知识,另一方面熟悉教学平台。暑期集中培训使 W 老师的计算机与网络应用水平得到了极大的提高。与此同时,网络实验小组的教师还进行了研讨,交流网络教学的具体方法与策略。W 老师对计算机技术非常感兴趣,在课余时间经常求教信息技术组的教师,因此遇到网络问题或多媒体教学的问题一般总能够得到解决。

仅仅有硬件与计算机技术对于教学来说是远远不够的。接着,网络实验小组面临的一个实际问题就是如何教学,这才是实验要解决的真正问题。网络教学到底是怎样的,谁也没有真正看过。毕竟这在当时来说还是非常前沿的东西。尤其困惑的一个问题是,语文教学中到底哪些内容适合网络教学,网络教学的优势到底是什么,为什么选用网络教学而不用传统教学。这些问题没有现成的答案,W 老师就和实验小组的成员共同探讨,分头尝试,然后再交流网络教学的具体方法与策略。他们先集体备课,再分头听课,最后大家共同评课,评完课后,大家再改进教学,在下一次课堂中进行试验。在这个共同研讨的过程中,W 老师感到收获极大。他说:"我从网络教学实验中得到的第一个收获就是对科研的了解,因为借助于网络教学实验,我觉得自己对科研方面的认识、科研方面的能力和做一个科研所需要的步骤和过程了解了不少,而且实践过了。第二个收获,网络教学实验毕竟是一个前沿性的东西,很新,而且学生和老师都在探讨它,在这个过程中我发现了学生的很多特点,比如,学生喜欢什么游戏,喜欢浏览哪些网站,这些都是我了解学生的窗口;还有聊天,网络上的聊天,通过 MSN 也好,雅虎通等各种各样的方式也好,跟学生聊天的时候,因为不是面对面的聊天,所以学生没有太大的心理屏障或障碍。他更多地把你看成是一个能够聊天的人,聊起来就比较轻松,在这样的过程中,你与学生的距离实际上是一点一点地拉近了。通过一个虚拟的东西却增强了现实中你对学生的了解,我觉得这是一个很大的收获。再比如,我在与学生讨论游戏的时候,也会说我是怎么玩这个游戏的,他们得知老师也玩过这个游戏,就会感到很亲切。通过聊天,我们还会谈一些平时我们不可能谈的东西。"

从上面的谈话中可以发现,从事网络教学需要在电脑上花很多时间,如果能拥有一台自己的电脑,这对任课教师来说是非常有帮助的。因此,W 老师就给自己买了一台台式电脑,以便备课及在家里与学生沟通。W 老师的爱人非常支持他买电脑。她觉得这种工作必需的物件应该备齐,这样可以把工作做得更好。后来,学校为了教学的方便,为每个实验教师配备了一台很小巧的笔记本电脑,便于随身携带。从事网络教学,不仅能在课堂上进行网络交流,还能在课余时间与学生进行交流。比如,教师在课堂上布置了一篇即时作文,让学生在规定的时间内完成。学生则马上在电脑里写作,写完以后就马上上传到主机服务器中,其他学生和教师可以随时进行观看。学生的作品一般就保存在服务器中,如果课堂上学生来不及看完,也可以在课后进行观看。这样,网络就拓展了学生的学习时空。另外,回到家里,W 老师还要在自己开设的 BBS 中与学生聊天,解答学生在学习或生活中遇到的问题。这样也花费了 W 老师大量的时间,本应花在家庭生活中的时间被电脑剥夺了许多。但对 W 老师来说,这又是必须做的。对此,

W老师的爱人表示理解，她说："W非常喜欢在网上与学生聊天，他说这是一个非常好的了解学生的方式，也是为学生解答疑难问题的有效方式。他每天都要花一些时间在这上面，不过我是非常支持他的这个行为的。我觉得他喜欢自己的事业，我为他感到高兴。"当然，每天能在网上看到自己的学生，W老师也非常开心。

网络是教师了解学生的一个很好的途径。W老师目前已经养成了每天晚上上网的习惯，他感到学生需要他，他也离不开学生。我们还注意到，为了搞好这个教学实验，W老师专门对"二期课改"的课程标准进行了详细的解读，把"二期课改"中所有关于信息技术与语文学科整合的内容进行阅读和批注。除此之外，W老师阅读了大量的刊物，写了很多教学札记，记录了自己的教学感想。经过几年的探索，目前W老师已经在网络教学方面摸索出一套自己的教学方法，他所任教的实验班学生的学习成绩也很好，学生的自主学习能力很强，他的工作得到了学校的认可。W老师的带教老师忆老师这样评价W老师："小W这个年轻人很有冲劲，头脑特别活络，爱动脑。他有一个很大的特点就是喜欢问别人，向其他教师求教。比如，教研组的人员、区里的教研员和科研员，还有其他学校的语文老师，甚至大学的一些老师，他都很熟悉。这对他的发展有很大的帮助。"学校校长则从另一方面谈了他对W老师的印象："W老师工作比较主动，与学生的关系也比较融洽。他的研究能力比较强，在教学上也有一定的特色。"学生对W老师的评价也很高(注：Z中学在教师评价方面做了一些改革，不仅开展学校层面的评价，也要求学生及学生家长对任课教师进行评价，这是学校评价的一种补充)。

经过几年的锤炼，W老师应该能够有较好的发展。学校领导对W老师的认可并不是仅停留在口头上，学校还特地从区教师进修学院聘请了一位特级教师作为W老师的带教老师。对此，W老师感到了学校对自己的关怀。他说："我感到学校对我的期望还是比较高的，虽然有一定的压力，但更多的是动力。我想我应该更加努力工作，不辜负学校的一片好意。"

(资料来源：吴增强，沈志菲.教师生涯中的心理成长[M].上海：上海科技教育出版社，2008.)

第二节 学校因素

一、学校环境

教师的职业生涯发展和工作成效深深地受着学校组织文化氛围的影响。如果一个教师生活、工作在一个温馨、和谐、团结、合作、向上的环境中，那么这个教师即使在较高的工作负荷下，心理的压力感受也会小得多，职业自信度和职业幸福感就会得到提升，也就会积极主动地去规划自己的职业生涯发展，并为实现自己的职业生涯发展目标而努力奋斗。名校总是"名师"辈出就是一个典型的例子，在名校工作的教师，受学校优良环境的影响，对实现自身的发展目标起到很好的促进作用。学校组织文化对教师群体具有导向、凝聚、激励和约束的作用，良好的组织文化氛围会起到"润物细无声"的陶冶效果。

学校因素在教师的职业生涯发展中具有不可忽视的作用。学校是教师成长的摇篮，并且，教师的职业生涯发展是在和学校发展互相作用的过程中完成的。当前，学校环境的新发展也为教师的发展带来了一些新的挑战。

首先，现代教育突破了传统教育观念中的时空限制，教育的时间、地点和方式等都呈现开放、多元的特点，远程教育、网络教学、多媒体教学等成为当今教育的重要方式，构成了教育教学不可缺少的环节。这种变化除了对教师的教学方式方法提出新要求外，同时也对教师有了新的期望和要求。这就要求教师适应这种变化，突破传统的教员角色，努力树立教育信息化潮流下新的教育者形象。

其次，现代教育过程中的管理模式发生了变化，原有的集权式管理已经不能适应现代学校的发展要求。新的教育管理观要求教师和学生都参与到学校管理过程中来，教师也担当起管理者的角色。在我国，新课改还要求教师成为学校课程的领导者。另外，教师还要营造一种接纳性的、支持性的、宽裕的课堂氛围，创建能引导学生主动参与的教育环境，要让学生参与制定制度，参与管理过程，养成应有的责任心和使命感，并成为对自己负责的人。

最后，新课改还要求教师成为研究者和校本课程建构者。新课改成功与否，关键在于课程的实施者——教师。传统的课程计划执行者的角色已使教师无法适应新课程改革的需要，他们必须参与到课程的研究中去，不断反思自己的教学实践，不断地关注和研究中国乃至整个国际社会的教育变化。当然，教师成为研究者，是要求教师为了改善自己的教育和教学工作而去研究教育问题，而不是为了研究而研究，不是为了宏观的理论构建。此外，新课改突破了传统的中央集权式的课程管理模式，实施国家、地方、学校三级课程管理新模式，学校成为课程领导者，并承担起校本课程开发的任务，相应地，教师也要承担起校本课程开发者的角色。

二、学校制度

学校是教师职业活动的第一场所，是教师直接生存和发展的"土壤"，学校系统的组织环境对教师发展影响深远。在学校这个系统中，学校管理制度对教师的职业生涯的成功有重要作用。学校的管理制度反映学校教育以及国家的教育目的和价值取向，直接影响教师的发展。陈旧、迂腐而烦琐的学校管理制度会渐渐侵蚀教师的个性和批判精神。学校的教师管理制度是教师成长发展的重要条件。

现代教师管理的基本内容主要包括对教师的评价、教师的培训和教师的激励等几个方面。对教师的评价是学校依据一定的标准对教师的工作状态和工作成就做出判断和评定。

1. 教师评价

对教师的评价应该建立多维性、发展性的评价体系，在关注教师当前表现的同时，还要关注教师的未来发展，从而推动教师职业生涯的进一步发展。

"教师评价是教师职业生涯发展方向的指挥棒。针对学校奖惩制度对教师发展影响的研究发现，奖惩制度的制定和实施过程中的公平合理性会直接影响教师的工作投入和满意程度"。[①] 由此可见，教师评价体系设计的合理性是学校环境中影响教师发展的另一个重要因素。必须看到的是，在不同阶段的教师表现出各方面不同的差别，如职业素养、思维模式、价值理念等，所以在对教师进行考评时应采取分别对待、分段考评管理的方式进行。

2. 教师培训

教师培训、进修是教师职业生涯进一步发展的重要保障，通过各种形式的培训、进修，可

---

① 费斯勒(Fessler)，克里斯坦森(Christensen). 教师职业生涯周期——教师专业发展指导[M]. 北京：中国轻工业出版社，2005. 181-193.

以充分提高教师的教育教学水平和理论水平，提升其发展层次。

加强教师培训的实效性，使教师各方面素质得到不断的提高与完善。只有通过不断设计、完善培训，提高教师对所培训知识的认同，才能有利于教师对培训内容的接受。因此，提高教师继续教育与接受培训的实效性成为促进教师职业生涯发展的一个较为重要的内容。学校提供完善的教育培训，通过培训提升教师教育教学的能力，不仅仅是加大教师培训密度就可以达到的，更重要的是要有针对性地设计教育培训的内容和组织方式，有效增强培训的实效性。有关部门应尽快开展教师培训体系的研究，如投入资金建设培训基地、合理调配培训师资、合理完善培训制度、努力加强教师继续教育的管理模式、加大经费投入力度等。不少学校都开设了"青蓝工程"师徒结对活动，帮助青年教师快速成长；部分学校还开设了"订单式培训""特级教师工作室""名班主任工作室"等，这些都是比较有针对性的培训，是一种高效的一对一培训，这样的培训方式更有利于教师的职业成长。

3. 教师激励

从学校管理的角度说注重运用激励艺术，建立有效的激励机制，教师就会更有目标、更有干劲。教师的内在潜能得到激发，就会形成一股推动力，造就一种发展力。有很多这样的例子，比如说同样水平的教师在不同的学校中教学，经过若干年的发展，他们会有很大的差别。但这里有一个问题，条件再好的学校中也会有发展不好的教师，这就涉及一个教师对学校现有发展资源的利用问题。学校的发展资源主要包括学校运行制度、学校的办学思路、可开发的课程资源和学校教师的总体素质。

积极调动教师参与学校民主管理。一个学校如果能很好地让教师参与学校的民主管理，就能更好地让教师理解并认同学校的发展目标，并能做到自觉主动地调整自身目标使之向学校发展目标靠近。

三、学校支持

学校作为教师成长的重要场所，学校的管理制度、教育教学的文化氛围等都影响教师的职业生涯的发展。学校应为教师创设良好的学校制度规范、积极的文化氛围以及民主的管理方式，让教师在学校中受到应有的重视，发挥他们在学校教育教学中的引导、指导作用，可以促进教师职业的专业发展。学校需要根据教师的不同职业生涯阶段的特点，建立相应的管理制度与发展方式，为职业生涯不同阶段的教师的职业发展提供相应的帮助，并且能够做到"对症下药"，促进教师职业生涯发展的良性循环。在良好的氛围中工作有助于提高教师的工作积极性，充分发挥教师的主观能动性，促进教师专业化、职业化的发展。

在职业生涯开始的早期，学校应有意识地根据每个新进教师的不同情况，帮助其设计和规划职业生涯发展路径，确定其终身职业目标。通过合理引导，使教师的职业生涯发展规划与学校总体发展目标相一致，可从以下三方面入手：一是帮助新进教师认识自我，找准定位，初步设想其发展的方向；二是提供职业生涯发展路径的建议，学校在对教师进行初步的了解后，为教师确定职业生涯发展路径给出合理的建议；三是对教师职业生涯发展进行档案管理，对教师的职业生涯发展过程不断总结，并根据情况对发展目标进行适当的调整。

教师职业生涯的成功离不开学校的支持。学校支持主要表现在以下几方面。

首先,学校帮助教师做好职业生涯规划。职业生涯规划是促进教师职业生涯进一步发展的重要保障,可以促使教师自主发展,明确追求的目标以及不断反思自身的工作实践——职业生涯规划是一项技术性很强的工作,需要学校的指导和帮助。

其次,学校要帮助教师协调好职业生活与家庭生活的关系。教师的工作负担比较重,同时受家庭角色的影响,事业、家庭往往难以兼顾,容易产生各种各样的矛盾,对职业发展产生一定的阻碍作用。学校应帮助教师找到工作和家庭的切合点和平衡点,制订工作与家庭的平衡计划,有效地提高其工作效率,促进其职业成长。

最后,学校应为教师参加培训、进修提供时间保证和经济支持。在职培训、进修是提高教师综合素质、促进教师职业发展的重要途径。给教师提供外出观摩、研讨的机会,邀请名师、专家、学者来校讲学,可以拓宽广大教师的知识视野,转变他们的教育观念,改进教学方法,提高教育教学效益和提升综合素质,促进教师职业生涯的高效发展。除了学校,影响教师职业发展的环境因素还包括家长对教师的期望,社会的需求等。教师在做职业生涯规划时,需要特别注意职业环境,要对社会大环境进行分析,并认识到其发展趋势。这些有助于教师把握社会需求,使自己的工作目标更加明确。

我的成长我做主——英语教师个人成长经历

学校给我们青年教师提供了一个"肩膀",让我们站得高看得远,教育前辈的成功经验为我们今后的教育教学管理工作奠定了良好的基础,缩短了探索真理的路途,开阔了我们的视野。学校为教师提供展示、碰撞、学习、交流的机会,促进了教师专业化成长。而作为一名受益人,我也要为大家的成长尽一份心力。

我作为英语组内最年轻的教师,被任命为教研组长后,从不计个人得失,处处以诚待人。在工作上不仅自己积极努力,同时还帮助、带动他人一起进步。我把自己在教学中的得失体会,毫无保留地分享给青年教师,给予他们充分的信任和支持,为他们的成长搭建平台。我带动全体教师认真研究教材教法,坚持集体备课,认真地组织好组内教研活动,营造浓厚的教研氛围。经过全组教师的共同努力,在大家的团结协作、密切配合之下,我们取得了可喜的成绩,在2008年被评为延吉市优秀教研组。2005年我被认定为国家级英语口语考官,我还经常被州、市教育局以专家身份聘请担任教师资格测试评委、教师聘任评委或优质课评选评委。在延吉市英语学科中,我也在贡献着自己的一份力量。2008年3月,我被延吉市进修学校中教部聘为延吉市英语学科兼职教研员,参与教师培训与科研指导工作。我时刻用自己缜密的处理问题能力、认真的工作习惯和耐心的工作精神来影响市里的青年教师们,并得到了广大同行的爱戴和认可。在2008年全国第二届少数民族教学研讨会中,我所指导的蔡红花和张晓红两位教师参加观摩课和优秀课的评比,分获国家级观摩课一等奖和国家级优秀课二等奖,我本人也被评为国家级优秀指导教师。

(资料来源:宋鹏超.《新课程实施中教师专业发展策略研究》教师专业发展典型案例.我的成长我做主——英语教师个人成长经历[N].延边教育学院学报,2009,23(06):148-150.)

第三节 个人因素

一、专业能力

教师个体是职业生涯发展的行为人,教师的专业发展是否顺利与自己的职业发展动机、职业生涯发展的规划能力、职业发展期望以及客观的自我评价、反思能力有密切关系。教师的职业生涯发展具有个性化强、自我感受阈高的特点,是一个不断变化的动态过程,教师的职业生涯发展状态与所处的教育教学环境有关,更与教师自身的性格、专业教学能力及自我期望有关。积极的教师职业生涯规划有助于帮助教师明确从事教师职业的发展方向,有助于提高教师整体教育教学素质和学校的整体办学水平。职业生涯规划是教师根据自身的优势和特点,结合时代和社会的要求,所在学校对于学生课程的培养目标而做出的有助于教师系统的、有计划的专业发展与成长,达到预期目标的自我安排与计划。良好的职业规划有助于教师不断发掘自身的潜能,提高专业水平与教学效果,督促自己不断学习,积极面对工作中的困难,是促进教师终身化学习的有效途径。积极进行教学后的反思,并不断进行教学内容、教学方法的调整。以教师的职责、规范、价值准则或其他教师的行为作为参考标准,对自己的教学设计、教学实施及效果进行反思,寻找其中的优点及缺点,结合自身的特点及其他教师的建议等进行自我的思想修正、自我能力阶段的确认。通过不断的调整与进步,逐渐实现职业生涯发展目标。

首选,作为一名教师,传授知识是其工作的重要内容。专业知识是教师职业的基础,是教师素养的基本构成。教师的专业知识首先是指教师所具有的特定的学科知识,如化学知识、物理知识等。这是教师具备的基础知识,是教师教学工作成功的基本保证,可以从以下四个方面理解:第一,教师对学科基础知识的理解应是准确而广泛的,应熟练掌握相关技能;第二,教师要对与该学科相关的学科有所了解,这对于自身传授知识和指导学生的综合性活动十分重要;第三,教师要了解学科的历史,对学科历史的认识有助于教师熟悉学科的研究现状,有助于教师对该学科趋势的把握;第四,教师要掌握该学科提供的研究方法,增强学科思维。其价值远远超出学科的知识价值,有助于教师在教学中不断创新。因此具有扎实的学科知识,精通自己所教的学科,是成为一名合格教师的前提。

其次,教师要掌握如何教的知识,即如何把学科的基础知识以学生能够接受的方式表达、传授给学生,如怎样提出问题、怎样设计课程、怎样评估学生的成绩等。这就要求教师必须掌握相关的知识。第一,教师要掌握与学生身心发展有关的知识,教师可以在学习教育学和心理学的过程中获得此类知识。教师对学生处于某个阶段的身心发展规律的把握,有助于教师明确学生的兴趣所在,有助于教师理解学生在不同学习阶段中出现的问题。第二,教师需掌握与教学相关的知识,如教学的实施过程、组织形式、实施原则,教学的最新成果,课堂教学方法的革新,教学工作中的创新能力等。第三,教师还应掌握与学生成绩评价相关的知识,教授何种学科知识、如何传授学科知识,最终都要通过学生对知识的掌握情况来进行判断。此外,对学生成绩的评价也有助于教师反思当前的教学方法,及时了解学生对当前知识的掌握程度,进而提高教育质量和效率。

最后,教师还应具备在教学中积累的经验知识,主要包括:第一,教师以往的教学经验。教师在教学实践的过程中,不断地总结和整理教学经验,从而使自己在教学中不断对知识进行系统化建构。以往的教学经验有助于教师形成自己的教学方法，明确自己的知识体系的优势和缺陷，一旦教学活动出现问题，教师可以迅速做出反省，解决教学中的实际问题。第二，教师现在的教学条件，如现行法律法规、学校教学环境、课程建设、教学设备等。教学条件是提高教学质量的重要保障，教师在自己的教学实践中会不断熟悉可使用的资源，对教学条件的充分利用有助于提高学生的学习效果。

除了专业知识，教师的专业能力也是教师职业的重要内容。在实际教学中，专业知识和专业能力这两方面是相互交融的：在具备专业知识的基础上形成专业能力，通过专业能力的提高来提升对专业知识的理解和应用。能力是一个人能否从事某种职业，能否在生涯旅程中顺利成长和获得成功的必要条件。一个人在进行生涯规划时只有了解自身能力的类型，选择与自己能力相匹配的工作，才能取得生涯成功。

教师职业的特殊性在于教师教学的对象是活生生的个体，即使满腹经纶的教师也可能因为拙劣的口才、沉闷的互动氛围而导致教学的失败。因此有效的教学要求教师能运用自身的能力去创造一个良好的沟通环境，并通过积极的互动把知识更好地传递给学生。这需要教师拥有语言表达、组织管理等方面的能力。

案例叙述

H 老师通过对郑愁予的短诗《错误》前后两次教学案例的分析，发现不同的教学方法的差别是如此之大：最初教授这篇课文时，只花了不到一节课的时间，可自我感觉良好，整个教学过程有条不紊，学生除了按要求读书之外，就是认真抄写老师的评析，教师自我展示了饱含情感的朗诵，深入的评析，课堂充实而完整，作为只有一年教龄的我，当时可谓甚是满意。此时，我关注的是如何展示自己的教学使其易被学生所接受。但当我完整地体验了高中的教学过程后，自己的教学思想发生了变化，我发现最初的教学就是为了把这篇课文教给学生，从来没有想过学生通过语文课的学习究竟要得到什么？我常常在想：教材里为什么要设置这篇课文让教师去讲解？教师究竟该教给学生什么？

于是当我再次面对这首小诗的教学时，教学情况发生了明显的改变：我给这首诗创设了江南古镇情境，配上舒缓略带古韵的音乐，然后缓缓地谈这首诗的意境而不是逐字逐句地讲，很多同学都是闭上眼睛跟着老师的语言表达去体会，最后再跳出来欣赏这首诗，于是不同的学生对同一首诗有了不同的解读。我对这样的教学似乎也有了一种全新的感觉：学生听得如痴如醉，觉得诗词意境优美，语言含蓄，韵味悠长，引人遐思。学生课后反映，原来语文课也可以这样上。这时，我感到两节课的时间似乎还远远不够用。

那一堂课改变了我的教学思想和风格，最初我是为教这首诗而教，如今则是为了让学生能够接受这首诗的氛围和感染力，学生尝试着修饰自己的语言，觉得自己的语言也应该像诗一样美、一样有意蕴，从而去喜欢诗歌和古典诗词。这样的教学，其教学的目的、教学的方法与以往不一样了，教师的自我体验也不一样了，课堂的氛围、学生参与学习的积极性和主动性也与以往的课堂完全不一样了。从"教什么""怎么教"到"为什么这样教"，以教学案例为载体对自己的课堂教学进行反思，使隐含于教学活动中的认识和体验得以显现，有力地指导自己的教学行为，学科教学的知识日益丰满起来，自己也因此而成熟起来。

(资料来源：陈列，黄珂.案例研究：教师个人知识管理的有效途径[J].现代教育论丛，2008(5)：80-81.)

二、性格特征

职业心理学研究表明,性格是个性中具有核心意义的成分,几乎涉及人的心理过程与个性特征的各个方面。每个人的性格在态度特征、意志特征、情绪特征及理智特征等方面都存在着差异,也正是这些差异造就了具有千姿百态的不同性格的人。性格广泛地影响着一个人对职业的适应性,某一特定职业因其劳动特点往往要求其从业者必须具备某些性格特征,因此,是否具备这些性格特征,对于个人选择职业以及职业生涯能否成功有很重大的意义。[①]

一个教师的性格特征会影响他对教学内容的理解,教学风格的形成,影响他的人际交往,与学生的关系,与同事和领导的关系,也会影响他面对工作压力的自我调节能力和自身心理健康的发展。例如,心理学家将人的性格分为两类:内向型和外向型。外向型的教师一般具有积极乐观的人生态度,师生关系融洽,会得到同事和学生的信任和好感。内向型的教师在工作时,有较强的责任心,对工作认真负责,持之以恒,教学中能循序渐进,有条不紊,而师生关系不如外向型的那样融洽。作为一名优秀的教师,应该具备以下性格特征。

首先,独立。对于教师来说,他们首先必须拥有独立的性格特征,这种性格的教师能独立地开展教育教学工作。在处理任何问题时,他们独立地做出决定,胸有成竹地提出问题的解决方案;无论在什么情况下他们都能发挥自己的力量,不屈服于他人的权势。

其次,热情开朗。教育以人为对象,最重要的是要有一颗热忱待人的心。教师只有热情开朗、朝气蓬勃,他们在教育工作中才能善于与人相处、与人为善,才能如春风一般给学生以温暖和关怀,进而教育学生;反之,教师如果是悲观,甚至抑郁的性格,对人冷漠、缺乏同情心,学生就会疏远他,在师生之间就会筑起一道无法逾越的高墙。

再次,耐心细致、沉着冷静。塑造人的灵魂是一项极其艰苦细致的工作,具备耐心细致、沉着冷静性格的教师才能担当此任,才能诲人不倦,才能以坚韧的毅力和反复细致的工作去感化、教育学生。

最后,诚实正直、温和宽厚。完美人格的一个重要前提便是"诚"字。"诚"是正直的基础,是心灵美的核心。教师应有豁达开朗的心胸,对待学生要宽容敦厚。

三、职业认同

(一) 职业认同概念

对于职业认同的概念含义,国内外学者大多是从社会学和心理学两个方面来进行研究和理解的。国外研究者 Schein(1978)认为,职业认同感作为个人社会认知的一个特殊表现形式,通过自己和社会其他人群以及个人之间的差异来认识自身的职业,感知自身才能和职业价值。学者 McGrowen(1990)认为,职业认同、职业信念和职业态度是职业群体中所有成员所共有的,它与个人的职业角色密切相关。从上述观点可总结出,职业认同是指个人对职业本身的理解和认可,也与职业标准有关。

---

① 李颖. 高校教师职业生涯发展及其管理激励创新研究[D]. 苏州大学,2004.05.

国内大多数学者认为职业认同是个体理解、认识和总结职业的情感过程。根据这一观点，很多学者也形成了自己的理解，如学者车文博认为，你可以与团队中的其他人一起认同自身的职业，感受职业带来的幸福和归属，并对职业的每个方向做出正确的理解和积极的总结。[①]对于职业认同的主要特点可以总结出以下几点：职业认同是指在了解所从事职业的各个方面后，个人对职业的认可和满意度；职业认同并不是一成不变的，而是在多种因素的共同作用下不断发展变化着的。基于上述说法，可将职业认同界定为个体对于自身职业的认识与认可程度。

(二) 教师职业认同

教师职业认同属于职业认同总体范畴，基于职业认同，对不同职业人群有不同的划分，教师即为一种职业。对于教师职业认同的概念内涵，国内外学者对其研究的侧重点不同，理解也不尽相同。国外对于教师职业认同的研究比国内早，成果也相对丰富。我国在近 20 年才着手教师职业认同的研究，但随着对该领域的深入研究，研究成果日渐丰富。

国外学者 Goodson(1994)指出，高校教师职业认同的进一步发展是基于个性与职业能力的共同发展基础，受到了高校教师内外的影响以及其他因素的作用。该观点表明，职业认同是自身与工作之间相互作用、相互促进，并且外界其他因素会在一定程度上影响认同感。Samuel(2000)认为，教师的认同是植根于一系列有争议、又相互矛盾的价值观中的，并且共同理解和接受这一价值观，从而形成行为和态度。该观点表示，职业认同是集矛盾、争议于一体的，对其应持有辩证的观点进行看待与研究。

国内研究者认为，教师职业认同是指教师对职业能力的客观评价，包括教师对职业的感知，对职业基本性质、价值观和规范的理解。职业认同感较高的人通常都会觉得职业工作有价值、生活有意义，然后从中发现快乐。它不仅是一种过程，而且是一种动态过程。它是根据个体情况、个体因素和紧急情况不断变化的，并且决定着教师的态度和教育行为，也决定着教师的自我成长。研究者认为，教师的职业认同包括教师的积极认知、经验和行为倾向。它和工作倦怠呈负相关，对工作满意度具有正面的预测意义。[②]

综上所述，教师职业认同属于"自我理解"意义上的取向，与职业满意和职业倦怠具有一定相关性。研究者大多通过对教师自身职业感知与职业理解评价来研究教师职业认同。

当一个人要进行身份确认时，必须清晰地识别出自己异于他人之处，或者他人和自己各属于哪些特征；简而言之就是个人对内在自我寻求统合，对外区分与他人的差异。这个确认的过程可称为"认同"。而这里所讲的教师专业身份认同即教师对自己作为专业人员身份的辨识与确认。而教师的身份认同是教师个体对"教师职业"这个专业身份的职业认同。根据前人研究经验和教师本人研究工作的目的，可以将其总结为"教师本人对所从事岗位的自我认识和接受程度，并认为该职业是有意义和有价值的，并对其持积极理解和积极评价的态度"。

教师的角色也即社会对怎样才是好的教师的期许，按照角色理论来看待教师的发展，很可能将教师视为一个心智工厂生产线上的工人，专门负责传授某些技能，也可能将教师视为一个公仆，是促成社会变迁或维持社会控制的人。教师对教育职业是否已经内心中认同了，是在职

[①] 车文博. 心理咨询大百科全书[M]. 杭州：浙江科学技术出版社，2001，2(001).
[②] 魏淑华，赵健，董及美，等. 工作对家庭的增益与中小学教师的工作满意度：职业认同的中介作用及其性别差异[J]. 心理与行为研究，2021，19(1)：125-130，136.

业生涯规划中考察教师个体环境的一个重要环节。一方面，我们还要考虑教师自身的一些环境，如学历、职称、所教授学科特点，对教学工作、学生管理工作的适应程度等；另一方面，也需要考虑教师的家庭环境，如家庭是否具有较重的经济压力，教师子女的发展等。

从职业认同与教师专业能力的内在关系来说，二者之间相互促进、相辅相成。一方面，职业认同既来自个人对自身职业价值的认可，也包括该职业的社会地位、组织身份等多方面因素。这些来自各方的认可与肯定会转化成激励教师不断提升自身专业能力的强大驱动力，促使教师积极面对工作中的困难与挑战，即使面临工作上的瓶颈与倦怠，也会主动克服、及时消化，并且积极探索新型的工作模式，提高自身的工作效率。另一方面，随着教师专业能力的不断提升，其教育观念、教育模式更加丰富，在工作中也日益得心应手，不仅更加热爱自己的职业与工作，而且对其职业的发展前景、未来成就等会有较高的自信心。专业能力的提升将会带来教学成效的显著提升，学生和家长以及学校等社会主体也会对教师投以更多的认可与赞赏，从而进一步提高教师的个人声誉和社会地位。基于职业认同视角，教师专业能力的提升可从以下几方面入手。首先，从外部和内部加强教师的职业认同。有关媒体应进行正确导向，通过加强教师的教学成果、专业素养的宣传报道，推动社会各界进一步认识到教师的重要性，为教师建立良好的社会形象。学校应创设良好的专业发展氛围，为教师提供充足的硬件支持和完善的培养机制，构建良好的教师培训提升机制，为教师建立良好的职业发展平台。教师自身也要树立良好的职业精神，用心投入教育教学工作中，不断增强自身的职业认同感。其次，教师应根据其专业领域的学科建设、发展前景并结合自身的专业能力、个人优势、性格特征等制订清晰的职业规划。

案例叙述

我要当一名学者型教师

戴老师，28岁，初中英语教师。以下是戴老师的自述。

1. 推荐生

小时候，老师在我心目中是"智慧"的象征，我羡慕他们，幻想着自己也能成为一名"知识分子"。上高中了，我们的学业很忙，思考人生的机会也很少，直到会考成绩下来后，老师突然传来消息，会考成绩好的同学可以选送师范院校，这就意味着不必参加"黑色"的高考。早就惧怕高考和无穷无尽的复习的我，看自己的会考成绩不错，决定去试试。一切都顺其自然地进行着。

2. 师范大学阶段

在大学学习时，由于英语专业课的成绩优异，我连续两年都被授予一等奖学金。当然，我也学习了心理学、英语教学法和教育学，这三门公共课现在对于我来说是无比重要的，但当时我却十分轻视这些公共课。一方面，由于当时老师讲授的都是理论知识，没有实践内容，公共课就显得十分枯燥；另一方面，我还未真正意识到教师职业的特点：我本人的英语水平即使再高，如果我不了解学生，无法教会学生，那还是一场空。这个想法是后来在教育岗位的实践中才慢慢形成的，而处于大学阶段的我，一心只想让自己学得更好些，并没有想到应该学一学如何去教那些孩子。

3. 教育教学工作第 1 年

第 1 年任教，我就担任班主任和英语教学工作，带初中预备班，这对于 20 岁的我来说，是一个很大的挑战，挑战既来自英语教学工作，更来自班主任工作。英语教学上，我当时还处于"满堂灌"水平，事先备好课，把重点难点找出来，一股脑儿"灌"下去，也不管学生接受得如何。另外，我还忽视了学生之间的差异性，当时年轻气盛，想当然地认为学生都应达到同样水平，我经常在课后把几个后进生留下来，补缺补差，但他们仍然达不到我的要求，让我感到火气很大。

第 1 年的班主任工作用两个字来形容，那就是烦琐。我既是"保姆"，又是"警察"。我要关心他们的生活，嘘寒问暖，事无巨细，样样关照；又要维持纪律，摆平同学之间的很多争执。我常常感到分身乏术，而且在班主任工作上花的时间和精力远远超过英语教学，我感到每天就像一名救火队员一样，冲锋陷阵。

4. 教育教学工作第 2 年至第 5 年

这四年时间，我把一个班的学生从预备班带到初三毕业，可以说是完整地带了一届学生。这四年时间是我变化最多，也是进步最快的四年。

首先是我的教学风格发生了很大的变化。我观摩过许多教师的英语课，自己也开了很多公开课；每年参加学校的教学竞赛，并在 2001 年参加了区英语教师教学竞赛，获得二等奖。这许许多多的机会促使我不断地研究教法和学法，发展了形式多样的教学手段，加大课堂容量，倡导以学生为中心的课堂教学，并且积极设立活泼民主的课堂教学氛围。我也逐渐理解了学生之间的差异性，为不同层次的学生设立不同的目标，不再用一杆尺来衡量他们了。

2002 年暑假，我有机会跟随区教育局暑期英语教师培训团赴加拿大进行为期两个月的培训，这两个月中，我除了英语听说能力得到了很大的提高外，还学到了活泼多样的课堂教学手段以及国外教师亲切随和的教态。

在我的教学工作逐渐走上正轨的同时，我的班主任工作却遇到了很多矛盾和困惑。从预备班到初三毕业这四年间，学生的心理和精神面貌会发生很大的变化。他们会经历青春期的躁动，会产生叛逆的心理，会注重自我，会注重他人对自己的评价，会异性相吸，会为成绩而焦虑，也会有作弊，等等，以上这些都不是一堂我已经备好的课，它们不会按照我的思路来进行。在我还未准备好的时候，这许许多多的问题已朝我扑面而来，我甚至来不及去翻那些心理学和教育学的书。直到今天，痛定思痛，我仍感到肩上担子的沉重，初中四年是一个人世界观、人生观初步形成的时候，是一个人自我意识蒙胧觉醒的时刻，在许多选择或矛盾的十字路口，学生是多么需要老师的帮助和指导啊。作为一名班主任，我深深感到自己还太年轻，缺少实践的经验、经历及理论指导，真心希望学校和社会能多给年轻教师这方面的帮助，使我们尽快地成长起来。

5. 最近两年的教育教学工作

最近这两年，我已经不满足于仅仅跟在其他教师后面做一名好教师了，而是希望走上专业化发展的道路，形成自己的教学风格，将来成为一名学者型教师。

2002 年的下半年，我参加了一个区级初中英语的重点课题"以英语课后任务为基础，发展学生研究性学力案例研究"，这个课题当时已到了结题的阶段。同时，我也参加了学校的课题"提高初中生的自我效能"，我的感受是这些课题项目对教学教育工作有所帮助，但帮助还不够大，联系还不够密切。

2003年的下半年，我申请的课题"创设均等机会，提高学生英语学习自信心的研究"被上海教育科学研究院普通教育研究所立项了。如何找到实践与理论的结合点，这是我目前要着力解决的问题，也是感到十分困惑的地方，希望在接下来的时间里在专家的指导下，能把这个课题做好，突破瓶颈，使自己从经验型教师向学者型教师转变。

(资料来源：吴增强，沈志菲. 教师生涯中的心理成长[M]. 上海：上海科技教育出版社，2008.)

第六章 教师职业生涯规划与发展的路径分析

第一节 教师职业生涯目标规划

一、教师职业生涯目标的意义

教师职业生涯目标是教师职业生涯发展预期达到的结果状态，是教师职业生涯规划内容、程序和方法的依据和前提。很多人不了解职业目标的意义与作用，认为制定目标只是一种形式，有没有目标照样可以工作和生活；有些人认为制定目标是件很麻烦的事，不愿意为此煞费苦心。目标就像茫茫大海上的灯塔，为我们的航行指明了方向。因此，在实行自己的职业生涯规划之前，要确定自己的职业目标。正确的目标决策能引领我们达到成功的目标，错误的目标决策会让我们品尝失败的苦果。教师职业生涯规划就是一个不断选择确立目标的决策过程，在职业的不同阶段都会面临不同的选择。当面临不同的选择时，教师要根据自身情况和客观条件分析各种可能性，然后对各种可能性进行分析，最终做出正确的目标决策。

一般来说，目标对职业生涯能起到标准化导向作用、调节作用和激励作用。[1]更具体一点，目标可以概括为五个作用：提供参与职业生涯规划的基点、兼顾个人所在的群体的目标、加强个人能力开发、能对个人起到激励作用、能评估个人所在的群体。[2]

教师制定职业生涯目标的意义可以概括为以下几个方面。

(一) 制定目标可以提供参与职业生涯规划的基点

生涯目标的设定是职业生涯规划的基点，也是职业生涯规划的核心。一个人事业的成败，很大程度上取决于有无正确适当的目标。没有目标如同没有方向，不知道自己应走向何方。只有树立了目标，才能明确奋斗的方向，走向成功。

教师制定了自己的职业生涯目标，就会有一定的前进动力，这对教师所在学校的发展能产生积极效应，有利于学校的稳定发展和可持续发展，反过来，学校又会给教师带来更多的希望和动力，从而形成良性循环。

---

[1] 程振响. 教师职业生涯规划与发展设计[M]. 南京：南京师范大学出版社，2006:42.
[2] 林荣瑞. 管理技术[M]. 厦门：厦门大学出版社，2000：221.

(二) 制定目标可以加强个人能力开发

在整个职业生涯中，不同阶段有不同层次的目标，目标的一一实现也就意味着个人能力的不断提升。一名教师选择了教学这个岗位，那他就应在该岗位上施展个人的才能。一旦教师开始呈现良好的教育成效，自身的专业水平得到提高，那么他在学校的资历和可信度就开始不断上升。此时，教师会为自己制定更高一层次的目标，而学校领导、同事，甚至学生也会给予他更多的关注。相应地，教师的工作关系网络得到了拓展，一些重要的工作也将分配给他。通过这些工作，教师就可以发展更多的专长，最终成为专家型教师，在这个岗位上做出更为突出的贡献。

随着目标的一步步实现，教师会发现自己进入了不断强化的良性循环之中，在这个岗位中个人能力不断得到提升，成就感随之而生。有无目标对一个人而言是非常重要的，它可以为你找出方向，可以使你的生命在有限的时空里冲破极限，并最大限度地释放能量。可以这么说，成功的人必是目标意识强的人。

(三) 制定目标能对个人起到激励作用

作为一名教师，有了这样的目标，才能不断地激励自己。现代社会变得越来越信息灵便、机会均等，从这个意义上讲，现在已经到了一个"你想成为什么样的人就可以成为什么样人的时代"。在学校这个环境下，有了合理的目标会对教师个人有着极强的激励作用。何况，这些工作完成得好坏，可能与奖金直接挂钩，所以目标的激励作用是非常强烈的。更重要的是，这种激励与学校及学生的目标直接挂钩，对学生会产生积极的影响，对教师个人而言，也容易产生成就感。

总之，对于处在职业生涯中的教师而言，目标能使教师不会拖延倦怠，有助于教师将精力集中在特定目标上；能使教师重视有效能的事，有助于节省时间，测知自己的效率，促进自己的专业发展；能使教师建立新的目标，有助于继续努力，快乐地工作，达到自我实现。

案例

学做心中有目标的老师

作为一名非师范类的新手教师，我在大风车幼儿园见习、实习一年多后于 2009 年 8 月正式进编大风车幼儿园。

2009 年 11 月，我们中班级组进入了"身体的秘密"这一主题，在小教研组中大家反复讨论，最终选择"会说话的小手"作为大教研"一课三研"的研究内容。作为一研教师，我在大家讨论的基础上不断完善教案，分清了整个活动的框架后，我把教案写得非常详细，想象着孩子们可能会出现的回应，把预设做得很周详。我对着镜子反复苦练，包括每一个动作、每一个表情都不放过，生怕开课当天有差错。

终于，大教研"一课三研"亮相开课的时间到了，面对园长和前辈们，我有些兴奋，又有些紧张，课上完以后，大家都说我的声音也变了，我自己更是慌得连上课说了些什么都忘了，只是感觉自己的教案意识很强，将充分预设的内容和准备的动作等全都背下来了。

在下午的大教研活动中，园长刘老师就我现场的表现做了评价。我一边感悟她所提出的上好一节课必须具备的三个基本点，即"趣、动、得"，一边反思自己在上课时的行为。可以说在理论上我是知道心中要有目标的，可是在实际操作中，因为紧张而把目标全部忘记，表现为为了上课而上课，把目标抛到九霄云外了，更谈不上注意到孩子的回答，我的预设回应也显得很不自然。因为紧张，我忽视了难点，在关键环节的处理上匆匆而过，所以整个活动中孩子们的"得"还是停留在活动之前的经验，缺乏了集体活动的价值。

通过这样一次清晰、完整的剖析，作为新教师，我获得的最大"心得"就是学做一个心中有目标的教师。于是，带着这样的感悟和意识，我去看了二研老师的课。正是在大教研"一研"后，"二研"的活动环节清晰多了。围绕着"趣、动、得"三个基本点来看，首先，老师抓住了活动的重点和难点，提问紧扣目标，每段小结将每个环节的层次解析得更为清晰；其次，警察叔叔的现场互动让难点迎刃而解，还让看课老师、上课老师和孩子们都感到活动非常有趣。

2009年12月，我做了再一次的尝试。在区重点课题"关键教育实践优化教师教育教学行为的案例研究"中期汇报会上，园长让我在市区领导、专家和其他园园长、教师面前公开展示这节集体教学活动，为此，我既感到高兴，又非常紧张。在园长和周围老教师的指导和鼓励下，我的第一次公开展示活动得到了领导、专家和同行们的肯定。这坚定了我成为一名好老师的信心。

(资料来源：根据网络资料整理)

阅读材料

确定目标的作用

一个人要获得事业上的成功，须按照人生成功的规律来制订行动的目标和规划。确定目标有以下几方面的作用。

- 目标使我们产生积极性。给自己定下目标之后，目标就在两个方面起作用：它是努力的依据，也是对我们的鞭策，目标给了一个看得着的射击靶；随着我们努力实现这些目标，心中就会产生成就感。
- 目标使我们看清使命。每一天，我们都可能遇到对自己的人生和周围世界不满意的人。在这些对自己处境不满意的人中，有98%的人对心目中喜欢的世界没有一个清晰的图画，他们没有改善生活的目标，没有一个人生目的去鞭策自己。结果是，他们继续生活在一个他们无意改变的世界上。
- 目标有助于我们安排工作的轻重缓急。制定目标的一个最大的好处是有助于我们安排日常工作的轻重缓急。没有这些目标，我们很容易陷入跟理想无关的日常事务当中。
- 目标引导我们发挥。当我们不停地在自己有优势的方面努力时，这些优势会进一步发展。最终，在达到目标时，我们自己成为什么样的人比我们得到什么东西重要得多。
- 目标使我们有能力把握现在。人在现实中通过努力实现自己的目标，正如西拉尔·贝洛克所说："当你做着将来的梦或者为过去而后悔时，你唯一拥有的现在却从你手中溜走了。"虽然目标是朝着将来的，是有待将来实现的，但目标使我们能把握住现在。[①]

[①] 钱杭园，李文莉. 学会学习与职业规划[M]. 北京：科学出版社，2010.

二、教师职业生涯目标的原则

(一) 水平适度原则

对教师而言，自身职业生涯目标的设置也要恰到好处，目标定得太低，轻而易举即可实现，这样就失去了目标管理的作用。唾手可得的目标会使人享受不到成就感和荣誉感。目标定得太高，实现不了，又会使人产生挫败感。所以目标应该是实际可行的，不能犯盲目自大或过于保守等主观错误。在此基础上要使自己的目标具有一定的挑战性，因为只有经过努力能够实现的目标才有意义。

(二) 梯度合理原则

首先，在时间梯度方面。教师应该把职业生涯目标分解为若干个阶段，并且划分到不同的时间段内完成。每一时间阶段又有"起点"和"终点"，即"开始执行"和"完成目标"两个时间坐标。如果没有明确的时间规定，会使职业生涯规划陷于空谈、最终失败。例如，某教师的短期职业生涯目标是在刚入职这一学期内能出色地完成教学任务，下一时间段能当上优秀班主任。所以，目标的确立必须充分考虑不同时间段的特点，遵循时间梯度的原则。

其次，目标幅度方面。在设定目标时目标幅度是宽一点好，还是窄一点好呢？一般来说，专业面越窄，所需的力量相对较少。也就是说，用相同的力量对不同的工作对象，专业面越窄的，其作用越大，其成功的概率越高。所以，职业生涯目标最好是选一个窄一点的范围，幅度不宜过宽，这样投入全部精力后容易达到目标。

(三) 适合自身原则

不同的人有不同的特点，每个人都有自己的优势和劣势。据此制定出适合自己的目标，是一种睿智。教师要了解自己的优势，如兴趣、爱好、知识专长等。只有将目标建立在自己的优势之上，避开自己的劣势，处于主动有利的地位，目标才容易实现。确立一个通过努力可以达到，既充满信心，又不敢掉以轻心的目标，使自己的特点与自己的目标方向一致起来，只有这样的目标，才具有较大的驱动力。同时也要发挥主观能动性和创造性，解决新的问题或用新的方法处理常规问题才能动态创新地规划自己的职业目标和人生目标。如果说，有目标我们不再困惑的话，那么有适合自身的目标我们将不会困惑。随之，我们就不会盲目攀比，不会空虚苦恼，而是朝着自己的方向前行在属于自己的天空。

案例

在一次关于人生目标的讲座上，一位教授以独特的方式巧妙而通俗地教会了大家如何面对人生目标。

起初，他在大屏幕上给大家展示了 100 幅呈方阵形的小图片(有重复的)，上面是一些常见的水果，如苹果、香蕉、梨等。在展示图片的同时，教授始终默默地看着屏幕，没有说一句话。两分钟之后，他关闭了图片，突然问道："谁能告诉我香蕉图片有多少个？"台下的同学议论纷纷，抱怨问题来得猝不及防，没有人能够回答这个问题。

这时，教授说："同学们，是不是觉得问题很突然？这是因为你们心中没有一个明确的寻找答案的目标。看来,没有目标不行吧?下面,再给大家两分钟时间,之后告诉我屏幕上有多少种水果,每种水果有多少幅图片,每幅图片上有多少种颜色。"

两分钟过去了,教授关闭了图片,静静等待着台下学生的答案,可依旧没有一个人能够回答上来。

教授又说:"同学们,目标太多了不行吧?再给大家10秒钟时间,告诉我屏幕上有多少种水果。"10秒很快过去了,台下依然保持沉寂。

教授说:"同学们,实现目标没有充足时间不行吧?我将时间延长到两分钟,你们再来回答我刚才提出的那个问题。"

两分钟过去了,局面出现了颠覆性的转变,许多同学举起了手,跃跃欲试。可教授并没有因为台下学生的表现而感到些许欣慰,反而一本正经地说:"在同等条件下,为什么有的同学能够回答出问题,而有的同学却不能?以此来看,不通过努力,目标就不能实现!"

没有目标不行,有了目标不努力也不行;目标太多不行,实现目标没有充足时间也不行。

哲理思索:教授的讲座实际上是在阐述实现目标的几个必要条件:① 确立目标;② 为目标付出努力;③ 目标不能太多;④ 要有充足时间做保障。其实,教授讲的道理是朴素的,只是讲解方式很独特,让学生容易接受,这也从一个侧面告诉我们,让别人接受你的观点,方式和方法也很重要。

(资料来源:根据网络资料整理.)

"目标引领式"教师队伍建设的思与行——孙腊芳

建山幼儿园是一所地处丘陵山区的农村幼儿园,近五年中通过园本培训取得幼儿教师资格证的有16人(含公办、调出、退休教师)。2016年建山幼儿园被评为丹阳市首批教师队伍建设先进集体。这些引以为傲的数据背后,是一个凤凰涅槃的故事。

一、愿景目标逐渐清晰

建山幼儿园成立于1998年,当时的5位教师中,只有我一人为小学转岗过来的公办教师。2000年,丹阳市规范幼儿教师队伍管理,对全体聘用人员进行岗位考核,我园共有8位教师(含村办班教师)参加考核,只有一人通过考核。我心里越发明白,教师队伍是我园的硬伤,提升教师队伍的专业水平应该是我这个园长任期里首要的任务。

二、愿景目标逐步内化

目标仅仅存在于园长的心中,那无异于孤军奋战,收效肯定甚微。只有让目标生长在每位教师心间,成为大家共同的愿景,才能调动起队伍建设的主体——教师们的积极性和主动性。

1. 依托办园理念和特色凸显内化队伍建设目标

我们因园制宜,确立了"每天进步一点点"的办园理念,"乡情美育"的办园特色,通过园徽、吉祥物、园歌的征集,以及"乡情美"园本课程建设等,让园所文化内涵不断凸显。在此过程中,教师们对办园理念和特色不断接受和认同,对专业发展的认识从"要我学"变成"我要学",自觉以建山幼儿园"每天进步一点点,让生命更厚实"的核心价值观为引领,积蓄能量,绽放自己,实现自身的专业成长。

2. 依托园所发展规划的制订与实施内化队伍建设目标

在两轮园所三年规划的制订与实施中，我园充分发挥每位教师的主人翁意识，摸底调查、征求意见、教代会讨论，让幼儿园发展与每个人息息相关，让每个人把目标装在心里。每学期的研训计划中突出教师队伍建设工作，有得力的实施措施和详尽的工作安排，为教师的快速成长铺路搭桥。

三、具体目标逐个落实

1. 师德为先，提升精气神

每单周星期三下午的政治学习，内容多样，有《幼儿园教师职业道德规范》《丹阳市中小学、幼儿教师师德行为"十个严禁"》的学习活动；有"建幼好教师""爱心妈妈与特殊儿童结对"活动；还有拔河、挖野菜、面点制作比赛等有趣的活动。这些活动凝聚了人心，建立了良好的群体关系，一个敬业、乐业的团队逐渐形成。

2. 身先士卒，提升持证率

教师们对资格证考试有一种深深的畏惧，为了打破这种恐惧心理，2013年下半年，我这个小学转岗的园长决定给教师们带个头，报名参加考试，并顺利通过笔试、面试。这给观望的教师极大的鼓励。从2014年下半年开始，我作为园本培训的辅导老师，制订了详细的资格证考试辅导计划，在5年时间里培训了16位教师，她们以每年通过3~5名的速度，都顺利拿到了梦寐以求的资格证书。

3. 夯实活动，提升基本功

每一次活动都是凝聚人心、提升实力的过程。我园的园本培训通过业务学习、专题讲座、教学展示、教师说课、教研沙龙、园本案例评比、读书交流、挖掘地方资源项目共同体等活动方式进行。在一次次活动的磨练中，教师队伍的整体专业水平逐步得到提升。

4. 骨干培训，培养带头人

我园落实"丹阳好教师行动计划"，建立了教师培养工作小组。青年教师的专业发展是一个长期的过程，我们紧扣"三心"来开展工作：一是精心安排，合理分工，调动所有人员的积极性，园领导要重视，骨干教师要指导，教师自身要自觉；二是悉心指导，量身定制，充分考虑每个教师的特点，引导教师制订适合的个人成长计划；三是细心观察，正确引导，在教师成长的过程中，园领导善于讲励志故事，用身边成功的个人案例，引导教师们克服心理上的不自信，及时调整心态。

5. 抓住契机，体验成功感

一是抓住各类比赛的契机，让教师体验到自己的付出与收获。片级、市级的教学比赛、基本功大赛都是青年教师们跃跃欲试的好舞台。二是推荐优秀教师评先评优，把专业成长和自身价值联系起来，这是对教师辛勤工作的肯定和赞许，由此，她们努力工作的内驱力就会不断增强。

6. 考核奖励，提高积极性

考核结果与年度考核挂钩，真正体现优劳优酬的分配原则，让努力工作的教师成为大家的榜样。

从1998年至2018年，我们建山幼儿园的全体教师做到了——在人生的高处再见。

(资料来源：孙腊芳. "目标引领式"教师队伍建设的思与行. 早期教育(教育教学)[J]. 2019. (6).)

三、教师职业生涯目标的种类

职业生涯目标是个人职业生涯规划的首要内容，是人生的指针。有了目标，便有了人生奋斗的方向。个体职业生涯的目标是多种多样的，这些目标可以按一定的标准进行归类，主要的分类有以下几种。

(一) 按时间可以分为短期目标、中期目标和长期目标

职业生涯目标的实现可以用一系列的阶段来表示。为了顺利进入每一个新阶段，应根据新阶段特点制定分目标。目标分解就是根据观念、能力、知识差距，将职业生涯的远大目标分解为有时间规定的长、中、短期目标，直至将目标分解为某确定日期可采取的具体步骤。从最远、最高的目标开始，一直分解到最近的目标。要实现一个远大的目标，其时间跨度大、变数多，不可能不遇到种种坎坷。对策是将之分解成若干个容易达到的阶段性目标。目标分解是将目标清晰化、具体化的过程，是将目标量化成可操作的实施方案的有效手段。

短期目标是一种具有实际价值的现实性目标，是以长期目标为发展方向的行动性、操作性目标，可以是自己选定的目标，也可以是上级安排的目标。短期目标的特点是具备可操作性、有具体的完成时间、切合实际、适应教学环境、服从于中期目标等。在教学中，学期目标、学年目标都可看作是短期目标。

中期目标是与长期目标一致的目标，相对长期目标要具体一些，一般在三到六年。中期目标应既有激励价值，又要现实可行。

长期目标是个体基于自身的能力和社会经验，勾画出的个人职业前景和职业生涯高峰。教师的长期目标一般是十年左右，甚至更长时间，它是教师的职业人生目标，具有未来预期、宏观综合、人生理想、发展方向、引导短期、自身可变等特点。在规划职业生涯目标时，要把长期目标和短期、中期目标结合起来，统筹考虑，合理计划。

(二) 按性质可以分为内职业生涯目标和外职业生涯目标

施恩把人的职业生涯分为"内生涯"和"外生涯"。[①] 职业生涯目标也由此可以分经验、心理素质、内心感受等因素的组合及其变化过程。它是别人无法替代和窃取的人生财富。内职业生涯目标包括工作能力目标、工作成果目标、提高心理素质目标、观念目标等。工作能力是对处理职业生涯中各种工作问题的能力的统称。对教师而言，工作能力通常包括通用能力、学科能力、课堂管理能力、心理辅导能力、课堂教学能力和研究能力等。作为教师，自己想要达到的工作能力目标应当切合实际，并具有一定的挑战性。工作成果目标是指发现和应用新的管理方法，发表该领域的研究成果，创造新的业绩等。心理素质越来越受到职业人的重视，把提高心理素质纳入职业生涯目标已为平常之事。观念目标是指在职业活动中对人、对事、对世界的态度和价值观。对教师来说观念上要与时俱进，就是要随时更新自己的观念，跟上时代及教育发展的要求。

外职业生涯目标是内职业生涯目标的表现形式，内职业生涯目标才是职业发展规划的核心内容。如果仅仅注重外职业生涯目标的设计，那么在为之努力的过程中，往往会容易迷失方向，

---

① 卜欣欣．陆爱平．个人职业生涯规划[M]．北京：中国时代经济出版社，2004：104．

出现急于求成、急功近利的行为。

(三) 按生涯的内容分为职业生涯广度的目标和职业生涯深度的目标

教师职业生涯的目标可以按照生涯的内容分为两类：一是职业生涯广度方面的目标，如教师个人规划自己成为教学者，或是研究者，抑或是组织策划者等；二是职业生涯深度方面的目标，如教师规划自己成为教学能手、教学专家，或者是往领导层发展，如成为校长等。

当然，教师职业生涯的这些目标是平行存在、互不矛盾的，教师职业生涯过程中可以同时实现两个或两个以上的目标。有些目标之间互为因果，相互促进。比如工作能力目标和工作成果目标是原因，则职务目标是结果，工作能力提高彰显工作成果目标，然后促成职务提升。再如一名教师在授课方面表现突出，同时他又对教学进行研究，得出科学结论，这样的两个目标之间就存在着互补的关系。尽量使内职业生涯目标和外职业生涯目标，个人事业和家庭生活全面均衡发展。

职业生涯目标的确立最终是要落实在"制定职业生涯目标"上的。有的学者提出了五条标准：这种制定是自我认真选择的；对每种被选择的结果，在选择时都曾一一不漏地做过评估；你为自己的选择结果感到骄傲，并充满信心，且愿意公开；愿承诺并付诸行动来完成自己的选择结果；它适合自己的整个生活模式，符合自己的价值观。我们认为，这五条标准同样适合教师职业生涯目标的制定。

四、教师职业生涯目标的确定

教师应明确自己的职业生涯发展目标。有效的职业生涯发展规划需要切实可行的目标，以便排除不必要的犹豫和干扰，全心致力于目标的实现。有了目标，教师便有了人生奋斗的方向，目标的确定是教师专业发展规划的核心部分。目标对教师所采用的专业发展策略、行动方案、实施后的反馈和思考都起着导向性的作用。

教师职业生涯发展目标分为短期目标、中期目标、长期目标、人生目标。短期目标时间为1年以内，是中期目标和长期目标的具体化、现实化和可操作化，是最清晰的目标。短期目标的制定以分析当前最需要解决的问题为基础。中期目标时间为2~3年，它要与长期目标保持一致，内容具体，有比较明确的时间。长期目标是专业发展规划中持续时间最长的目标。它是指时间在5年以上的专业发展目标，设计时以勾画轮廓为主，通常不用太具体，内容可随着学校内外部形势的变化而变化。人生目标，是教师整个人生的发展目标，人生目标的勾画必须在符合自己价值观的基础上，与社会发展需求相适应。人生目标的内容除了专业成长以外还应强调教师的自身修养和追求，应该有情感、情操方面的要求。

人生目标是我们最终的理想。哈佛、耶鲁大学的调查结果说明，一个人能否成就大事，很大程度上取决于有没有一个正确的人生目标。所以，每位教师应思量一下：有生之年，想做什么事；想成为什么样的人；想取得什么成果。再结合自己的社会情况和实际情况，便可以确定自己的人生目标。接下来，再考虑如何接近、实现这个远大的人生目标，这又要再度对内部个人因素、外部环境各因素做一个全面的分析。从内部来说，要分析自己的优势、劣势。以自己的优势为例，可用下面的问题来检测：你做过什么，即你的人生经历和体验中有哪些方面能反映你的长处；学了什么，即专业、选修、自学了什么；有什么独到的长处；最成功之处是什么；

其成功的必然性是什么；其中能否归纳出自己性格的优势。从外部来说，既要把握机会，还要规避威胁，避免造成规划目标体系的"内耗"。总之，有优势并能利用机会是最好的；居于劣势又无法把握机会的情况是应尽量避免的。职业生涯目标的确立最终是要落实在"制定职业生涯目标"上的。因此，目标的明确和准确陈述对教师专业发展规划具有重要意义。教师制定目标时除了要关注成长环境等诸多因素以外，更重要的是要关注专业成长能力的培养。教师在制定目标时应从专业成长指标中的要素出发。

每个人都有自己的愿景，但在很多情况下，愿景往往是模糊不清晰的，或是有误解的，这样就会造成行为的盲目。因此，对于个人来说，关键并不是如何建立个人愿景，而是厘清个人愿景。当然，教师在制定目标时应该掌握基本的注意事项。

职业方向感诊断

下面10个问题，请你根据当前情况，回答问题并进行评分，然后计算分数。(计分法：是，2分；不好说，1分；不是；-1分)

( ) 1. 我知道自己的工作目标是什么。
( ) 2. 我认为自己可以达到制定的工作目标。
( ) 3. 我可以在一个岗位上工作3年以上。
( ) 4. 我知道自己适合做什么工作。
( ) 5. 我对目前的工作很感兴趣。
( ) 6. 我正在全力以赴向工作目标努力。
( ) 7. 现在做的工作我比较喜欢也很感兴趣。
( ) 8. 我对自己的工作目标有足够的信心。
( ) 9. 我在工作中能找到很多乐趣。
( ) 10. 我觉得只要认真工作在哪里都有发展。

(1) 如果你的分数大于16分，你目前的职业方向感处于上佳状态。

你目前有比较清晰的职业方向，尽管在职业方向上也会有暂时的迷茫，但相对大多数人来讲，不太容易被无关因素干扰；你为自己确定了比较高的职业目标，并处于积极进取的状态；也许你的追求和别人不同，但是你有很强的自信心，你追求内心认可的成就感；如果你是经验丰富的人，这显示出你具有很强的发展潜力；如果你的经验不丰富，这显示出你具有很强的工作热情，你还需要保持下去；你的方向如果和企业的方向一致就会发挥优势，如果和企业方向不一致就可能变成劣势，你要注意审时度势；你有良好的方向感和不同寻常的奋斗精神，但是结果并不一定如你所愿，不同行业、不同团队、不同的职业规则会带来不同的结果。

(2) 如果你的分数位于10和16分之间，你目前的职业方向感处于一般状态。

和大多数人一样，你有自己的职业追求，但是还没有确定清晰的方向，可能你还在犹豫不决。你可能不知道如何确定，也可能不愿崭露锋芒；你的这种状态比较容易受到外界的干扰，容易出现理想和现实的冲突，在一个相对顺利的环境里，你比较容易激发出活力，而在一个不太顺利的环境中，你需要不断地平衡自己的状态；你处于一般的自信心水平，本来可以争取更大的成绩，但是可能会主动或者被动地降低了对自己的期望；你的状态可以应对正常的工作要求,但是在一个竞争激烈的环境中,可能会有一些心力不足的感觉。

(3) 如果你的分数小于 10 分,你目前的职业方向感处于不佳状态。

你的职业方向不够清晰,经常会不知道自己要什么,可能你内心不在乎和有些消极,也可能对各个方向产生怀疑;你的职业目标有些游移,自信心不足,或者缺乏成就感,你不愿为自己设立高目标,前进的道路上动力不足,常会陷入进退两难的境地;你的状态如果是已经维持很长时间了,就需要引起特别的注意,因为它会深深地影响你的职业发展;你需要在专家的帮助下对目标和价值观进行修改,以确定"是否需要"改变以及"如何"改变你的状态;如果是近期出现的,建议你尽快着手加以调整和改善。毕竟从整个社会的价值观角度来看,清晰的方向感对于个人的生活和发展是有益的。

(资料来源:戴建兵,姬振旗. 大学生职业生涯发展规划[M]. 北京:科学出版社,2010:197.)

第二节 制订行动计划与有效时间管理

一、制订行动计划

在确定职业生涯目标后,行动便成了关键的环节。个人的职业生涯规划需要一套具体可行的行动方案。不过,选定一个目标是有机会成本的,即意味着要放弃其他目标。这也是很多人不愿制订职业生涯规划的原因。他们担心当环境变化时,自己无法应对,更担心万一不能达到目标,自己的理想会受到打击。

教师要达到个人的发展目标,应该抓住关键要素,制定行动策略,进而全心全意地去完成。制订行动计划是教师为了实现职业生涯目标而采取的行动,即由具体的措施和活动构成的行动方案,一般而言是具体的,可行性较强。教师可以根据自己的发展目标,综合多方面的环境条件,确定达到目标所需的发展内容和实现发展计划所采取的活动。

二、时间管理的必要性

时间管理的概念是指为了达到相应的目的,应用可靠的工作技巧,引导并安排管理自己及他人的生活,合理有效地利用可以支配的时间。实则,时间管理就是时间投入与你想要的目标相关联,可以从两个维度进行比较:其一是在时间消耗相同的条件下,看谁的产出最大化;其二是在产出相同的条件下,看谁消耗的时间最少。

时间管理从一般角度而言,主要是指个人的时间管理,有两个角度:科学地管理好时间可以增加生命的长度,也就是说比别人更多地利用时间;科学地管理好时间可以增加生命的厚度,也就是说比别人更有效率地利用时间。在日常生活中始终如一、有的放矢地使用行之有效的方法,组织管理好自己生活的方方面面,最有意义、最大限度地利用自己所拥有的时间,这就是时间管理。时间管理不仅仅是工作的管理,也包含着业余时间的管理;不仅仅是在企业里的管理,同时也包含着家庭生活、业余时间、业余爱好的管理。也就是说,时间管理应该是包含着生活中所有时间的合理利用和支配。

时间管理也不是对时间的完全掌控,而是要提高效率达到目的。时间管理最重要的功能是将事先的规划变为一种提醒与指引。管理自己,就是要管理自己的时间;管理了自己的时间,有助于发挥更大的生命价值。

时间的公平性以及人的主观能动性决定了每个人都可以选择自己要做的事情。选择以及控制事件决定着生活的质量。因此，我们只能在认识和适应不能控制事件的前提下，去选择我们能够控制的事件。然后，最大限度地去充分利用可控制的那一面，把不可控的因素减到最小，避免在不可控因素上浪费时间。

时间管理的目的就是将时间投入与个人的目标相关的工作，达到"三效"，即效果、效率、效能。效果是指确定的、期待的结果；效率是指以最小的代价或花费获得更多的结果；效能是指以最小的代价和花费获得最佳的期待结果。了解效果、效率、效能三个主题，慢慢找到生命中的真正具有人生方向、又有价值观的东西。时间管理的意义还在于培养一个人的基本素养。

三、时间管理原则

(一) 明确目标

做一个目标明确的人，生活才有意义。但多数人对自己的愿望，仅有一点模糊的概念，而只有少数人会贯彻这个模糊的概念。有些人工作或学习没有目标，只是盲目行事，为什么做这件事都不明确；或者是为了学习而学习，为了工作而工作，即使有目标也是为了目标而工作，不以追求实际的效益为目的。计划没有目的性，虽然效率高，但是效能不明显。结果会更加忙碌，甚至很可能迷失了方向。这样管理时间的人，他的人生目标和价值取向并不明确，只追求效率，不追求效能，即使有计划也是盲目的，甚至有些计划本身就是在浪费时间。

(二) 计划确定

有计划、有组织地进行工作，就是把目标正确地分解成工作计划，通过采取适当的步骤和方法，最终达成有效的结果，通常会体现在以下五个方面：将有联系的工作进行分类整理；将整理好的各类事务按流程或轻重缓急加以排列；按排列顺序进行处理；为制定上述方案需要安排一个考虑的时间；由于工作能够有计划地进行，自然也就能够看到这些工作应该按什么次序进行，哪些是可以同时进行的工作。

究竟该怎么制订计划呢？大致的步骤如下：确立目标；探寻完成目标的各种途径；选定最佳的完成方式；将最佳途径转化成月/周/日的工作事项；编排月/周/日的工作次序并加以执行；定期检查目标的现实性以及完成目标的最佳途径的可行性。

(三) 合理安排

处理事情优先次序的判断依据是事情的"重要程度"。所谓"重要程度"，指对实现目标的贡献大小。虽然有以上的理由，我们也不应全面否定按事情"缓急程度"办事的习惯，只是需要强调的是，在考虑行事的先后顺序时，应先考虑事情的"轻重"，再考虑事情的"缓急"——也就是我们通常采用"第二象限组织法"来进行时间管理。图6-1中可以清晰表述出"紧急"与"重要"的关系。

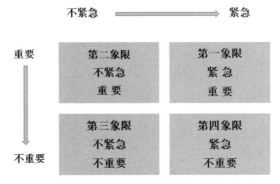

图6-1 四象限图

(1) 第一象限：又紧急又重要的事。

第一象限包括需要准时完成的重要工作等，这是考验我们的经验、判断力的时刻，但我们也不能忘记，很多重要的事都是因为一拖再拖或事前准备不足，而变得迫在眉睫。

(2) 第二象限：不紧急但重要的事。

第二象限主要与生活品质有关，包括长期的规划、问题的发掘与预防、参加培训等。荒废这个领域将使第一象限日益扩大，使我们陷入更大的压力，在危机中疲于应付。反之，多投入一些时间在这个领域有利于提高实践能力，缩小第一象限的范围。做好事先的规划、准备与预防措施，很多急事将无从产生。这个领域的事情不会对我们造成催促力量，所以必须主动去做，这是发挥个人领导力的领域。

(3) 第三象限：不紧急也不重要的事。

我们往往在第一、第四象限来回忙碌，不得不到第三象限去调整一下再忙碌。这部分内容倒不见得都是休闲活动，因为真正有创造意义的休闲活动是很有价值的。然而像阅读令人上瘾的小说和观看电视节目等，这样的休息不但不能让我们走更长的路，反而是对身心的损耗。

(4) 第四象限：紧急但不重要的事。

表面看与第一象限相似，因为迫切的呼声会让我们产生"这件事很重要"的错觉——实际上就算重要也是对别人而言。电话、会议都属于这一类，我们花很多时间在这里面，自以为是在第一象限，其实不过是在满足别人的期望与标准。可见，第一象限与第四象限的区别在于这件事是否有助于完成某种重要的目标，如不是完成某种重要的目标，便应归入第四象限。

(四) 制定规则

在时间管理中，我们需要制定各种纪律来约束自己，有纪律才有秩序。因此，制定规则、遵守纪律主要体现在以下三个方面：在进行工作时，一定要清楚这个工作应于何时截止；即使外部没有规定截止的时间，自己也要设定一个何时完成的目标；由于不得已的原因而不能按时完成时，一定要提前和相关部门取得联系，将影响缩小在最小范围内。

(五) 细化安排

列时间清单。在谈具体的时间管理的方法与技巧之前，有必要先分析一下自己使用时间的方式和状况。

写时间日志。列完清单之后,再进一步细化到每个时间点,这就是时间日志。

第三节 教师职业能力的培养

一、职业能力

知识与能力有一定的关系,但知识不等同于能力。虽然具有了相当的知识积累,但并不等于有了较强的实践能力。不同职业对从业者能力的要求也不同,总的来讲主要包括以下几种。①学习能力。学习能力是一个人综合实力的基础,所以首先必须提高学习能力。②创新能力。创新能力是在多种能力发展的基础上,利用已知信息,创造新颖独特具有社会价值的新理论、新思想、新产品的能力。③运用信息的能力。科学技术的飞速发展使整个社会进入信息化时代成为必然之势。只有掌握丰富的信息知识,并在信息观念支配下,在信息道德允许范围内自由发挥信息素质,才能成为未来社会的栋梁之材。④沟通能力。沟通是一种信息交换的过程,是人们为了达到既定目标,用一定的符号,把信息、思想和情感在人与人之间进行传递的过程。课堂上的教学、与学生的沟通都是教师必不可少的基本素质。⑤人际交往能力。人际交往能力就是与他人相处的能力。能否正确、有效地处理职业生活中人与人的各种关系,不仅影响一个人对环境的适应情况,而且影响着他的工作效能、主观幸福感和事业的成败。⑥决策能力。决策能力就是对未来行为目标的决断和选择的能力。良好的决策能力可以实现对目标及其实现手段的最佳选择。人的一生往往会碰到各种需要自己当机立断、痛下决心来决断的事情。⑦操作能力。它是人的智力转化为物质力量的保障,是专业工作者必须具备的一种实践能力。在现实生活中,尤其是在教学、科研、生产第一线,求职者实际操作能力的强弱,将直接影响到其作用的发挥。

教师应具备的职业能力不仅包括所有职业要求的基本能力,还包括教育类职业应具有的专业能力。具体包括以下几种。

1. 语言表达能力

在教学中,不管是阐明概念还是进行逻辑推理,都要求教师有清晰而生动的语言表达能力。语言表达能力是一名教师最重要的基本功,它包括口头语言和书面语言两个方面。在课堂上,教师要说一口流利的普通话。此外,教学语言的表达要简练、生动,符合语法规范,还要具有严密的科学性。还需要提及的是,教师要把对话看作是和学生的沟通,不搞单向传递的独白式教学,不扼杀学生提问题的热情,利用语言进行有效的师生交流,增进相互理解。而书面语言的表达要求教师能写一手漂亮的粉笔字和钢笔字,板书设计要做到标题醒目、条理清楚、字迹端正、布局合理、繁简适中。良好的语言表达能力在很大程度上可以帮助教师提高课堂教学的效果。

2. 教学能力

教学能力是指教师在备课、上课、课外辅导、批改作业和评定成绩等教育环节中必备的能力,是教师职业能力的重要组成部分。教学能力是教师运用专业知识和教学理论进行教学设计,使用教学媒体和教学软件,组织课内外教学活动和进行课外辅导所需的能力,其主要包括教学设计能力、现代教育技术应用能力、课堂教学能力及课外辅导能力。其中课堂教学能力是最重要的能力。

3. 科研能力

科研能力是教师在教育教学过程中，从事与教育教学有关的研究和创新的能力。教育研究是结合工作对象和工作实践展开的，科研能力应当具备以下几方面的素质：一是会选题，了解选题类型、方法以及如何制订研究计划；二是会用研究方法，如实验研究、调查研究等；三是会使用研究资料，进行描述统计、推论统计的整理和分析；四是会撰写研究报告，这就要了解研究报告的基本结构和撰写要求。

4. 教育管理能力

教育管理能力主要指一般的育人活动实施能力，包括对学生的思想品德、理想信念、人格、行为等方面教育与管理的能力。良好的教育管理能力是有效开展教育活动的保证，具体可分为整体教育能力、个体教育能力和家校协作能力。

5. 活动组织能力

课外活动是课堂教学的有益补充，对素质教育的开展具有非常现实的意义。课外活动的组织能力是指能够组织和指导与学校教育、课堂教学有联系的、对学生全面发展有积极作用的校内外各项活动的能力。它的基本内容主要包括活动主题的创设能力、活动方式的确定能力、活动方式的筹划能力和活动结束的总结能力。

二、专业能力

当前的教育改革形势对教师专业化发展提出了新的、更高的要求，教师只会传授知识和技能是不够的，必须不断提高自身适应专业化发展的水平和能力。教师专业发展的内涵有专业知识发展、专业技能发展和专业情意健全三方面的内容。其中专业知识，包括本体性知识、条件性知识、实践知识和文化知识。技能包括对学生的学习发展负责，对所教学科深刻理解并知道如何指导学生学习、探索这些知识，系统地思考教学过程并不断总结经验，了解学生的差异并充分发挥个人的特长和优势。情意包括对教育职业的理解、对职业道德和行为规范的认同，对工作群体的向心力与奉献精神等。具体来说应该从以下四方面着手。

1. 培养专业精神，更新教育观念

为了适应教师专业化发展的需要，适应当前素质教育和课程改革的需要，教师必须更新教育观念、加强教师职业道德修养。当前一些教师的教育观念陈旧与职业道德水平不高的原因，主要是缺乏专业精神，如对教育目标的片面理解所造成的不能正确对待学生的问题普遍存在，学生观念封闭落后，教育观念与教育行为脱节，对正确的教育观念认识肤浅等。

2. 要扩展自己的知识面

一个适应专业化发展的教师，应该有广博的知识，并能把这些知识内化为个人的文化素质。目前，教师对未来最主要的通用知识了解不多。如工具范畴、人格范畴、社会范畴和常识范畴的知识，我们不少教师非常缺乏，其知识的广度甚至还不如一些学生，这是一个不争的事实。大多数教师只掌握了所教学科的概念、原理等内容性知识，没有很好地掌握那些学科的实质性知识，像学科知识的内在联系、理论框架和概念体系等，没有很好地掌握那些学科的章法性知识，像学科研究方法和思维特点等，也没有很好地掌握那些学科信念和学科发展等方面的知识。

这种现状，要求我们的教师必须努力扩展自己的知识面，以适应教师专业化和当前教育形势发展的需要。

3. 要掌握信息技术

在知识经济社会中，教育的使命之一就是使每个人都有应对信息潮和知识流的能力。教师必须站在时代的前列，教会学生把信息作为产生知识的原料，经过一个去粗取精、去伪存真的加工过程，将之升华为新思维、新知识。因此，教师首先要具备信息素养。当前，教师应该具备的信息素养有 6 个方面：①高效获取信息的能力；②熟练、批判性地评价信息的能力；③有效地吸收、存储与快速提取信息的能力；④使用多媒体形式表达信息，进行交流，创造性地使用信息的能力；⑤利用信息实现自我更新的能力；⑥具备信息时代公民应有的道德、情感、法律意识和社会责任感。

4. 要提高教育实践的能力，培养创新意识与科研能力

教师走向成熟的标志是，不但具有较好的教育实践能力，还具有创新意识和科研能力。教师要具备自己的教学特色与教学风格。因此，教师个体要适应专业化发展的需要，不断地进行教育科研。

三、胜任能力

胜任能力是指在特定工作岗位、组织环境和文化氛围中圆满完成工作所需要具备的可以客观衡量的个体特征，及由此产生的可观察、可衡量、可预测的指向绩效的行为特征。这些特征包括知识、技能、自我形象、社会性动机、特质、思维模式、心理定式以及思考、感知和行动的方式。哈佛大学的 McClelland 教授在 1973 年指出，胜任能力包括知识、技能、社会角色、自我概念、个人特质与动机等几种胜任特征。他把胜任能力比作一座冰山：知识、技能属于冰山的上半部分，是容易为人们所看见的部分，可以把它们看成为外显能力部分；而社会角色、自我概念、个人特质与动机则位于冰山的底部，比较难以发觉和感知，但是冰山下面则更能表现出一名优秀教师的基本能力，这也是对教师胜任能力培养的另一个重要方面。

胜任能力与我们通常所说的"能力"有所区别，后者更多指知识和技能。比如"积极进取"，按照我们过去的理解可能认为它不应该属于能力之列，但按照胜任能力的定义，它却是核心要素之一。

胜任能力与岗位职责的关系：胜任能力与岗位职责具有密切的关系，岗位职责告诉我们"做什么"，胜任能力则告诉我们"怎么做"。岗位职责的不同决定了个体应具备的胜任能力的不同，这种不同可能是能力结构的不同，也可能是不同岗位对同一能力的要求不同。

对于教师胜任能力的界定主要是围绕教师职业特征，认为教师胜任能力是与教师职业绩效相关的个人特征，包括知识、技能、态度、价值观和其他人格特质等构成的胜任特征综合体。如教师胜任能力关系着教学的成功实施，是不同教学背景下教师需要具备的人格特征、知识、教学技能和教学态度的综合；是针对教师职业表现和岗位要求而形成的一组特征，也是教师职业区别于其他职业的一些必备的胜任特征。

某学校教务主任个人职业生涯规划

1. 基本资料

姓名：张文教；性别：男；血型：B 型；出生地：山东泰安；出生年月：1974 年 8 月；学历：本科。目前年龄：30 岁(2004 年)；死亡年龄预测：70 岁(2044 年)；尚余年限：40 年。

自我分析——优势：

(1) 有较扎实的教学和管理理论基础(但仍需不断吸收新概念、新知识)；

(2) 有 3 年学校教务管理经验和 6 年的教学经验(但仍需充实这方面的经历和经验)；

(3) 善于沟通，善于与人相处，适应能力强；

(4) 分析问题时头脑冷静，善于发现和解决问题。

弱势：有时缺乏冲动，做具体工作动作较慢。

机会与威胁：目前所处学校属于稳定期，调薪较慢，升迁机会较少。应抓紧时间多学习，打下基础，为下一步突破养精蓄锐。

2. 规划目标

总体目标：成为学校校长。

阶段目标：30～33 岁，仍在本校任职，争取调换职位，一边熟悉政教、后勤等部门的运作，一边自学教育硕士主干课程。33～35 岁，应聘本校或兄弟学校副校长等相关职务，一边熟悉学校的全面管理工作，一边自学领导学、管理学方面的课程。35～39 岁，应聘校长职位。之后，一边从事管理工作，一边不断学习和实践，逐步成为一名省级和国家级优秀校长。

家庭目标：目前已婚。31 岁以 10 年期贷款购买住房，32 岁时要孩子。

健康目标：人身保险至少 30 万元，注意身体健康，不要成为家庭与事业的负担。

收入目标：2004—2007 年，年薪 3 万～5 万元；2007—2010 年，年薪 4 万～6 万元；2010 年，年薪 6 万元，之后每年增长 5%～10%。如果可能，自行创办私立学校(非绝对必需之目标)。

学习目标：2004—2007 年，自学完教育学硕士主干课程；2007—2010 年，自学完领导学和管理学课程；2007 年以后每月至少看 1 本管理方面的图书，并将学到的知识用于管理工作之中。

3. 2004—2010 年的生涯规划

一名成功人士，必须具备下列条件，而这是五年内必须养成的：① 拥有更详细、更具有时效性的学校全面管理的专业知识；② 对重要事件的细节保持敏锐度；③ 对问题有刨根问底的追溯精神，有全面分析、判断问题与解决问题的能力；④ 抓住机会，勇于行动；⑤ 保持对新事物的敏感、创新和创意力。

理念：① 机会是靠自己的努力和时刻准备着的意念创造出来的；② 人生只有两种痛苦，一种是努力时的痛苦，一种是后悔时的痛苦；③ 有志者，事竟成。

行动目标——6 年内应全力完成的目标如下：① 在任职学校中完全胜任其职位工作，并争取换岗，熟悉各部门的运作规律；② 在学校运作、实践、学习和掌握所有学校管理知识和实操能力；③ 自学完教育学硕士主干课程；④ 每年至少参加 100 小时以上的相关管理培训课程；⑤ 每月至少读 1 本相关专业的图书；⑥ 每周体育锻炼 3 小时；⑦ 在 2007 年年底之前成功应聘学校副校长职位。

4. 年度规划(2004年的生涯规划)

① 对自己的追求不满足和追求卓越的能力；② 学校教务管理与操控能力；③ 培养自己的行动能力。

理念：只要一想到，马上去做到。

行为目标——今年内应全力完成的目标如下：① 上半年将所从事的教务工作理顺，培养出接班人；下半年争取转岗去政教部任主任。② 积极参与并配合全校教研组长、备课组长工作，由此对教务工作有更深的认识。③ 自学完5门教育学硕士主干课程，参加至少100小时的业务培训。

点评：张老师的职业生涯规划书侧重于目标的设定和分解。在目标的设定方面，张老师详细设定了自己的总体发展目标、阶段目标；此外还设定了家庭目标、健康目标、收入目标和学习目标。在行动规划方面，设定了六年规划，也有年度规划，且设定有理念，也有具体的行动，是值得读者借鉴的。但是俗话说，知己知彼，才能百战不殆，任何一份全面的生涯规划书都必须包含对自己的透彻分析和对周围环境的了解，在该案例中这一点是比较欠缺的。

(资料来源：李海芬. 教师职业生涯规划与设计[M]. 重庆：重庆大学出版社，2014：144.)

体验练习

我的职业生涯规划书

姓名		性别		年龄		政治面貌	
学历		学科		职称			
个人简历	生活经历		回顾从出生到现在的生活经历，总结自己最满意的4~5件事(社会责任、家庭责任、工作业绩、职务晋升、学业进步等)				
	工作经历		回顾工作经历(岗位变化、评先评优等)，总结最辉煌或最满意的4~5件事(工作业绩、职务晋升、学业进步等)				
	培训经历		回顾自己工作以来参加的各种培训教育情况，总结对自己影响最大的2~3次教育培训				
认识自我	我眼中的自己		充分认识自己的发展情况，概括一下自身的优势与劣势				
	别人眼中的我		充分了解他人对自己的评价，认清自己在团队中的位置				
建立愿景	个人愿景						
	愿景内涵						
忠诚于愿景	态度		无论有多大困难，我都忠诚于自己的愿景				
	行为		1. 事业上如何忠诚于愿景？2. 生活上如何忠诚于愿景				

第三部分
不同生涯周期教师的职业规划与发展

第七章 新手型教师的适应与成长

新手型教师,一般是指参加教学工作5年之内的新教师。他们在职业初期,主要是要站稳讲台,稳步推进科研,与学生建立起良好的关系,与同事形成稳定的关系,并适应学校环境。初出茅庐的他们,既有优势,也会显得青涩与不成熟。

第一节 我为什么选择做老师

根据麦可思研究院发布的《2021年中国本科生就业报告》(就业蓝皮书)数据显示,2021届本科生毕业半年后,有8.9%的毕业生选择中小学教师岗位,并且主要在公办中小学任教。而这一比例在2010年只有不到4.9%。也就是说,教师岗位越来越受毕业生的欢迎。

对个体而言,为什么毕业生要当一名教师?根据一个对2019年入职的新手教师的访谈可以看出,这些学术型硕士毕业生之所以选择教师职业,图的是"有钱、有闲、有尊严",具体而言,生活方式和社会声望是更为重要的考量指标。在生活方式方面,新教师们更注重生活的舒适、悠闲,即便大多数受访新教师都坦言工作量较大,尚未实现想象中的生活。但寒暑假和偶尔的特属本校的假期仍让这些职场新人体验到了教师职业的"隐性福利",并更加憧憬职业初期之后的生活。另一方面,尽管每个人对教师职业声望的感知有所不同,但大部分受访者认为,教师职业的声望仍在可接受程度。这些新教师在选择教师职业之前便已有相关的学校实习经历,这对教师职业的社会地位、教师职业内部的阶序分层也多有了解。[①]

从以下这份教师自述中,也能看到这名教师对工作稳定的追求、对教师职业的热爱。

案例

我为什么选择当一名教师

在编教师的工作稳定,这是很多人挤破头想进入在编教师队伍的一个很大原因。我们的工作是非常稳定的,每天就是上课、备课、参加活动、开会、培训等,每天都不会有太大的变化,

---

① 董轩. 新教师的职业选择与阶层意识[J]. 教育发展研究,2021,41(20):22-30.

而且在这份工作当中只要不违反师德，不违反法律和教学的规定，就不会失业，并且每个月的工资都是按时发放的，不过工资不高，如果想通过教师这个岗位发家致富，那是完全不可能的。在编教师不允许去校外进行额外的补课或从事第二产业等，如果被发现，那就是非常严重的事情了。我还坚守在教师岗位上，工作稳定、变化不大，是非常大的一个原因。

1. 性格使然

我的性格就是非常安于现状，我不是一个喜欢竞争和比较的人，很多的在编教师在工作几年之后会选择跳槽从事其他的行业，或者去考公务员等，我是不愿意有太大的变化的。从小到大，我对于自己一直都是求稳，稳定是我的第一需要，我如果从事了这件事情，就不希望有一些外来的突发原因来打扰我。频繁跳槽和更换工作绝对不是我能做出来的事情，既然我之前费了很大的劲，通过不断的学习才考上教师的编制，所以没有突发的情况，我会一直从事这份工作。我已经适应了这样的工作强度和进程，也已经适应了如何和学生、家长、同事以及上级打交道，如果让我换一份工作重新开始，我这个年龄和精力也许是吃不消的。

2. 经历影响

在很小的时候，我就对教师这个岗位有崇高的敬意，我认为能够当老师的人都是非常优秀的，所有的问题老师都可以给你一个妥善的回答，而且老师可以和家长进行比较好的沟通。老师就是我们学生的一个榜样，所以在小的时候我心里就有一个认知，老师是万能的，能够当老师的人都是非常厉害的。渐渐地，我就把教师当作我的一个人生目标，经过不断的努力，现在我成功地实现了这个目标。我的经历影响，除了这一点之外，更多的是我在之前当学生的经历过程当中，我看到一些老师违反了师德，喜欢将自己的一些负面的情绪向学生发泄，喜欢恶意地惩罚或体罚学生。

我现在担任一名小学教师，在我的教学过程当中，我杜绝自己体罚或恶意惩罚学生，并且我也会劝阻一些家长或其他科目的教师做出这种事情，在我力所能及的范围内，我不希望我的学生受到这种恶意的惩罚。如果不发生特殊情况，我认为我会一直从事这份职业，虽然各种压力或矛盾不断地消磨我的热情，但是目前还没有特别大的理由来使我放弃它。

(资料来源：根据网络资料整理)

第二节　新手型教师的特点

一、教学策略

教学策略是个教育心理学术语，指的是在特定教学情境中为完成教学目标和适应学生认知需要而制订的教学程序计划和采取的教学实施措施。[①] 拉尔夫·泰勒(Ralph W. Tyler)认为，教学是一个"目标选定—课程讲授—课程组织—课程评价"的过程，所以教学策略具体表现为如何备课、如何在限定时间内完成授课、如何维持课堂秩序、课后如何反思评价等。

(一) 目标选定：课前备课

新手型教师一般都会花大量时间在课前备课上，他们一般对课前教学策略都非常重视。新

---

① 车文博. 当代西方心理学新词典[M]. 长春：吉林人民出版社，2001：10.

手型教师刚参加工作,没有任何"实战"经验,备课时能联想的经验多半是自己当年的学生经验或者是时间不算长的教育实习经验。所以,对不熟悉课程、教材、教学的他们来说,充足的准备就显得尤为重要,他们除了要吸收教材知识之外,还要考虑如何以通俗易懂的、学生理解的方式进行授课,甚至有时候还要写讲课稿。但是,新手型教师的课程计划在复杂性和内部关联性上都显得不足。因为缺乏一般教学方面的经验,他们要花更多的时间来维持课堂秩序、保持课堂纪律和抓住学生的注意力等。如果没有事先准备,新手型教师很难在现场及时想出一些例子和解释。由于新手型教师的课程计划不能很好地预见学生可能产生的误解,他们也很难将学生的问题和课程目标联系起来。

(二) 课堂讲授:课中教学

对新手型教师来说,课堂是他们小试牛刀的主战场,是他们大显身手的表现地,也是他们"是骡子是马"的检验区。在教学中,新手型教师通常会把控不好时间,出现内容已讲完但还没到下课时间的情况,但对"空白"时间又不知道如何应对,显得束手无策。同时,新手型教师还会面临说话不连贯的情况,说了上句没下句,有时甚至要准备讲课稿。另外,新手型教师对已经准备好的知识点讲授可以滔滔不绝,但是在课堂中一旦出现学生提问或者需要发散的知识点,他们往往会显得无所适从,不知道该如何表达自己的观点或书本上已有的知识。

(三) 课堂组织:学生管理

新手型教师普遍希望课堂能够顺利进行下去,不会因为突发状况而影响了教学进度。但希望和现实总归是有差距的,新手型教师往往对课堂上的复杂情况估计不足,有可能因为一些突发问题,比如课堂纪律问题而打乱原有的计划,或者是过于死板地执行已经定下的课堂计划,而忽视了针对课堂即时状况的调整。由于失去了互动性,新手型教师往往抓不住学生的注意力。另外,在呈现课堂内容的时候,专家型教师更富有艺术性,而新手型教师则显得笨拙而直接,缺乏悬念,难以吸引学生。

(四) 课后评价:教师反思

课后评价对所有教师来说,都是很重要的内容,有时可能会被教师所忽略。尤其是对新手型教师来说,一堂课的结束绝不意味着课程的结束,而是要对上课整体情况、学生听课情况、教师授课情况等进行反思与评价。具体而言,新手型教师较多地关注课堂中发生的细节。他们多谈及自己是否解释清楚,如板书情况、对学生问题的反应能力和学生在课堂中的参与状况等。

二、工作动机

工作动机是一种心理状态,指的是一系列激发与工作绩效相关的行为,并决定这些行为的形式、方向、强度和持续时间的内部与外部力量。[①] 新手型教师通常以"镜中我"的他人评价来看待自己,并且经济压力也较大,所以新手型教师的工作动机在成就目标上是更关心职称晋升,更关心的是能否向他人证明自己的能力,解决生存问题是其关注的焦点。

---

① Steers, R. M., & Porter, L. W. Motivation and Work Behavior[M]. New York: McGraw-Hill, 1991.

通常来讲，新手型教师会对新工作环境具有新鲜感和好奇心，所以会有更强烈的工作动机。一方面，他们对教师职业充满幸福感和憧憬，更有激情。有问卷调查结果显示，在 92 名被调查者中，有 67 人(占 73%)认为自己在刚参加工作时对工作充满热情、朝气蓬勃。另一方面，他们是刚从学生身份转过来的，普遍对未来的师生关系抱有良好期待，大多数新教师表示会尊重学生，把学生当朋友，和学生打成一片。问卷调查结果显示，有近 70%的新手型教师将学生的认可和欢迎作为自己工作最主要的动力来源。[①]

三、人格特征

人格(personality)是指个体在对人、对事、对己等方面的社会适应中行为上的内部倾向性和心理特征。人格表现为能力、气质、性格、需要、动机、兴趣、理想、价值观和体质等方面的整合，是具有动力一致性和连续性的自我，是个体在社会化过程中形成的独特的心身组织。整体性、稳定性、独特性和社会性是人格的基本特征。个体人格特征与教师教学风格密切相关。[②] 在性格方面，有的人积极、主动、肯干；有的人消极、怠慢。有的人对工作认真负责，一丝不苟；有的人则马虎大意，敷衍塞责。惠特曼曾经说，"在教育工作中，一切都应以教师的人格为依据。因为教育力量只能从人格的活的源泉中产生出来，任何规章制度，任何人为的因素，无论设想得如何巧妙，都不能代替教育事业中教师人格的作用。"在教学风格上，我们经常会说，某教师上课风趣幽默，激情四射，整个课堂气氛活泼、融洽；而有些教师则严肃认真，讲究条理，使学生在安静有序的环境中汲取知识。教师教学的不同风格从某种程度上来说是教师人格的缩影。

第三节　新手型教师的角色适应

一、教师角色

(一) 角色的概念

角色是指处于一定地位的个体，依据社会对他提出的要求，借助自己的主观能力适应社会环境所表现出的行为模式。对角色有三种理解：第一，角色是一种社会地位，角色反映了个体在群体生活和社会关系体系中所处的地位；第二，角色是一种社会期望，角色按照社会所规定的行为规范、责任和义务去行动，以符合社会期望和要求；第三，角色是一种行为模式，一旦社会行动符合角色预期，就会呈现稳定、同质的行为模式。

(二) 对教师角色的理解

教师处在社会体系中某一特定位置，具有一定的权利和义务，相应地承担着自己的角色。教师角色就是教师符合社会期望，实现其身份的权利和义务的特殊行为模式。对教师角色的理

[①] 连榕. 教师职业生涯发展[M]. 北京：中国轻工业出版社，2008：136-137.
[②] 时蓉华. 社会心理学词典[M]. 成都：四川人民出版社，1988：11.

解有诸多方面，主要包括形成性教师角色理解、关系性教师角色理解、教育性教师角色理解、文化回应性教师角色理解。[①]

1. 形成性教师角色理解

"形成性"指的是这种理解方式是一种动态、过程性的，教师要关心学生的心理情感状态的变化过程、人格成长过程，并在与学生生命的交融中不断形成教师角色理解。从认识论的角度来看，关注学生情感体验是教师角色理解的前提。这就要求教师一方面要理解自己的成长历程、价值选择、人格模式和对生活、生命独特的情感解读。另一方面，教师要成为学生情感体验的形成性理解者，不仅通过学生的学业学习，尤其是对学生的情感、价值取向、人生态度等内容进行理解，并形成对学生全面的、亲密的形成性的理解。"全面"指的是对学生生活的更深层的和充满意义的各方面的意识；"亲密"指的是和学生保持一种十分亲近的距离。这样教师才能对这个具体的、年轻人的特别之处激发出一种个人的责任感，同时又要与学生保持足够的距离，以了解什么才是对学生最好的。

2. 关系性教师角色理解

关系性教师角色理解包括两方面内容：一方面，在不同社会情境中，教师能够理解自身是多元角色的存在者，并不断适应多元角色转换，进而建构自身的关系性理解；另一方面，教师在面对不同的学生时，结合不同的情境与学生进行多维对话互动，不断建构关系性教师角色理解。同时，这两个方面也是相互递进、相互支持的关系，教师在不同情境面对不同学生时形成关系性的教师角色理解，还要对学生进行人格、学业等引导，促进学生的全面发展。

3. 教育性教师角色理解

从教育学视角中尝试建构以直接促进学生发展为目标的教育性教师角色理解，是回应教师自身立身之本的追问与思考。首先，教师应以自身的教育实践为思考对象，对自己的教育理念、教育行为以及教育结果进行反思与理解，这是教师自我发展的重要手段与必经阶段。其次，教师还应基于真实情境理解学生的成长和发展，从学生对学习目标、课程的理解、学习方式、学习内容到对学生学习结果的评价都是教师理解的重要方面。更为重要的是将教学的实践指向学生的"发展过程"，聚焦学生自主发展的培育。最后，教师应将理解的重心放在对于自己角色理解和对学生理解的碰撞和摩擦中，不仅关注单个个体的角色建构，而且关注学生共同体之间的角色建构，从而形成教育性的教师角色理解。

4. 文化回应性教师角色理解

文化回应性教师角色理解包括以下几点：第一，教师应在多元文化境脉中理解多元文化的冲突，以和谐共生的观念去迎接和面对多样的文化现象，尝试理解和把握各种文化的内在意蕴和必然规律；第二，教师应明晰自己的文化回应性主体身份，在教育教学的过程中，不仅是主动的学习者、知识的传输者，而且要运用文化比较、文化共情与移情的方式，成为理论的实践者和反思者；第三，教师应包容地接纳和理解不同文化背景的学生，在关注学生知识学习的同时，更要思考文化对教与学的影响，培养学生的文化自尊、自信与爱心，营造理解融合、共生发展的文化共同体，用多元文化的教学理念回应自己的教学和学生的学习。

[①] 王明娣，陈可迪. 教师角色的"深度理解"：结构、过程与路径[J]. 当代教育与文化，2022，3：77-83.

(三) 教师角色转变

随着社会的发展，教师角色在不同时期有着不同的侧重点，即教师角色存在转变的可能。现如今，政策、社会、学校等对教师角色有新的要求，在面对学生时，由知识的传授者变成学生主动全面发展的促进者；在面对课程时，由课程的被动执行者变成课程的研究开发者；在面对同事及家长时，由孤军奋战变为教育协作者。[①]

1. 由知识的传授者变成学生主动全面发展的促进者

传统教学中，教师的职责就是将知识"喂"给学生。教师是课程知识的"传递者"、学生学习课程知识情况的组织者、学生掌握知识的评价者，是学生集体的领导者、纪律的监督者。这样，教师往往处于至高无上的地位，具有至上的权威，造成师生以知识为中心的授受关系、主从关系和不平等的权威和依赖关系。"师者，所以传道授业解惑也""要给学生一碗水，教师自己要有一桶水"等说法暗含着"强制""统一""塑造""灌输"，可以看出对教师的权威和教师劳动的传递性的强调。

仅仅靠传授知识是不能满足社会发展的要求的，原因有两点。一方面，学习不是教师把知识简单地传授给学生，而是由学生自己主动建构知识的过程。首先，知识是无限增长的，穷尽知识是不可能的。其次，随着互联网及其他媒体技术的发展与普及，学生可以通过各种渠道获得知识，教师不再是学生唯一的知识源。最后，人作为认识的主体不是原封不动地反映世界，个体在认识过程中总是以其特有的经验和方式对现实进行选择、修正，并赋予现实以独特的意义。另一方面，个体的发展是包括智力发展在内的身心全面发展，是一个发展认识、培养情感、习得行为的过程，是一个在社会化过程中发展个性的过程，仅靠吸收知识是不能得到全面发展的，甚至不能保证智力的发展。

"一切为了每一位学生的发展"是当今教育改革的最高宗旨和核心理念，它要求教师树立正确的学生观，建立以学生为本的教育观念。以学生为本，就要树立基础教育为学生的全面发展服务的观念；以学生为本，在学校教育中就要突出认识和关注学生的主动性，有了主动性才能具有自主性，有了自主性才能形成创造性；以学生为本，就要充分尊重学生的个性，满足学生不同的发展需要。

现如今，从知识的传授这个角度来看，教师应该把学生看作知识的积极建构者，拥有无穷的创造潜力，拥有获取知识的天然欲望，有着自身的力量和不同的兴趣，需要建构知识，寻求意义。在这种观念的引导下，教师的教学行为将发生几大变化。首先，由重教轻学向重学轻教转变。当今教育改革提倡教是为了学生的学。现代社会发展速度日益变快，个人必须终身学习才能赶上时代发展的脚步，只有拥有学习能力，才能真正自主地踏上学习和创造的征途，实现可持续发展。因此，教师不可能也没必要把浩如烟海且很快过时的知识尽可能多地教给学生，帮助学生掌握学习的方法，让学生获得终身学习的能力才是教师聪明的选择。其次，由重结果向重过程转变。教师应把教学重点放在教学过程上，放在揭示知识形成的规律上，让学生通过感知—概括—应用的学习过程去发现真理、掌握规律、应用原理。教师可以帮助学生制定适当的学习目标并确认和协调达到目标的最佳途径；指导学生形成良好的学习习惯，掌握学习策略和发展元认知能力；创设丰富的教学情境，激发学生的学习动机，培养学生的学习兴趣，充分

[①] 方中雄，刘维良. 教师职业生涯发展与心理健康[M]. 北京：首都师范大学出版社，2006：175-180.

调动学生的学习积极性；建立一个接纳的支持性的宽容的课堂气氛，为学生提供各种便利。再次，由居高临下向平等融洽转变。教育过程也是一种交往过程，教学过程是师生交往、共同发展的互动过程。教学即交往，没有交往就没有教学，对教学而言交往意味着人人参与，意味着平等对话，意味着相互建构。它不仅是一种教学活动方式，更是充盈于师生之间的一种教育情景和精神氛围。教师和学生两者在人格上完全平等，师生关系是一种理解的、双向的人与人的关系。作为学习的参与者，教师应与学生分享自己的感情和想法，和学生一道寻找真理，并且能够承认自己的过失和错误。最后，由统一规格向差异性教育转变。不同的学生有不同的知识结构储备、不同的认知学习风格，这就要求教师因材施教，帮助学生找到最适合自己的学习方法，帮助学生找到最佳的发展途径。

教师不仅要传授学生知识并教会学生学习的方法，而且要对学生进行情感教育、价值观教育，培养学生的健全人格。教师要教学生明辨是非，培养学生与人交往的能力，教会学生自己做决定并为自己的决定负责，树立学生的社会责任感。教师要为教学创设良好的心理背景、心理氛围，使学生能够在自我激励、自我约束的环境下充分地表现自我，最大限度地发挥潜能。教师要为学生提供理解和宽容的气氛，维护其自尊心，减轻学生对学习和考试的过度焦虑和紧张，帮助学生获得心理的需要，给学生以情感和心理方面的支持等。

现今的教育提倡学生的个性发展，承认学生是发展的、有潜力的、有差异的人，是活泼的、具有独立个性的人。传统课程体系强调整齐划一、规模效应，忽视学生的个性发展，忽视学生发展的具体性、差异性。教师必须改变传统观念，认识到每个学生都有不同的背景、不同的特点以及不同的发展方向，教育不是抹杀学生的个性，而是要尊重学生的独特性，充分发展其个性。

2. 由课程的被动执行者变成课程的研究开发者

长期以来，我国课程开发采用由上到下的模式，课程开发的主体是课程专家和学科专家，教材也由国家统一编订。一方面，教师在课程开发上没有发言权，在课程设置、教材选择上也很少有自主权，教师只是课程的解释者和实施者，并且显得很被动，上面要求教什么，自己就教什么，甚至有的学校的教师是上面考什么，自己就教什么。另一方面，由于长期不参与课程开发并被动地实施课程，教师缺乏必要的课程意识和课程开发的技能，也很难正确理解和把握课程改革的指导思想和旨意，结果反过来又影响了课程的有效实施，造成了课程改革的恶性循环。

新一轮的课程改革，使课程由封闭走向开放、由专家研制走向教师开发、由纯学科内容走向学生体验，课程已不只是"文本课程"，更是"体验课程"，教师也不是外在于课程，而是课程的有机构成部分。三级课程的实施意味着原来属于国家开发的权力部分地下放给学校和教师，从而使课程开发不再是学科专家和课程专家的专利，教师也成为课程开发的主体。新课程的非同寻常之处就在于充分调动教师作为课程主体的积极性而予以全方位和主动的介入，其中包括对课程的研究、开发、设计和实施等一系列创新活动，凸显"教师即课程"这一新的课程理念。

(1) 教师即课程，要求教师能将自己对特定学生和具体课程内容的独到见解鲜活地融入课程中去，形成自己个性化的东西。

(2) 教师即课程，教师必须进行终身学习。科学技术是不断发展改进的，人们的生活方式、生活状态也是不断转变的。教师只有不断地学习新知识，才能跟上时代的步伐，保持知识的鲜活度，才能使自己的课堂富有时代气息，贴近生活实际。

(3) 教师即课程，教师必须进行教学研究。由于教育教学问题具有极大的情景性和实践性，只有教师自己最了解自己的工作，所以教师只有进行教学研究，在日常教学中发现问题、解决问题，才能在总结经验的基础上不断地改进教学。

(4) 教师即课程，教师必须维护自己的身心健康。教师对教什么、怎么教具有很大的自主权，这就要求教师有一种开放的心态、健康的心理，选择有利于学生身心全面发展的东西，用学生易于接受的方式教给学生。在教学过程中，教师得不断地面对学生的质疑和挑战，因此也需要一种包容的心态。在教学过程中，教师会遇到一系列的问题和挫折，教师必须会调整自己的心态，控制自己的情绪。

3. 由孤军奋战变为教育协作者

由于课程分化的传统，教师往往以"独行者"的角色出现，教师之间互不合作，彼此孤立，教师与教学管理人员是一种管理与被管理的关系，教师与家长是对立的，家长认为把孩子交给了学校，教师就要对学生全权负责，而教师则会在学生出问题时找家长。

教师如果能够有效地协调各种因素，综合利用各种资源，其工作将更加顺畅，成功的机会将会更大。教师基于共同关心的问题进行合作性研究，不仅有利于学生的健康成长，而且可以推动学校的变革。

现今课程的综合化特征，需要教师与更多的人，在更大的空间，用平等的方式从事工作，教师间将更加紧密地合作。尤其在课程实施中，教师的劳动将越来越倾向于集体合作，只有当教师群体具有协作精神，教师团体才能取得共同的发展。新教材内容的开发和使用也要求教师之间学会合作，以便各科教师形成教育合力，充分挖掘课程资源。

如今的教育倡导一种课程共建文化，需要教师重新认识自己的角色。教师再也不是课程专家编写的教科书的忠实执行者，而是与专家、学生及家长、社会人士等共同建构课程的协作者。另外，由于新旧教育观念存在着矛盾，或者由于缺乏足够的信息，家长对课程可能不了解。这时，教师应注意与家长密切合作，向他们解释新的教育教学观念以及自己的改革意图，和他们共商教育问题。教师也要勇于向教育管理者阐明自己的教育理念、工作计划，与领导协商改革方案。因此，在新的课程条件下，教师应学会合作，成为同事、学生、家长、专家、教育管理者的协作者。

二、教师的角色适应

新教师刚刚完成身份转变不久，从学生身份转变为教师身份，在对新工作充满新鲜感和好奇心的同时，也会产生角色适应问题，即教师必须调整自己以适应变动的社会以及新身份，并更清晰地认识自我，这就是角色适应。教师角色适应是他们从事教育教学活动的心理前提，因此，教师要依据社会的期望与职业活动的要求及特定的教育情境，随时调整自己的心理与行为，以适应教师这个角色。

(一) 教师角色适应问题

新教师的角色适应问题包括以下三方面的内容[①]。

1. 角色期待估量不足

面对角色的变化及全新的教学环境，初任教师将遭遇被学界称为在"现实的冲击"下的"骤变与适应"，对角色期待的估量不足将束缚初任教师，使其难以直面"骤变与适应"问题。一般而言，初任教师的工作动机在成就目标上是以成绩目标为主的，即初任教师更为关注外界对其教学状况的评价，关心能否向他人证明自己的能力，解决生存问题是其关注的焦点。换言之，初任教师对自我的角色定位在相当程度上依据外在的评价标准，没有建立在对自我有良好认知的基础上。对于拥有强烈自信心的初任教师，由于对自己充满自信，因而会形成高于正常水平的角色期待；反之，缺乏自信的初任教师则会形成低于正常水平的角色期待。过高或过低的角色期待都不利于教师的角色适应：过高角色期待的初任教师会因为接二连三的问题产生挫败感；过低角色期待的初任教师即使获得成功也会归因于运气。久而久之，初任教师就会变得消极、退缩和失望，并怀疑自己的教师职业选择，无法完成角色适应。

2. 角色参照缺乏理性

初任教师对自我职业生涯一般都怀有憧憬与愿景。但初任教师想要一鸣惊人的念头又受限于实践经验的缺乏；为了尽快地融入教师角色以展现自我，初任教师往往会把经验型教师当作自己的角色参照。经验型教师作为角色模仿的对象的确能让初任教师避开许多弯路，但是经验型教师也有其内在局限性，这类教师容易禁锢于经验而无法创新。如果初任教师不假思索地将经验型教师处理问题的方式照搬到自己班级中，效果会适得其反。因为，教学实践中的经验属于缄默知识，是经验型教师根据实际情况统筹安排后采用的，不具备复制性。初任教师刻意地照搬他人的经验，不仅不能帮助他们化解矛盾，突破障碍，反而会在日后极大地限制他们的专业发展。

3. 角色转换产生混淆

教师角色是一个复杂的角色群集，至少包含以下三个方面的角色通道：教师与学生、教师与同事、教师与学生家长。在与学生交往时，教师是班级的管理者、学生学习的组织者与指导者、教学活动的设计者等；在与同事交往时，教师是朋友、下属、徒弟等；在与学生家长交往时，教师是学生学习状况的知情者。在同一时间内，教师需要扮演多重角色，而每一种角色都有其特定的责任与义务。这意味着初任教师必须重新构建自己的角色体系。一系列的角色转换最初会让初任教师无所适从，极容易产生角色混淆。例如，初任教师面对经验型教师，一方面是同伴关系，另一方面又是师徒关系。把握角色转换的度，是初任教师亟待解决的问题。

(二) 教师角色适应的内容

教师对角色的心理适应分为以下三个层面。[②]

[①] 于梅芳，韦雪艳. 同伴互助与初任教师的角色适应——以"合法的边缘性参与"为视角[J]. 教育探索，2017，2: 109-112.

[②] 方中雄，刘维良. 教师职业生涯发展与心理健康[M]. 北京：首都师范大学出版社，2006：185-186.

1. 角色形象适应

这是对教师外部形象的要求，包括社会对教师的期待与学生对教师的期待。一名教师要成功地适应职业活动，首先要适应社会对教师的普遍看法，甚至是某些刻板的印象，在外部形象上适应教师角色，否则就会受到非议。学生所喜欢的教师，正是他们所期望的教师品质，因此教师必须尽量适应学生的期待，努力实现学生心目中理想的教师形象。

2. 角色职责适应

教师的社会职业角色就是教育者，这是教师必须明确的。同时，教师还担任与教育活动有关的其他角色，这些角色相互联系，并且相互重叠，有些角色相互补充，而有些角色又相互矛盾。因此，教师必须在执行教育赋予自身的职责的基础上，恰当考虑、正确处理好自身的多种教育角色，从全局和整体上适应教书育人的职业责任。

3. 角色的自我人格适应

这是对教师人格的要求。教师在获得相应的角色经验、角色技能的同时，从形象与职责上进行角色适应之后，还应从自身的人格方面进行塑造与锻炼，达到教师角色的最高境界。

(三) 教师如何进行角色适应

新教师要顺利度过从教头几年的青涩时期，适应新角色带来的变化与条件，需要学校与教师个人的努力。

1. 学校层面的教师角色适应[①]

(1) 学校可通过开展校本课程促进新教师的角色学习和选择。

校本课程是学校目标和当前状况的真实反映。校本课程可以促进新教师的角色学习和选择，主要体现在以下几个方面。第一，为新教师提供学习教师角色的条件。学校在校本课程中为新教师提供丰富的教育实践的机会，让他们在其中扮演、学习不同的教师角色，从而促进新教师角色适应。第二，帮助新教师了解学校的目标和当前状况。新教师通过参与校本课程，了解和思考学校目标和当前实践中面临的问题、在学校当前的状况下可以通过哪些途径来解决问题等，然后在这个基础上认识到学校对教师角色的需要，并逐渐形成个人对教师角色的理解。第三，帮助新教师了解学校对教师的要求。新教师在参与校本课程的过程中，可以逐渐了解和履行学校对教师的要求。第四，帮助新教师检验角色选择。校本课程的实施过程也即新教师对复杂的教师角色进行学习和扮演的过程。

(2) 学校应加强教育研讨以促进新教师的角色适应。

教育研讨可以在两个方面有力地促进新教师角色适应。第一，研讨能帮助新教师学习教师角色的实践形态。新教师在研讨过程中，可以加深对教育活动的理解，接触到各种各样的教育思想，还能从研讨中学习到其他教师的教育教学智慧和技能。这样有助于新教师从理论的高度形成自己对教师角色的理解。第二，教育研讨能帮助新教师建立与教师角色相符的学习模式。一方面，教育研讨能有效帮助新教师明确作为教师的学习任务和学习性质；另一方面，教育研讨能有效帮助新教师建立适合教师学习、有别于学生学习的新的学习方式。

---

① 林海亮，吴忠才，李雪. 新教师角色适应的问题及对策[J]. 教育理论与实践，2009，29(35)：36-37.

(3) 学校应加强新教师的在职培训。

我国现行的新教师在职培训模式很多，典型的模式有三种：一是新教师带引式，即由学校挑选有经验的老教师对新教师进行入职后的辅导，帮助新教师掌握课程与教学的技能和技巧，支持新教师的专业成长；二是集中培训式，即对新教师进行集中培训，培训的内容主要包括教师应具备的思想教育方面的素质和具体的教学技能；三是教师研修式，即以研究问题的方式实施进修。这些在职培训模式的共同特点是，培训内容基本上都集中在教育思想和教育技能上。这些培训当然是必要的，但是也还不够。因为教育思想和教育技能仅仅是其中的两个方面而已，新教师只有适应了教师角色，才能发挥教育思想和教育技能的作用，达到预期的教育效果。所以，学校在新教师在职培训中，应该给予新教师的角色适应更多、更直接的引导。

2. 教师个人层面的角色适应

(1) 新教师可以借助充分的教育准备活动来适应教师角色[①]。

新教师在教育活动开展之前，应该把所有的准备工作都做好。对于新教师而言，所谓准备好，包括以下两个方面。一是过程准备，就是把教育内容、教育方式和教育流程设计好，把教育对象了解清楚，教育过程中可能会出现的问题以及应对这些问题可能会用到的各种方法都在大脑中推演一遍。二是心理准备。新教师在教育活动开展之前，应该把整个教育过程中教师的教态、语言等也推演一遍，真正做到"有备而战"。这样，不仅基本上能保证教育过程顺利展开，还可以使教师角色意识深刻渗入脑中。

(2) 新教师可以借助专业成长计划来适应教师角色[②]。

教师专业成长计划是新教师成为一个成熟教师的预想，它包括了新教师对教师角色的理解、对教育能力和智慧的把握以及履行教师角色的行动设想。所以，教师专业成长计划的制订过程，就是新教师把自己对教师角色理解形成文字、形成个人教育观的过程；新教师把专业成长计划付诸实践的过程，就是新教师时刻以成熟教师的要求来要求自己的过程，实际上也就是新教师主动强化自己的教师角色的过程。所以，制订专业成长计划是新教师自我促进角色适应的非常重要的途径之一。

(3) 新教师可以通过角色训练适应教师角色[③]。

角色训练是角色适应的一种有效方法。角色训练是指按照角色期望，设立模拟情景进行训练的过程。角色训练就是要培养一系列特定的个人行为能力。训练能否成功，取决于训练者对角色期望的把握程度和训练者本人的社会化发展水平。教师角色训练的主要目的是矫正不符合教师角色期望与要求的心理与行为，加强符合教师角色期望与要求的心理与行为。例如，对一名教学时间不太长的年轻教师，通过角色心理训练使其不稳定、偏心、与师生接触不自然等心理行为得到矫正。而对一名文艺活动型教师来讲，通过多种身份的角色扮演，使其多才多艺、活泼外向的特点得到发展。教师角色训练应注意的问题有：教师的角色训练应以真实、实效为主，不能流于形式，要具体问题具体分析；角色训练要有明确的目的性，也要有训练结果的检验及过程的反馈；角色训练时要避免新的角色混淆，尽可能使角色行为与自己的个性特点大致接近。

---

① 林海亮，吴忠才，李雪. 新教师角色适应的问题及对策[J]. 教育理论与实践，2009，29(35)：36-37.
② 林海亮，吴忠才，李雪. 新教师角色适应的问题及对策[J]. 教育理论与实践，2009，29(35)：36-37.
③ 方中雄，刘维良. 教师职业生涯发展与心理健康[M]. 北京：首都师范大学出版社，2006：187.

课后练习

1. 将本章你认为重要的内容列举出来:
①
②
③
④
⑤

2. 将你认为需要质疑或讨论的内容列举出来:
①
②
③
④
⑤

3. 哪些教师属于新手型教师？他们的特点有哪些？

4. 什么是教师角色？对教师角色有哪几种理解？

5. 如何进行教师角色适应？

第八章 熟手型教师的职业高原与职业倦怠

熟手型教师，通常是指教龄处于 3~5 年以上和 15~20 年以下的教师，处于新手型教师和专家型教师的过渡阶段，从教学专长上来说，属于"比上不足比下有余"的阶段。他们比新手对专业领域更加熟悉，又比不上专家的炉火纯青，一般来说，熟手型教师可以分为以下两类。

第一类是"任务"熟手型教师。一名新手型教师经历 3~5 年的教师实践，已经具有基本教学胜任力，能较全面地认识自我和有序地安排教学活动，并逐步朝着专家型教师发展。由于事业按部就班，逐渐走上正轨，家庭安顿下来，有一定的经济积累，从心理上渐渐步入了稳定发展期，也有可能进入职业高原期。

第二类是"问题"熟手型教师。在担任教师 3~5 年之后，这些熟手型教师的职业自我满足感开始下降，有了教师职业单调、重复、封闭、繁杂、责任大、负荷重、报酬低的感受。因此，这一阶段是教师情绪困扰最多、最容易出现心理问题和心理障碍的时期。绝大多数的教师通过自助和他助能解决这些问题，但也有少数教师由于问题不能得到解决，而发展成为问题教师，在教学过程中出现情绪多变、行为失控的现象，严重的最后直接进入职业衰退期，其教学水平甚至还不如新手。

因此，并不是所有的熟手型教师都会成为专家型教师，有些教师甚至直至退休，还一直滞留在熟手型阶段。

第一节 熟手型教师的特点

一、教学策略

通过多年的教学实践，熟手型教师已经积累了不少教学经验，其课堂教学策略水平较高，已熟练掌握基本的教学操作程序、教学信息技术方法，课堂教学的调节能力和控制水平较高，能胜任常规水平的教学。但教学随机应变的能力、对全过程的监控能力不如专家型教师，因此，熟手型教师的教学创新水平还有待提高。

(一) 目标选定：课前备课

经过几年教学实践积累，熟手型教师对课堂的相关内容比较熟悉，他们已经拥有多套教案和课件，课前备课只需要将新知识点、与时俱进的教学内容等方面融入已有教案和课件中即可。他们通常不会对已有教学框架进行大刀阔斧的改变，对于课前的计划与准备已经形成了一种定型。这种定型虽然使教师的课前准备更熟练,备课时间更短,但也使得教师的课前计划刻板化,只按一定的方式进行,表现出对课前计划的重视不足。

(二) 课堂讲授：课中教学

熟手型教师在课堂上对知识点的讲授基本上可以做到信手拈来,他们可以根据一堂课的时间有序规划教学内容,并熟悉教学难点、考试重点、学生痛点,懂得哪些知识点应该详细讲解,哪些知识点可以略讲。熟手型教师的课堂教学显得流畅、熟练,他们能根据课堂情境和学生的反应及时调整教学计划,注意与学生间的交流与沟通,维持学生的注意力等。他们对学生的提问也应对自如,并懂得引导学生进行思维发散或问题聚焦。熟手型教师的这种流畅与熟练,是他们多年经验与实践的结果。熟手型教师的教学常规工作程序逐渐熟练,甚至达到一种自动化的水平,保证了他们的教学顺利、有效地进行。

(三) 课堂组织：学生管理

熟手型教师,已经经历过各种各样的学生,也从更富有经验的教师、专家学者甚至是培训学习中习得了多种学生管理方法。特别是面对问题学生,熟手型教师已经有了自成一套的管理办法,懂得合理运用各种奖惩手段,知道何时该关心、何时该共情、何时该呵斥、何时该适当惩罚。也就是说,熟手型教师已经整理出属于自己的问题学生管理清单,但凡遇到类似问题,直接采取相应措施即可。但是熟手型教师目前还只是单环思维,即"看见问题解决问题"的思维,而没有看到问题背后可能更为复杂的原因,缺乏更宏观的视角；也没能看到所谓问题学生的闪光之处,对学生缺乏欣赏的眼光。

(四) 课后评价：教师反思

熟手型教师的关注点从自己是否顺利讲完一堂课、他人对自己的教学评价如何,转到学生是否真正学到知识、课堂教学是否有效。他们开始用发展的眼光看待自己的授课效果和上课质量,课件与时俱进,也开始询问学生对课堂的反馈意见,开始注重学生的需求。他们也开始从局部观转向整体观,承认有的问题学生很难转变,所以只要大多数学生齐头并进,课堂就是有效的。再者,他们开始对学生的某些长期问题采取听之任之的态度,只要教学问心无愧就可以了。

二、工作动机

对熟手型教师来说,外在评价的标准开始逐渐弱化,进而转变为关注教学的本身价值、学生的理解和兴趣等具体事项。熟手型教师对教学问题的理解比新手型教师更深入,但与专家型教师强烈而稳定的内部动机相比,他们的内部动机还不强,教师的角色信念还可能动摇,从教学工作中获得的乐趣与满足感也不如专家型教师。新手型教师虽然以成绩目标为主要工作动机,但由于外部动机强烈,反而在教学行为上比熟手型教师表现得情绪更为热烈。

熟手型教师,在工作上更得心应手,但也存在更多重复性劳动,容易产生瓶颈期；生活上也处于结婚生育养育的时期,容易导致工作和生活的失衡,进而产生多重压力。有的熟手型教师的职业倦怠感增强,教学工作中的积极性降低,对教育的态度也摇摆不定,有分化的趋势；有的熟手型教师考虑继续深造,还有的甚至考虑离职。

三、人格特征和心理健康

熟手型教师,面对教学工作中的常规工作,显得更从容,他们具有随和、关心他人、乐群、宽容的人格特点,与新手型教师相比,熟手型教师性情较随和,适应教学环境更好,更关心和理解学生,对学生的管理更为民主。但同时面对工作和生活的双重压力,事业上处于"高不成低不就"的情况,生活上有更多的家庭关系需要处理,所以熟手型教师更容易产生苦恼、烦闷、抑郁、无助、疲倦、焦虑等消极情绪。另外,熟手型教师的情绪稳定性、适应力和自我调节能力还不如专家型教师。

第二节 熟手型教师的职业高原

一、认识教师职业高原

"高原现象"本是教育心理学中的一个概念,指的是个体在学习或技能的形成过程中,练习的中后期往往出现成绩停滞不前或者下降的现象。[①] 在练习曲线上表现为成绩保持一定的水平而不再上升,甚至有所下降,但在"高原现象"之后,又可以看到曲线的继续上升。职业高原既包括垂直上升流动的可能性小,即个体职业生涯中的某个阶段,个体获得进一步晋升的可能性较小,也包括水平流动的停滞,即个体长期处于某个职位或某个水平的职位。另外,职业高原意味着个体在工作上接受进一步增加责任与挑战的可能性很小。

按不同的分类标准,职业高原可分为不同的类型。按照组织与个人的关系,职业高原可分为组织高原与个人高原。组织高原是指一个组织缺少员工职业发展所需要的机会和条件,而使个体达到的职业高原状态;个人高原是指个体缺少职业发展所需要的能力或动机,是因个体因素而达到的职业高原状态。按照主观与客观的关系,职业高原可分为主观职业高原和客观职业高原。主观职业高原是指个体主观上认为自己处于职业上的"停滞期",它强调个体对职业发展的主观认知和评价。客观职业高原是根据可观察到的客观指标分析出的员工的职业高原状况。这些客观指标包括:未来晋升的可能性、现有岗位的工作年数等。

"职业高原"是教师成长过程中的客观现象,主要表现为:教学中常常觉得力不从心,对自己职业的责任和义务缺乏清晰的认识,教学态度也发生明显的变化,热情日渐耗尽,缺乏积极性、主动性,得过且过,或对新的教学理念缺乏敏感和认同,不寻求教学创新,满足于以已经获得的基本技能进行单调重复的教学,或无法将新的理念融入自己的教学之中。在教学水平、业务技能及科研等方面难以提高,出现了相对停滞的阶段,好像很难再上一个台阶。相关调查表明,56.6%的教师承认在自己的职业生涯中存在着"停滞与退缩"期——"职业高原"期。[②]

职业高原期,对教师来说既是一个挑战,也是一次机会。挑战的是遇到职业瓶颈期的他们,面临更多的职业压力,甚至是职业停滞,对职业未来感到迷茫与不知所措。由此产生的机会是,职业高原期刚好是自己放慢脚步的绝佳时期,在这一时期,各项教学工作按部就班,可以有更

---

① Ference, T.P., Stoner, J.A. & Warren, E.K. Managing the career plateau[J]. Academy of Management review, 1977(4):602-612.

② 连榕,张明珠. 教师成长中的"职业高原"现象之有效应对[J]. 教育评论,2005,3:25-27.

多的时间对过去的工作进行反思与总结，进而再出发。另外，职业高原期也是重新审视自己未来职业方向的绝佳时期，既往工作已经进入一个新台阶，未来可以开辟新的职业方向或职业道路：可以是钻研一种新的教学方法，或是将自己的工作经验整理出版，又或是继续深造。从某种程度上说，如果进入职业高原期的教师能够意识到自己需要补充新的能量，同时寻找适当的应对方法，就可以顺利度过这一时期。而这次应对职业高原期而收获的经验，也对教师具有重要的意义，使教师学会应对工作的困境并有一种自信的心态。相反，如果教师把职业高原期看作自己职业的一个终点，不去寻求应对的方法，而是一味地苦恼和怨天尤人，就很容易导致持续的职业倦怠。长此以往，引发教师职业压力与职业倦怠的症状，无论对教师本人，还是对学生、对学校，都会造成不良的后果。

由于教师个体在获得学历层次与时间、专业化发展程度、个人能力水平等方面不同，因此进入职业高原期的时间与停留时间也不尽相同。在学历层次上，高学历的教师可能更晚进入职业高原期，甚至在职业高原期的停留时间很短暂，因为对高学历的教师来说，他们通常都在学历教育中接受过科研训练，所以他们正在经历的教育现象也可以变为研究对象，进而在职业中有进一步发展。在专业化发展程度上，一般来说，教师的专业化发展是一个由低级到高级、由简单到复杂的循序渐进的过程。有的教师在理论知识与实践的结合方面适应比较快，工作初期的业务发展也在短期内取得了良好的成绩。但是由于在这一阶段接受的新技能的灌输或专业的指导比较少，因此可能会较其他教师早进入职业高原期。也有些教师由于专业及教学能力较差、个人努力有限，再加上工作压力较大，因此也可能在进入职业领域的早期就进入了职业高原期。相反，有些教师可能对工作的适应期较长，或在教学的过程中注意吸收各种经验，所以进入职业高原期的时间较晚。在个人能力水平上，每位教师的能力领域也不同，有的教师能言善辩，有的基础知识扎实，有的善于对学生产生共情和理解。一旦教师在自己擅长的领域做到重复，就容易产生职业高原现象。

二、教师职业高原期的成因

总体来说，教师职业高原期形成的原因包括个人因素、组织因素与社会因素。

(一) 个人因素

影响教师进入职业高原期的主体当然还是教师本人。有的教师把主要的时间都放在对学生的考试训练上，很少去阅读教育教学相关的理论知识，对先进的教育科学技术的运用、学科前沿知识的引领、教学科研成果缺乏关注，遵循的是自己长期的教学经验和教学习惯，对自身的课堂教学缺乏反思和构建，久而久之，就变成了一个个因循守旧的"教书匠"。没有先进理论支撑的教师缺乏内在的专业成长能力，他们无法用先进的理论和知识来引导自身的教学实践，也不能对目前的教学进行深刻的反思和探究，课堂教学缺乏生机和活力。这种情况下的教育活动必然会使教师丧失积极性和创造性，找不到自身的专业发展方向，导致出现职业发展的"高原现象"。

对教师来讲，促进他们不断学习、更新知识和技能的因素，除了学生日益增长的知识欲望，就是教师职称的评定问题。为了能够顺利地通过职称评审，大部分教师都会自发地去汲取教育教学知识，专心研究课程标准和教材教法。在这一时期，教师的专业能力是直线上升的，其教学效果也和自身的教龄成正比。然而，当教师获得了自己想要的职称等级之后，或者认为特级、名师等可望而不可即时，就会满足于自己目前达到的状态，从而止步不前。同时，由于教学是一项长期的重复性劳动，如果教师自身缺乏创造性和主动性，就会逐渐丧失对教学的热情，产生职业倦怠，进而导致教学效果不佳，进入职业发展的"高原期"。此外，长期的工作压力、较长的工作时间、各种烦琐的事务性工作、社会及家长过高的期望等经常会给教师带来焦虑、烦躁、抑郁、挫败等不良情绪。在这样的状态下，部分教师选择得过且过、敷衍度日，长此以往，教师专业发展的"高原期"越拉越长。[①]

(二) 组织因素

在当前的学校教师评价机制中，学生的考试成绩即分数依然是评判教师优劣的重要标准。尽管我国近些年来在不断地进行课程改革，但是改来改去，应试教育思想始终占据着我国中小学校办学理念的主导地位。一所学校的评价标准是升学率，一位教师的评价标准就是学生的优秀率。学生的学习成绩始终和任课教师的综合考核、绩效工资甚至晋升培训等挂钩。在班级学生成绩不理想的情况下，这个学科任课教师的地位也是岌岌可危的。实际上，学生成绩的好坏只能代表这位教师教学能力的高低，并不是教师综合素质评价的唯一决定因素。在实际教学中，不乏一些教学能力比较强但是存在很多问题的教师。比如，有的教师道德上存在缺陷，不能够为人师表；有的教师心理素质不好，掌控不了课堂，处理不好突发状况；有的教师不善于和学生打交道，容易引起学生的抵触、反抗等情绪，无法顺利开展教学。由此可见，成绩作为唯一的评价标准对教师来讲是不公平的，它无法体现教师真正的水平和能力。而且，这种长期的不公平逐渐引起教师身体和心理上的失衡，致使其在教学中产生疲惫、厌烦等情绪，久而久之，丧失了教学的动力和激情，影响教师顺利开展教学工作。[②]

(三) 社会因素

人们经常会说"教师是人类灵魂的工程师"，在实际的教学工作中，教师也一直被期待承担无所不能的角色，学校的升学率靠教师，学生的发展进步靠教师。教师承担了人们太多的社会期望，然而在现实生活中，教师的社会地位和社会待遇却远远低于人们对教师职业的社会期望值。社会快速转型和飞速发展的现代科技对教师不断提出新的要求和挑战，社会和家长对教师的高期盼也加剧了教师的精神压力。与此同时，教师长期的辛苦付出和福利待遇之间的失衡加剧了教师的心理落差，巨大的压力和较低的成就感导致教师不断出现职业倦怠现象。每年报道都有提出，相当大一部分教师对自己的实际工资收入不满意。而且，不同地区的教师工资差距也造成了教师心理进一步的创伤。同样的教育工作却是不同的待遇回报，这也是导致教师心理失衡的重要因素。在当代社会，一方面，人们给教师戴上了闪亮的光环，赋予其极高的期望；另一方面，教师的工作压力大，工作时间长，工资待遇低，家庭负担重。这两个极端加剧了教师群体对自身现状的不满。人们只关注其教师身份，却忽略了教师也是为人父母、为人子女，也承担着养家糊口的重任，物质生活的压力也加剧了心理上的疲惫。[③]

---

① 张一楠. 教师职业"高原现象"的表现、成因和应对策略[J]. 中国成人教育，2017(11)：119-123.
② 张一楠. 教师职业"高原现象"的表现、成因和应对策略[J]. 中国成人教育，2017(11)：119-123.
③ 张一楠. 教师职业"高原现象"的表现、成因和应对策略[J]. 中国成人教育，2017(11)：119-123.

第三节 熟手型教师的职业倦怠

一、认识教师职业倦怠

"职业倦怠"是美国心理学家弗登伯格(H.J.Freudenberger)于1973年首次提出的一个概念,指的是个体在体力、精力和能力上都无法应对外界的刺激或要求而产生的身心疲劳与耗竭的状态。适度的应激是维持正常身心功能的必要条件,但是强烈的应激或持久的慢性应激会使人体的平衡状态被打破,容易产生倦怠及身心疾病。职业倦怠是一种由工作而引发的心理枯竭现象,是职业人在工作重压之下所体验到的身心俱疲、能量耗尽的感觉。1980年第一届国际职业倦怠研讨会召开后,职业倦怠成为一个专业名词开始流行,加上社会竞争日趋激烈,"助人者(如教师)不能通过积极的问题解决来化解痛苦以致在工作中表现为身心疲劳、情感耗竭状态"的问题越来越突出。

教学工作本身就是一种压力情境,教师要面对的是个体差异越来越大的学生、复杂度越来越强的教学任务、家长的过度要求、社会的过高期望……久而久之,这些都会损耗教师的工作士气与热情,导致教师自身的倦怠。2005年8月27日,中国人民大学公共管理学院组织与人力资源研究所和新浪网教育频道联合启动了"2005年中国教师职业压力和心理健康调查",总共有8699名教师填写了调查问卷。该调查从"工作压力""教师工作倦怠""教师心理健康""教师生理健康"与"教师工作满意度"五个方面对教师的生存状况进行了全面的分析。调查结果令人堪忧:近四成教师生存状况不佳,三成教师工作倦怠,超过半数的教师认为压力过大,心理健康的教师不足三成。教师职业倦怠现象,一方面会导致教学品质低劣,教师士气低落,无心也无力于提高教学质量,这会影响学生的学习成绩,学生的纪律问题也因而增多。另一方面,教师的职业倦怠会使教师减少对教学工作的信心与热情,进而产生教师流失现象。

二、职业倦怠的表现

倦怠是心理不适的外显过程。教师职业倦怠总表现在他们日常的情绪和行动反应中,因此,判断自己是否有职业倦怠的征兆和苗头,可以从自己日常情绪和行动反应中自我观察。主要指标有身体表现、情绪表现和行为表现。

(一) 身体表现

食欲不振:到了饭点也不觉得饿,或者吃了一点就不想再吃了。
睡眠不佳:夜间难以入睡,或早醒,或入睡时翻来覆去。
反应力弱化:原本感到新鲜愉快的事物,目前缺乏相应兴趣。
注意力分散:哪怕是轻松的事情也难以集中精神。
记忆力下降:丢三落四,有时不记得自己做过什么事、见过什么人。
容易出现身体疲劳:喜欢坐在一处不动,常常表现出疲劳感。

(二) 情绪表现

抑郁性:情绪消沉,且持续时间较长,经常感到无聊、孤独、厌世。

过敏性：多疑、嫉妒。常把领导、同事、学生、配偶甚至好朋友的无心言辞和行为当作有预谋的，并与自己紧密联系起来。

易变性：情绪不稳定、刻薄、自伤、喜怒无常。

冷漠性：不能换位考量学生，总有批评学业不良的学生的冲动。

封闭性：失去与同事、学生交流的热情，没有团队合作精神，内心处于相对封闭的状态。

自我否定性：对生活和自己的教学工作没有信心，在与好朋友聚会等其他场合中有很深的自卑感。

(三) 行为表现

无力性：无精打采，已陷入逆境感中，难以进行课堂教学，容易疲劳、失眠、头痛。

盲目性：不假思索，草率行事，欠缺周密考虑。

不安性：身心不安宁，注意力容易分散，工作效率差，做事经常有头无尾，"三分钟热度"。

怠惰性：教学行为和处理相关的学生事务，往往缺乏自己的主见和坚持，随波逐流，不求有功但求无过。

爆发性：经常出现过激行为，动辄耍脾气，视学生为情绪发泄对象，控制不住自己。

自我表现性：在课堂上支配欲强，喜夸大吹牛，不允许学生有不同观点，强词夺理，甚至言行轻浮、浅薄，"师道"感低。

教师职业倦怠自测问卷

以下情况是否经常在你的工作中出现？请根据自己的实际情况填写问卷。(分值标准：1分——根本没有这种情况；2分——很少有这种情况；3分——有时会有这种情况；4分——很大程度上有这种情况；5分——完全符合。)

1. 即便夜里睡得很好，你第二天上班的时候还是会感到困倦。
2. 你总会为小事感到发愁，而在过去你很少会这样。
3. 你总是一边工作，一边看时间，心里想着早点下班。
4. 你认为自己是个完美主义者。
5. 你不认为自己当前正在做的工作有意义。
6. 你会忘记分配给自己的任务、自己的约会，有时甚至会忘记自己的私人贵重物品。
7. 你认为自己总属于被忽略的角色，你的努力并没有受到重视。
8. 你经常会感到头疼、身体痛，或者是感冒。
9. 你工作比以前更努力，可取得的成就却比以前少。
10. 你通过做白日梦、看电视或者阅读与工作无关的读物等方式来逃避工作压力。
11. 在工作中遇到问题时，你没有可信赖的人值得倾诉。
12. 你更喜欢一个人待着，不愿意跟同事多交流。
13. 你在自己的工作当中感觉不到挑战和新意。
14. 你对自己的工作和生活毫无控制感。
15. 你经常在下班之后想着工作上的事情。
16. 你对自己的同事没有好感。
17. 在工作方面，你感觉自己像是掉进了一个陷阱。

18. 你没有时间去做自己喜欢做的事情。
19. 你在自己的工作中看不到有趣的事情。
20. 你经常通过请假或者迟到等方式减少自己的工作时间。

分值：

25～30：倦怠度很低；31～50：倦怠度较低；51～70：轻度倦怠；
71～90：倦怠度高；90 以上：倦怠度过高。

三、导致教师职业倦怠的原因

(一) 个人原因

人格特征：在某种意义上说决定着个体的行为方式。A 型人格特征的人较易导致倦怠。A 型人格特征表现为极端的挑战性、争强好胜、力求把握环境、时间观念强、急躁等。B 型人格特征与此相反。通过比较可以发现：A 型与 B 型人的压力反应在很多方面存在较大的差异，尤其是在焦虑、疲劳、心理症状、健康指标、角色过度负荷和物质冲突上，A 型性格都比较明显。这些表现与倦怠的症状有很高的相似性。

角色冲突：研究表明，角色冲突是导致教师职业倦怠的重要因素。教师既是老师，又是管理者，还是父母，也是儿女。不同的角色需要有不同的行动指南和功能，如果教师不能顺利地进行角色转换或面对多种角色期待不能顺利地调节，就会出现角色冲突而导致职业倦怠。

自我控制感：那些认为控制力来自外界的教师更容易产生职业倦怠。外界的力量包括运气、命运等，这样的教师更相信外力能够掌控自己的生活。一旦在工作和生活中遭遇不顺，他们多半会怨天尤人，并认为这些外力不可控，个体在运气、命运面前显得十分无力，这种无力感很容易导致职业倦怠。

期望与现实的差距：教师一般都有较高的成就动机，他们追求个人成功的价值，渴望在工作中得到应有的反馈。可是在现实生活中，教学工作是一个长期的过程，取得的成果也需要一定的时间才能够显现出来。而且，教学过程是一个教师与学生共同来完成的过程，所以，这些因素导致教师的成功具有不可确定性，职业成就感不像其他职业那么明显。因此，这些因素就造成理想与现实的冲突、工作责任感与工作疏离感的冲突、自尊心与自卑感的冲突。

(二) 组织原因

职业的低创造性：教师的工作较其他行业来说重复性更大，虽然面对的学生会不同，但是教学的内容却不会有太大的变化。如何能够在既有知识的基础上创造性地进行教学，是需要教师的创造性思维的，这需要花费大量的时间和精力。但是对于职业压力相对比较大的教师来说，很难做到安排充裕的时间进行创造性教学的思考。在长期的教学过程中感受不到新意，很容易使教师感到枯燥乏味，没有成就感。这种体验，很容易导致教师的职业倦怠。

管教学生困难：学生行为问题日益严重，特别是目前学生心理健康问题日益突出，教师惩戒权难以把握，教师不得不加倍花费时间和精力来处理学生问题。

缺乏组织支持：缺乏有效的组织支持被证明与教师倦怠有着直接关系。这一支持主要来自校长和同事，一个有效的支持性组织应包括这样一群人，他们能够提供工作上的实质支持，可以带来情绪上的抚慰，以帮助个体的成长。相反，那些缺乏同情心、孤立、官僚、无效能的领导,与同事关系紧张,工作负担过重,工资过低,过多的上级检查等,都有可能让教师心力交瘁并产生职业倦怠。

(三) 社会因素

对教师产生过多期待:教师是一个背负社会高期待的群体,特别是在师德师风方面,教师需要有"春蚕到死丝方尽,蜡炬成灰泪始干"的园丁精神,需要有大灾大难面前保护学生的英勇气势,需要承担培育英才、承传历史文化的重任等,这些都容易压得教师喘不过气,进而产生职业倦怠。

多元化的价值观念:社会的巨变,使人们的价值观念多元化,给人以更多的自由去选择自己的人生。于是,在选择中伴随着各种各样的焦虑与痛苦,使情绪发生波动,加上现实中生活条件的不理想,使教师心理波动较大,易出现职业倦怠。

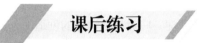

课后练习

1. 将本章你认为重要的内容列举出来:
   ①
   ②
   ③
   ④
   ⑤
2. 将你认为需要质疑或讨论的内容列举出来:
   ①
   ②
   ③
   ④
   ⑤
3. 哪些教师属于熟手型教师?他们的特点有哪些?
4. 什么是职业高原?教师为什么会出现职业高原现象?
5. 什么是职业倦怠?教师为什么会出现职业倦怠现象?

第九章 专家型教师的知识分享

专家型教师是能够运用各类结构良好的知识和经验有创造性地解决学科教学问题的教师。他们在教学岗位上达到了"卓越"的水准,是具有高超教学专长的教师,如一些年资很高的特级教师、著名教师等。通常而言,专家型教师可以分为以下三类。

第一类是"创新"专家型教师。他们有丰富而系统化的专门知识,对教学问题有敏锐的洞察力,善于解决教学中的疑难杂症,应对教学情境的创造力强。一般的中学特级教师就处于这个层次。

第二类是"领军"专家型教师。他们对学校、地区的教学改革和发展有很大的影响力,进而成为某一学科或某个地区教学的领军人物,如学校的学科带头人、一些参与教改的专家等。

第三类是"大师"级的专家型教师。他们在教育事业上"躬耕"多年,成为远近闻名的专家,还亲自传授技艺,并著书立说,期望流传后世,最终他们成为教育史上的"里程碑"。

第一节 专家型教师的特点

一、教学策略

(一) 目标选定:课前备课

专家型教师的课时计划灵活。专家型教师的课时计划只突出了讲课的主要步骤和教学内容,并未涉及一些细节。这么设计是为了在具体教课的过程中根据学生的学习情况及时调整自己的上课进度和课程安排,做到以学生为中心。

专家型教师的课件设计简洁且重点突出。凭借多年的教学经验,专家型教师根据列出的关键词或小标题,就可以侃侃而谈。同时,专家型教师知道哪里是教学重点,哪些是教学难点,会在重点难点处突出讲解,并在课件中适当列出细节。

专家型教师备课以学生已有的知识为基础并具有预见性。专家型教师充分了解学生,能根据学生的先前知识安排教学进度,并能在头脑中形成包括教学目标在内的课堂教学表象和心理表征,并且能预测执行计划时的情况。他们认为,计划的实施是要靠自己去发挥的,并还要能够预见在课堂上可能发生的事件。因此,他们的课时计划既有方向性也有预见性。

(二) 课堂讲授:课中教学

在知识传授上,专家型教师在课堂上进行知识传授,通常是信手拈来。他们知道在哪些时点要放慢讲课进度,让学生有更充足的时间消化、理解和吸收;他们也知道什么时候可以快速讲课,因为学生已经掌握相应知识点。在具体教学方法上,他们熟练使用各种教学方法,比如小组合作讨论、基于问题进行学习、项目制学习、新闻播报、游戏、表演等。在教材的呈现上,专家型教师在教学时注重回顾先前的知识,一般来说,在回顾先前知识方面,专家型教师能够意识到回顾先前知识的重要性。因此,专家型教师在上课之前往往会说"记得我们已经学过……"。在教学内容的呈现上,专家型教师通常是用导入式方法,从几个实例出发,慢慢地引入要讲的教学内容。其课堂中新内容的呈现基本上通过言语表达或实验演示。

(三) 课堂组织:学生管理

关于学生不当行为管理,专家型教师能够鉴别学生的哪些行为是合乎要求的,哪些行为是不合乎要求的,从而集中关注学生应该做的和不应该做的事情。同时,专家型教师知道许多课堂规则是可以通过练习与反馈来习得的,是一种可以习得的技能,如上课时教师声音大小(变化)的含义、教师突然沉默意味着什么、教师步伐的快慢意味着什么、能不断系统地暗示学生、课堂需要的行为是怎样的以及自己应有怎样的表现。通常来讲,专家型教师通过眼神、行为等非言语提示,就能达到管理学生的效果。如果有问题学生扰乱了整个课堂秩序,专家型教师也可以有效把控课堂,不影响教学进度。

关于如何吸引学生的注意力,专家型教师有一套完善的维持学生注意力的方法:在课堂教学中运用不同的"技巧",如声音、动作及步伐的调节;预先计划好每天的工作任务,使学生一上课就开始注意和立刻参与所要求的活动;在一个活动转移到另外一个活动,或有重要的信息时,能提醒学生注意。类似的方法被专家型教师使用并得心应手。

(四) 课后评价:教师反思

在课堂结束的时候,专家型教师会与学生交谈,了解学生上课情况,并从学生口中得知课堂上不会言说的消息。他们更多关注教学知识是否被学生吸收,如果没被吸收如何采取另一种通俗易懂的方式让学生更好理解。他们将注意力放在值得注意的地方,如知识勘误、知识框架搭建、学生反馈等,很少谈论课堂管理问题和自己的教学是否成功。

二、工作动机

专家型教师具有稳定而强烈的内在工作动机。他们有着强烈的教育激情,对教育事业表现出由衷的热爱,把教学工作视为自己的一种乐趣,把教育当作自己的终身追求。表现在具体工作上,他们充满活力,并对教学异常投入,在心理上不知疲倦,在每一次的授课中,他们都眼里有光、面露微笑、形色从容;在教学工作中,他们自觉性强,能够主动研究教育教学过程中出现的问题,乐于和学生交往,把学生当成是自己的朋友。

专家型教师具有很强烈的成就动机,他们不甘于只是做一名普通的教师,而是想方设法去做一名优秀的教师,他们习惯于用自己最满意的标准去要求自己。即使面对困难或身处困境,他们也有很强的适应力和复原力,他们会试图冲破障碍,克服困难,用尽可能解决困难,达成目标。专家型教师的成就动机主要指向学习目标,而不是表现目标,并表现出内控型自我信念的特点。

三、人格特征

专家型教师通常经历了人生百态,在压力和挫折面前情绪稳定、理智,能够很好地控制和调节自己的情绪。他们在做未知之事之前很自信,具有较强的独立性和协调的自我概念。他们在遇到教学上的突发状况或疑难时,能够从容处理与应对。

专家型教师对教师职业的情感投入度高,职业的义务感和责任感比较强。他们真正热爱教师职业,对工作负责,不断追求教师事业深层次的价值所在;具有良好的师生互动,能热情、平等地对待学生,师生关系融洽;他们能不断得到成功的反馈,得到各方面的认可,从而产生强烈的成就感体验。

四、创造性

专家型教师是教师中的"优秀分子"。事实表明,相对于一般教师而言,专家型教师具有更强的创造性,其创造性主要体现在以下几方面。[①]

(一)怀疑精神

怀疑精神的"怀疑"指的是不轻信。有怀疑精神的人会对各式各样的说教首先持怀疑态度,要求知道这些说法的依据以及它们是否确实成立。怀疑是明辨是非、去伪存真的基础,也是促进事物发展的前提条件。专家型教师的怀疑精神体现在其教学工作的各个方面,他们能对日常教学工作保持高度的敏感性,随时关注教学中的异常现象,将貌似正常的现象"问题化",而不只是解决已呈现出来的问题,他们善于质疑"没有问题"的问题,不满足于使用已经建立的常规而不断努力改善原有的工作程序和做法来适应当前的具体情况,他们追求美好的事物,希望产生新的、更好的观念,并在更复杂和更具综合性的层次上解决问题。

(二)愿意冒一些有意义的风险

教学工作的复杂性使教师们不断地面临挑战,与非专家型教师更倾向于处理那些不超越自己能力范围的问题相比,专家型教师会主动选择需要超越自身当前能力水平的新技能和知识进行学习。应对每一次的挑战,既有成功的可能,也有失败的危险,选择高难度的挑战则意味着接受风险。当然,这种风险是已经被他们估计到的、被认为是有意义的、值得去承担的风险。一些特级教师在总结自己的教学经验时谈到,当他们在自己的教学工作已经取得一定成绩时,他们不是躺在"成绩单"上睡大觉,反而是觉察出这是一种徘徊不前的状态而主动寻求突破,尝试用新的思维方式和知识超越自己、发展自己,这是需要冒险的。对于专家型教师而言,他们更愿意将自己当作一个研究者,敢于迎接挑战和寻找挑战,随时研究新情况,解决新问题,勇往直前,不断创新。

(三)对经验的开放

所谓开放是指接纳来自所有感觉的输入和愿意尝试新异的东西。具有开放性的个体有强烈的好奇心和浓厚的认知兴趣,愿意接受新经验。专家型教师具有开放性,他们都是认真、好奇

[①] 连榕. 教师职业生涯发展[M]. 北京:中国轻工业出版社,2008:136-137.

的人，对已知的东西永不满足，对经验持积极开放的态度。专家型教师之所以能寻找到一个又一个的教学问题并加以解决，从中获得大量有效的经验，其中一个重要的原因就是他们有强烈的好奇心，好像经常被"问题"迷住了一样，总想将教学之道弄得明明白白。正因为"想知道"，他们才会不断进行尝试与试验，以解决这些真正的问题。他们也能保持"对不明白的东西的警觉"，而追究他们看到的、听到的和学习到的东西背后所隐藏的、潜在的、比喻的、暗示性的或多重的意义。由于他们对教学的探索远远多于其他教师，他们所学到的教学方面的知识和所享受的成就感也相应地要多得多。对经验的开放性使专家型教师了解了更多的事物，情感更加丰富，更能忍受局势不太明朗时的模糊、迷茫和混乱，易于通过各种经验之间的联系而产生独特的观念。

第二节 专家型教师的知识分享与经验传播

一、专家型教师的知识

专家型教师的知识被称为"专家水平的知识"。专家水平的知识即专家型教师在某项知识水平上技高一筹，并具备普通教师缺乏的知识或知识结构。具体而言，专家型教师所具有的"专家水平的知识"有以下几个特点。

(一) 更丰富的知识储备

专家型教师的知识涉及更加齐全的门类和更大的知识量，同时他们在知识掌握的程度上也更占优势。换句话说，专家型教师都是博学之人，他们不但广泛涉猎各科知识，拥有更多的知识，而且对知识的理解也更加深刻。正是由于掌握了特定领域的知识和技巧，他们才能在本领域的活动中独占先机。比如说，他们能够帮助学生建立概念间的联系，提供恰当且多样的表征以及与学生建立积极和有意义的对话，他们能较敏感地觉察到学生的偏见并予以纠正以解决学生在学业上的困难，他们更能开发出有用的、脱离教学轨道的机会，他们出的考题对综合和高级思维过程有更多要求……总之，专家型教师更丰富和更详尽的专业知识优势成为其出色完成教学任务的重要保证。

(二) 更会教书

"学高未必是良师"，即使是毕业于一流大学的博士在刚刚走上讲台时也并不知道该如何教学，但专家型教师不同，他们拥有大量优良的学科教学知识。比如说，在一些优秀教师获奖经验介绍和总结中我们可以发现，优秀教师知道自己该"教什么"和应该"如何教"，他们认为，教学不等于传授知识，它还应该帮助学生认识学科的重要性和学习的必要性，更为重要的是，它还应该让学生学会学习并树立正确的价值观。因此，他们把"教学生如何适应生活"看作是自己的主要任务，而把"帮助学生完全开发出他们的潜力，成为社会的栋梁"作为自己教学的最终目标。

(三) 更强的融会贯通能力

教师知识由各种知识组成并不意味着它们之间是相互独立和各自分散的，多学科领域的知识在教师头脑中组成了一个相互交织的整体，因此更准确地说，教师知识是由各种知识组合成的一个知识结构。不同教师在专业知识的整合程度上会存在一定差异，专家型教师更善于组织知识。比如说专家型教师能整合不同领域的事物，以形象的语言把教学内容勾画成便于学生理解的鲜明的表象，使之形成准确的概念；他们对事物的深层结构更加敏感，能够在更深刻、更本质和更理性的层面上领会和描述问题等。

专家知识在显性知识和隐性知识的转换上更加灵活。专家型教师头脑中既有大量可以言说的、明确的、正式的和规范的显性理论知识，也有同样多的缄默和个人化的直觉、诀窍、习惯、风格、信念、技能、技巧等教学经验。与一般教师相比，专家型教师还特别具有将实践知识理论化和理论知识操作化的本领，使这两部分知识能够更多地发生转化作用，彼此充盈。比如说，专家型教师一般都能清晰地表达自己课堂决策的原理和标准，同时，其课堂行为也常常是有意识的决策；他们能够明确地回答诸如"我是如何知道我所知道的""为什么我让学生这么做或这么想"等问题，这表明专家型教师不仅拥有丰富的教学经验，而且能在实践经验和理论理解两方面进行反思。

二、专家型教师的能力

专家型教师具有"超凡脱俗"的问题解决能力。拥有深厚学科知识的专家型教师对学科的概貌能有一个综合性的认识，并且他们思路清晰，可以依靠明晰的图示框架结构高效率地解决教学领域内的问题。专家型教师一般具有以下能力。

(一) 知识能力

1. 学习和研究能力

专家型教师也是认真、好奇的学生，对已知的东西永不满足。他们都是终身的学习者。因此，他们能用一种神秘的力量把这种好学精神传给学生。研究和学习是专家型教师的特点。

2. 意义建构的能力

专家型教师善于激发学生的学习兴趣，促使学生将当前的学习内容尽量与已有的知识和经验相联系，通过各种方法，帮助学生建构所学知识的意义。

3. 搜索和设计信息的能力

专家型教师能有效地搜索、设计并帮助学生获取相关的教学资源，以支持学习者主动探索，建构所学知识的意义。

4. 充当学术顾问的能力

专家型教师能以单独或协作的方式，诊断学生的学术需求，帮助学生制订或选择某种能满足这些需求的计划，评估学生在学业方面的进步情况，促进学生的有效学习，实现学习者的个性化发展。专家型教师在广泛的知识经验基础上，能够更有效地运用自己的知识、技巧和策略自动化地完成一系列活动，尤其是某些教育技能具有程序化、连带性的特点，这使他们能够将注意力集中于教学领域高水平的推理和问题解决上。此外，专家型教师善于监控自己的认知执行过程,即在接触问题时他们具有计划性且善于自我观察,时机不成熟时,他们又能主动对自己的行为做出评价,并随时做出相应的调节。

(二) 教学能力

1. 课程开发的能力

专家型教师通常在建构主义理念的指导下,以信息技术为手段,为一堂课设计目标、结构、内容、资源、作业及评价方式;或与其他教师通力合作,改变传统课程体系中的一些内容、技能和教学方法。

2. 管理课堂的能力

专家型教师能巧妙地管理课堂,对教学环境里发生的一切负全部责任。他们是高效的领导,不是"控制怪物"。专家型教师主要通过三种途径来达成这个目标。首先,专家型教师总能让他们的讲义保持新鲜感和有意义。其次,专家型教师是与学生交谈,而不是居高临下地向学生发话。他们把自己看成是学习的催化剂而不是知识的导管。最后,专家型教师能把幽默用到极致。运用幽默的目的是创造一种更放松的、更开明的课堂氛围,让学习变得有趣而不是一种负担。

(三) 社会情感能力

1. 与学生有效沟通的能力

首先,专家型教师能让学生信任他们,接受他们的建议,相信他们的能力。这样做的目的是建立一种教学伙伴关系。其次,专家型教师懂得尊重、理解、接受、同情和公平对待学生的重要性,他会竭力做到品行端正。再次,专家型教师有很好的口才和高于常人的倾听能力。最后,专家型教师不仅喜欢学生,而且乐于帮助学生,做他们的顾问,给他们及时的指导。他们不仅在课堂上能调动学生,在课外也能感染学生。

2. 挖掘学生潜力的能力

专家型教师能挖掘出学生的潜力。实现这一目标的唯一办法就是让学生在学习过程中担任主角。他们向学生提问,鼓励学生讨论、对话和辩论,希望学生去思考、推理和交流,其目的是给学生足够的机会去尝试:体验成功、品尝失败,得到提高和进步。此外,专家型教师还非常重视批改作业的过程。他们会花大量时间批改作业和提出建设性的批评意见,因为如果学生相信教师的能力,他们更容易接受教师的建议并进行改进。

三、专家型教师经验传播与分享

及时总结、有效提升是专家型教师完善自我、攀登高峰的重要手段,也是示范带领、帮助和提携青年教师的有效方法。对于专家型教师来说,将自己一生所积累的宝贵教学经验和专长传递下去是非常重要的事情,而要对自己的教育经验进行总结提升和成果推广,一方面可以通过著书立说来实现,另一方面要尽可能广泛地在教育教学实践中运用长期积累的经验,以将教育思想和智慧变为"现实的生产力"。

专家型教师要将一生所积累的宝贵教学经验和专长传递下去,可以通过与新手型和熟手型教师的合作共享这一过程来完成，主要包括以下三个方面的内容。[①]

(一) 采用新的"师带徒"模式

在相当多的学校里，经常采用新手型教师和专家型教师结对子的做法，就像手工匠一样实行"师徒制"。但是，在传统的"师徒制"中，角色的定位是专家型教师教，新手型教师模仿，新手型教师单纯以学习者和模仿者的角色出现，甚至双方的关系演变成单纯的上下级关系，而忽视了人的个性，缺乏合作、探究和共同提高的意识。新的"师徒制"则是在两者之间建立平等的合作伙伴关系，在这种合作伙伴关系中，新手型教师的任务不再是学习指导教师的最佳教学方法，而是在指导教师的帮助下，形成适合自己的一套教学风格。这就要求指导教师必须充分了解新手型教师，相互合作，根据新手型教师的实际需求为其提供适度挑战，把握新手型教师的发展方向并尽量减少对新手型教师的控制。另外，新手型教师和专家型教师形成一种"学习共同体"，相互扶持，相互学习，以平等的身份交流教学体验，共享教学经验。

(二) 采用课堂现场观摩的形式

专家型教师上公开课，新手型教师和熟手型教师参与观摩，这是一种很有效的教师训练方法。观摩可以分为组织化的观摩和非组织化的观摩。组织化的观摩一般是在观摩之前制订较详细的观摩计划，确定观摩的主要对象、角度以及观摩的大致程序，而非组织化的观摩则相对较松散，需要较高的理论知识水平和洞察力。一般来说，组织化的观摩对新手型教师更加有效。另外，在观摩之后，可以组织新手型教师相互讨论，并由授课的专家型教师答疑解惑，帮助新手型教师理解自己的意图，协助其培养自身独特的教学风格和策略。在多媒体和网络发达的今天，新手型教师还可以下载名师教学录像来观摩。

(三) 采用教研组研究的形式

教研组是学校中最基层的教学研究组织。教研活动是校本研修的基本形式，也是专家型教师和新手型教师合作共享教学经验的重要形式。在这样的组织中，教师之间有共同的教学语言，有利于将一些在知识和经验上互补的教师集中起来，相互影响、沟通和研究，达到知识和问题解决方法的共享，实现共同成长。在这样支持性的情境和系统中，教研组可以有意识、有计划地为新手型教师安排如下的一些校本研修模式，来引导新手型教师的成长。

定课研究：教研组在安排学期教研活动时，注意选择某些比较典型的课例，由不同年龄或不同教学风格的教师上对比观摩课，教研组人员一起对所研究的课例进行说、讲、评等分析活动，集中群体的智慧，形成优化的教学策略，提高教师的教学水平和能力。

定题研究：教研组平时可以紧紧围绕新课导入、反馈调控、媒体运用、情境设计等专题，组织新手型教师开展专题性的教研活动，再辅以教案设计比赛、说课评比、撰写案例分析和叙事研究报告等各种"点"上突破，用以"点"带"面"的措施来强化新手型教师的认知，真正提高他们的教学技能，丰富他们的实践智慧。

叙事研究：记录生活，表达经验，反思成长。当今，教学叙事研究已被看作是教师专业成长中更为积极的一种手段和工具，是促进教师教学专长发展的重要措施和基本途径。

[①] 连榕. 教师职业生涯发展[M]. 北京：中国轻工业出版社，2008：155-156.

课后练习

1. 将本章你认为重要的内容列举出来：
①
②
③
④
⑤

2. 将你认为需要质疑或讨论的内容列举出来：
①
②
③
④
⑤

3. 哪些教师属于专家型教师？他们的特点有哪些？
4. 专家型教师的知识水平如何？
5. 专家型教师的能力水平如何？
6. 专家型教师如何进行经验传播与分享？

第四部分
教师职业生涯规划与发展策略

第十章 教师教学反思

教师教学反思是教师职业生涯发展最重要的环节，善于进行教学反思的教师，能够清晰看待当前的自我与过去的自我的关系、与学生的关系、与同事的关系，从而让教学更有效，对学生产生积极影响，并能在工作中不断完善自己。

第一节 反思的基本概念和特点

一、反思

反省思维是有别于信仰、想象、意识流的心理过程，是个体基于"经验证据"对特定问题反复地、严肃地、持续不断地进行的深思。[1]教师的反思发生于教学实践过程中，是其对自身开展的教育行动及其过程的个性化思考。[2]教师反思分为三个维度：第一，关于教学的反思，教学是教师最主要的工作内容，教师对教师知识和能力进行反思，涉及教师备课、教案设计、教学笔记撰写、教研讨论等；第二，涉及研究的反思，教师工作具有研究性特征，教师可以掌握一定的研究方法，从日常教学事件中进行叙事研究等，从而形成一定的理论系统与实践经验；第三，涉及伦理的反思，即对教育行动道德性和伦理性的反思，这类反思能够加深教师对教育相关伦理规范、社会现象、政治影响的理解并准确把握教育终极目标，涉及教师活动包括爱国主义教育、师德师风建设、榜样教师评选等。

教师反思在三个方面优于传统的教师发展模式。一是强调教师对自己教学实践的考察，立足于对自己的行为表现及行为依据的回顾、诊断、自我监控和自我调控，达到对不良的行为、方法和策略的优化和改善，提高教学能力和水平，并加深对教学活动规律的认识和理解，从而适应不断发展变化着的教育要求。二是赋予教师新的角色定位：教师成为研究者。通过教师成

---

[1] 杨帆，何雨璇，夏之晨. 反思会持续改善教师的课堂行为吗？——基于对不同教学理念教师的追踪调查[J]. 华东师范大学学报(教育科学版)，2022，40(10)：17-28.

[2] Schon, D. A. . The reflective practitioner: How professionals think in action[M]. New York: Basic Books. Inc. Publishers, 1983.

为研究者，使教师工作获得尊严和生命力，表现出与其他专业如律师、医师相当的学术地位，使教师群体从以往无专业特征的"知识传授者"的角色定位提高到具有一定专业性质的学术层级上来，进而改善自己的社会形象与地位。三是审视教师的职业道德水平。如果缺乏反思，教师容易站在师生关系中权力更大的一方，对学生发号施令，或不顾学生的个性需求，忽略立德树人的教师道德。

二、反思能力

反思能力是指教师在职业活动中，把自我作为意识的对象，以及在教学过程中，将教学活动本身作为意识的对象，不断对自我及教学进行积极与主动的计划、检查、评价、反馈、控制和调节的能力。这种能力主要分为两大部分。一是自我监控能力，即对专业自我的观察、判断、评价、设计的能力，具体包括：专业自我的意象，即教师的自我满足感、自我信赖感、自我价值感；职业意识，是指教师对教育事业的认识和未来发展的期望；自我设计，是指教师对自身专业发展的设计。二是教学监控能力，即在教学设计、课堂的组织与管理、学习活动的促进、言语和非言语的沟通、评价学习行为、教学后反省等教学活动中，对其内容、对象和过程进行计划、安排、评价、反馈、调节的能力。[1]

教师反思能力培养有五种模式，分别是技术性反思模式、行动中和行动后反思模式、缜密性反思模式、人格性反思模式、批判性反思模式。[2]

第一，技术性反思模式。技术性反思包含两层含义：第一层含义与反思内容密切相关，它主要聚焦于教师的反思技术；第二层含义涉及反思质量，反思质量的高低直接影响教师采取行动并取得预期效果的质量。技术性反思的教师，通常会检验自己的行为是否符合外部的已有规定。通常来讲，规定越细致，就越受到技术性反思教师的欢迎。从某种程度上来说，教师教学质量的高低取决于制定外部规定的领导者、学者等人。

第二，行动中和行动后反思模式。这一模式主要借鉴了舍恩(Schon)的观点。行动中的反思是教师在教学过程中进行的自发的、灵机一动的反思性决定，行动后的反思是教师在一节课教授完毕后进行的反思。教师之所以能在行动中进行反思，取决于教师的实践性知识与能力。此时此刻的班级环境、学生反馈、教师价值观等，都是教师反思的养料与内容。此时教师教学质量的高低取决于教师的反思能力，而不是外部领导者或学者的规定。教师此时就像研究者，他们会记录任何在教学行动中的重要事件，并进行反思性分析，将分析结果用于下一次的教学行动中。

第三，缜密性反思模式。这一反思模式要求教师在做决定时基于多种多样的来源，包括教学研究、经验、别人的建议、个人的信念和价值观等，这些来源几乎处于平等的地位，没有哪一种来源占据主导地位。由此，教师必须基于尽可能多的来源(有时可能是相互矛盾的观点来源)，做出最满意的决定。与强调实践知识的第二种反思模式相比，缜密性反思模式更强调综合性知识和能力。

---

[1] 方中雄，刘维良. 教师职业生涯发展与心理健康[M]. 北京：首都师范大学出版社，2006：52.

[2] Valli L. Listening to other voices: A description of teacher reflection in the United States[J]. Peabody journal of Education,1997(1):67-88.

第四，人格性反思模式。通常来讲，进行反思的教师会连接自己的个人经历和工作经历。他们会思考自己想要成为什么样的教师，以及如何才能完成他们的工作目标乃至人生目标。他们不仅考虑到学生的学业成绩，更多考虑的是学生的方方面面：个人抱负、目前关切的事、未来希望等。人格性反思的教师更多关注的是自己和学生的情感体验，而不只是知识和信息的提供。他们对学生提供恰如其分的关怀与尊重，帮助他们解决学业难题，引导他们更富激情地学习与生活。

第五，批判性反思模式。这一模式的观点来源于哈贝马斯(Habermas)，他将学校和学校知识看成是政治性的结构，带有压迫的意味。哈贝马斯认为批判是反思的最高形式，其目标不仅仅是理解处于弱势的群体，而是去改善弱势群体的生活质量。具有批判性反思的教师，致力于人人平等、自我批评和对社会不良现象进行改善。

三、教学反思

教学反思指的是教师在教学过程中或教学结束后对学生、自己、教学环境等的反思。对于教学反思内容，可以从教学反思的广度和深度两方面来考察，广度指的是教学反思包括哪些方面，深度指的是教学反思水平。

(一) 教学反思广度

教学反思的广度主要包括对学生发展的反思、对教师自身的反思、对课堂教学行为与环境的反思、对教育改革的反思和对人际互动的反思等。

第一，对学生发展的反思。学生既是教育对象，也是教育主体，学生是教育教学活动的核心。对学生发展的反思既要考虑到学生的知识习得与能力提升，也要考虑到学生的身心健康，还要考虑到学生的人格发展。另外，教师要关注到每一个学生的差异性，不同学生的表现，其背后的原因很可能是不同的。

第二，对教师自身的反思。教师是教学活动的主导者，教师是否能用学生接受的教学组织形式、是否富有激情、是否全身心投入教学中都会直接影响学生的学习效果。所以，教学过程绝不是教师一个人的表演，而是在与学生互动中不停反思自己的教学方式并修正自己的教学行为，从而达到有效育人的目的。

第三，对课堂教学行为与环境的反思。教师要分析课堂教学行为的利与弊，注意哪些课堂教学行为能够有益于学生的学习投入。教师还要对师生建构的课堂环境进行有意引导，教学是一个春风化雨、一个灵魂唤醒另一个灵魂的育人活动，所以提供适宜的环境就显得非常必要。

第四，对教育改革的反思。教师绝不是个教书匠，而是有着向善的指向。教师的每一次教学反思，都体现在下一次的教学改变中，这一改变以满足学生需求、引领学生成长为取向，从微小处推动教育改革。

第五，对人际互动的反思。人际互动的反思包括教师如何与学生形成和谐的人际关系，吸引学生主动学习；还包括如何与学生家长相处，共同教育、培养好学生；也包括同事之间的和平相处、互相学习。

(二) 教学反思水平

根据范梅南(Van Manen)对教学反思水平的划分，我们将教学反思划分为三个水平。[①]

水平1：教学技术水平(前反思水平)。技术性反思是针对程序的、技术的问题，例如，如何利用最好的教学方法和技巧，在最短时间内，让教师获得最大的效果，以达到教学目标。即教师所关注的是"怎么解决""怎么做"的问题。该水平最关心的是达到目标的手段，重视手段的效果和效率，而将目的看作理所当然，没有加以检讨。事实上，这一水平不能称为反思水平，因此被称为"前反思水平"。

水平2：理论分析水平(准反思水平)。此水平能够通过教学行为来分析行为背后的原因，但这种分析往往根据个人的经验进行，其目的在于探讨或澄清个人对行为的理解，考虑行为背后的原因和意义。此水平由于主要是基于个人的经验来探究行为背后的原因，教师对结果做解释是基于个人对环境的主观观点而不是对客观结果的描述，还达不到反思意义的水平，这被称为"准反思水平"。

水平3：价值判断水平(反思水平)。反思时考虑道德的、伦理的标准，并从广泛的社会、政治、经济的背景下来审视这些问题，并揭露潜藏于这些问题中的意识形态，以引导改革。在这一水平，教育者关注知识的价值以及对教师而言有利的社会环境，并且能够去除个人的偏见。进一步，教师对于课堂和学校行为能够做出非盲目的选择，以开放的眼光来看待问题，其中包括伦理、道德的思考。这一水平能够从更广阔的社会、文化、政治意义上来分析教学行为，是真正的"反思水平"。

四、教师反思的特点

教师的反思与通常所说的静思不同，它不是一个人独处放松，而是一种需要认真思索乃至极大努力的过程。反思不是简单的教学经验总结，它是伴随整个教学过程的监控、分析和解决问题的活动。具备反思性的教师会有意回顾自己曾经或正在经历的事件，在自发的过程中带有细节性的关注和全局性的思考。他们会思考如何激发学生的学习积极性和自主性，思考如何让课程变得更有趣、更吸引学生，思考如何引导学生互相学习等。

教师的反思具有以下几个特点。[②]

第一，主动性。反思对教师而言是一种高尚的精神生活，是一种高品位的自我研修行为，完全是职业的需要，应当是主动行为，而不是一种外来任务。只有在行动上主动积极地参与反思，我们的反思才是真实的，才是有效的。

第二，批判性。反思使教师对自己的教育教学活动进行理智的思考，对自己的教育教学行为进行构建、审视和回顾，对自己和同事的言行进行积极健康的怀疑和批判，在批判中有效地控制自己的行为，提升自己的教育实践水平。

第三，内隐性。反思是一个复杂的心理过程，是教师对以往的言论和行为重新做出价值判断和选择的过程。在这个过程中，有新旧观念的冲突，有对与错、优与劣的价值判断，有为与不为的抉择。在夜深人静时冥思苦想，寻求答案；在办公室里把自己的困惑诉诸同事，求得支

[①] Van Manen M. Linking ways of knowing with ways of being practical[J]. Curriculum Inquiry. 1977(6):205-208.
[②] 方中雄，刘维良. 教师职业生涯发展与心理健康[M]. 北京：首都师范大学出版社，2006：52.

持与帮助；在灯光下伏案疾书，把自己的见解、观点形成文字……这一切都发生于教师的内心深处。

第四，顿悟性。在反思过程中，教师对自己的教育教学观念和教育教学行为进行积极的构建，反复思考自己在教育教学活动中的成就和问题，以期达到预期目的。在某种特定情境下，得到他人言行或某种理论的启迪，突然得到灵感和启发，进入豁然开朗的境界、产生顿悟。这种顿悟是教师长期思考和长期积累的结果，也是偶然中的必然。

第二节　如何进行教学反思

对教师来说，对教学进行反思是他们最主要的反思内容。教学反思是教师对具体的反思内容进行思维加工时所采用的外显的方法，有以下三种方法可以供教师选择和使用。

一、教育叙事

简单地说，叙事就是讲故事，讲述叙事者亲身经历的事件。叙事是人们表达思想和情感的主要方式，也是人们基本的生活方式。具体而言，教育叙事有两种理解。第一种是教育叙事是一种特别的话语表达方式。它需要某个主题作为故事线，并把所经历的事件和行动连接起来，形成一个有意义且完整的故事。教育叙事包括有目的地选择事件、描述事件发生的先后顺序、阐释行动者动机、理解人际关系变化与背景变化、表达行动者对事件的主观意义和情境性意义等。[1] 也就是说，教育叙事要求讲述者把一系列的人物与事件以某种合理的方式组合在一起，使之成为一个有意义的结构，此时事件的筛选与组织、呈现故事的意义就显得尤为重要。值得注意的是，要避免将教育感想、教育札记或教育随笔看成是教育叙事，因为教育感想、教育札记或教育随笔通常是写作者碎片化想法的表达，缺乏对事件的信息的筛选与组织，更缺乏意义的呈现。

第二种是教育叙事也是一种认知方式。除了逻辑科学化的方式能产生知识之外，讲故事也能产生知识，这被珀金霍尔认为是叙事性知识[2]。叙事性知识蕴含在故事中，体现个体行为和经验的独特性，具有情境性、情感性与动机性。因此，叙事性知识可以在讲述或写作情节化的故事中生成。对于教师而言，通过讲述故事，自己也能够获得对教育教学的理解，这些理解可视为叙事性知识。也就是说教育叙事是教师梳理和呈现自己的叙事性知识的方式，是一种叙事性的认知方式。

由此可以看出，教师自我叙述教育教学故事，并不是为了检验某种已有的教育理论，也不是为了构建一种新的教育理论，更不是向别人炫耀自己的研究成果。教师叙事研究的主要目的，是以自我叙述的方式来反思自己的教育教学活动，并通过反思来促进自己的行动，不断提高教育教学质量。

---

[1] Polkinghorne D E. Narrative Configuration in Qualitative Analysis[J]. Qualitative Studies in Education, 1995, 8(1):5-23.

[2] Polkinghorne D E. Narrative Configuration in Qualitative Analysis[J]. Qualitative Studies in Education, 1995, 8(1):5-23.

教育叙事要把握以下几个方面。①

第一，叙事应该有一个主题。叙事的主题是从某个或几个教学事件中产生，而不是将某个理论问题作为一个"帽子"，然后选择几个教学案例作为例证。

第二，教育叙事形成的报告是一种教育记叙文而不是教育论文。这种教育记叙文比传统的教育论文更能引起读者的共鸣，并由此而体现它的研究价值。

第三，叙事研究报告以叙述为主，但是在自己反思的基础上，夹叙夹议。它能够更真实、更深入地反映研究的全过程和作者的思考。

第四，教育叙事对改进自己的教育教学思路，提升自己的教育教学水平起到了强有力的推动作用。它既是一种指导参与式培训，又是一种探究式培训。

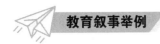
教育叙事举例

一夜回到原点？——我与小喜的故事
北京交通大学附属小学　张东云

"小喜终于赶上来了！我成功了！"我想向全世界表达我的喜悦。2020年1月8日，三年级上学期期末考试结束，小喜的语文成绩等级为良(82分)，数学成绩等级为达标(60分)。这意味着小喜已经打下语文学习的基础，以后会有更大的进步空间。这意味着小喜可以跟上全班同学的学习步伐，不用再单开"小灶"了。

想到一年级期末，课标要求会认的字，小喜大多不认识；要求会写的字，小喜很少会写；考试成绩是个位数。想到过去的3个学期，无数次的一对一辅导课，过去的3个假期，每周鼓励、督促小喜读书、补习，我觉得终于可以松一口气，过一个轻松的寒假了。小喜听到消息，小嘴抿成一条线，眼睛一下子变亮了："真的？真的？太棒了！"小喜带着胜利的微笑与我告别，开始假期生活。

一个月后，盘点寒假学习情况，小喜没完成假期作业。两个月后，新冠疫情发生，全体学生转入居家学习。同学们每天在班级微信群交流学习，小喜仅上传过一次作业。"什么都没有，什么都没有……"我忍不住地叹气，难道一切又回到了原点？曾经的成功，不过是竹篮打水空欢喜？

一、发现身边的科学小达人

居家隔离期间，小喜没完成作业，那么他在家干什么了呢？我与小喜妈妈进行了微信沟通。

小喜妈妈：小喜玩肥皂泡，玩得几个屋子都是肥皂泡；抓蟑螂下诱饵，弄得到处都是；做纸枪，碎屑满桌满地。

小喜妈妈：张老师，非常抱歉，一天过去了，小喜又没做功课。

小喜妈妈：他总能在自己感兴趣的事情上花很多时间，关注到别人关注不到的地方。吹肥皂泡研究很久，对如何捉蟑螂也很有兴趣，不厌其烦地配置各种药水。

看着小喜妈妈的回复，我陷入了沉思。

以前，我会重点关注小喜、鼓励他学习。这个假期，我以为他的成绩提高了，学习自觉性

---

① 方中雄，刘维良. 教师职业生涯发展与心理健康[M]. 北京：首都师范大学出版社，2006：52.

也会提高。小喜妈妈得知孩子成绩提高，高兴得合不拢嘴，一个劲儿地追问我："老师，小喜是全班最低分吗？"我以为小喜父母会乘胜追击，督促小喜学习。显然，情况不是我预想的那样。更糟糕的是，眼下，我想给小喜一对一上课，条件也不允许。

小喜真的一夜回到了原点？

我必须重新思考对小喜的教育。以前，我通过老师辅导加小组伴读的形式，强力提高了小喜的成绩。疫情期间，小喜在家独立学习，掩藏的问题立即暴露出来：学习自觉性没有随成绩同步提高，他仍处在低价值感中，很难独立完成学习。崭新的线上学习形式，对他也是巨大的挑战。

如果我不能像以前那样伸出长臂直接对小喜施以援手，那么以前我看重的小喜的学习成绩将大幅下滑。如果小喜不喜欢甚至放弃书本学习，他的生活就没有意义了吗？如果有，他生命的积极意义又在哪里呢？我必须抛弃以前的教育方式，重新去找寻新的教育方式。

工作坊学习期间，老师邀请我们一起阅读介绍阿德勒心理学的《幸福的勇气》和《被讨厌的勇气》，从中我认识到，通过尊重，能够建立自我价值感，最好的尊重就是不附加任何条件地去认可"真实的那个人"。我想去认识真实的小喜，于是便从邀请小喜分享一天的生活开始。

刚开始，小喜对妈妈向老师"揭发"他在家的所作所为极力反对，但听到我的微信语音，知道我是真的关心他，便答应在班级群如实分享吹泡泡的"秘籍"：在一个泡泡里能再吹出一个泡泡；能吹着泡泡走路、跑步；如果吸管沾了泡泡液，戳泡泡就不会破，否则泡泡会破；泡泡碰到妈妈毛绒的涤纶裤子不会破，弹到地上就会破；泡泡刚吹出来是椭圆形，然后变成圆形。小喜还分享了三种泡泡水配方：1滴洗洁精+10ml水，吹出的最大泡泡直径约15cm；2滴洗洁精+10ml水，最大泡泡的直径约17cm；2滴洗洁精+10ml水+1小撮白糖，最大泡泡的直径约20cm。结论：洗洁精浓度越高，吹的泡泡越大，加糖会使泡泡变得更大。

我请科学老师关注小喜。小喜一分享，老师就肯定小喜发现了生活中的科学现象，并解释了现象背后的科学原理：水具有表面张力，想把表面收得更紧更小，加入洗洁精使水的表面张力变小，不能形成水滴……

"没想到科学老师这么快就夸我了！"小喜可高兴了。回头看见爸爸正用醋和小苏打清洗鱼缸，他马上尝试了新实验，得到一小碗粉状结晶物，在上面印上恐龙头像和脚印。我发现视频中小喜一点点地往水中加洗洁精、白糖，准确地操作实验，控制力道以印出完美的头像和脚印，小手很灵巧。他的眼睛就像舞台上的追光灯，泡泡飞到哪里，目光就紧追到哪里，仔细地观察，直到泡泡破裂。虽然已经吹出了很大的泡泡，但他还不满足，尝试加入更多洗洁精，加入白糖，进行新试验。小喜第一次勇敢地敞开自己，让我意识到吹泡泡也有积极意义！

接下来，小喜上交的作业量增加了，但仍然低于其他同学。我想给小喜减少作业量。要是以前，我会直接减量，但读过心理学的书之后，我想先听听小喜、小喜爸妈的意见。"小喜，你觉得作业有没有难度？想不想换成其他感兴趣的内容？不管怎样，老师都支持你。"小喜妈妈回复："小喜说要和同学们做一样的作业。谢谢张老师，我和他爸爸也加强督促，让他努力完成作业！"

有一次，我听到小喜的读书音频，虽有两处错误，但进步很大，我准备向全班展示。小喜妈妈说："今晚让他再练习，争取都读对了，再发给您！"妈妈比老师要求更严格，这是以前从未有过的。

期末练习看图写话，我知道小喜有生活经验，可以写得很好，但是小喜随便写了一篇通过妈妈交上来。以前，遇到这种情况，我会很恼火。那天，我先在语文教师群发帖吐槽，与江苏扬州的一位网名叫"独角牛妞"的老师一起讨论、分析，"小喜能写已经不错了，能想办法让他写得更好，那是意外惊喜。"我化解了郁闷，下午试着教给小喜妈妈辅导方法：请小喜把看图写话的内容演一演、说一说，调动生活经验。晚上，小喜完成了一篇精彩的满分作文。

一个个问题被成功化解，我觉得自己再也不怕小喜一夜回到原点了。

二、改造课堂上的外星人

回想刚入学时，小喜就像空降到课堂的外星人。上课时他不是忙着捅一下后面的同学，就是揪一下前面的同学。看到同学有好玩、好吃的东西，他直接上手抢。小喜除了自己的名字外，几乎不认识任何字。他缺乏基本的生活常识，语言理解和表达水平只相当于幼儿园中班的水平。别人说的话，他听不明白，自己的想法也表达不清。

我约小喜妈妈到学校面谈，了解了小喜的成长经历与家庭状况。小喜的爸爸妈妈，一个是硕士，一个是博士，平时忙工作、求学、兴趣爱好、休闲放松。小喜一直由奶奶一个人带，上学之前经常早上出门玩，晚上才回家。小喜父母似乎也明白家庭教育的重要性。当小喜课上不写作业，我让他回家写，把情况反馈给他爸妈时，他们回信息："好的，老师。"但是，一个学期过去了，期末考试，小喜的语文、数学成绩竟然是个位数，他就像退潮被遗忘在沙滩上的贝壳，显示出与班集体的巨大差距。我怎么都想不明白，为什么小喜爸妈是高学历的研究人员和大学教师，却当不好父母？为什么小喜一放学，还是在社区里玩到困了才回家？对小喜父母的不满开始在我心里积聚、发酵。

一年级下学期，我决定自己担起教育小喜的主要责任，不再寄希望于他的父母。我给小喜立规矩、提要求，做得好就表扬，做得不好就批评。向他提阶梯式要求，从上课影响5次能不能降到3次，能不能听到老师提醒就收敛；从《正面管教》的"积极暂停""班级民主会议"到行动研究……我决心让他学会规则，融入班集体。一招不见效，我就换其他方法。

但是，无论怎样奖励，再高嗓门的批评，都挡不住小喜招惹同学。小喜抢同学的玩具，把同学推倒并往肚子上踩，骑在身上打，抢起饭包砸。小喜还扒男同学的裤子，狠戳男同学的隐私部位。小喜不断使同学受伤，一个孩子还因伤被送进医院治疗。家长们说："老师，每天孩子冒着生命危险来上学。"家人们筹划集体请愿，要求学校解决问题。

我每天就像消防员一样紧急奔赴现场，整天忙着处理小喜引发的冲突。天天看着同学被小喜打，我又心疼，又气愤。小喜成了我的"心头大患"，在学校，我每天把他带在身边；外出教研，我联系小喜父母，在家看住他。

另一边，我每周都要联系小喜父母到学校处理问题。小喜妈妈说："他不学就不学，不影响别的同学就好。"小喜爸爸说："老师，您不能厉害点吗？"我跟小喜、小喜爸妈的关系到了剑拔弩张的地步。

我觉得自己已经站在悬崖边上，随时可能气急打了小喜，因违反师德被停职，或者小喜引发安全事故。无论哪种情况，后果都很严重。幸亏放暑假了，暑假救了我。我把小喜的情况写成书面报告，新学期一开学就递交给学校领导，寻求帮助。学校聘请专业心理咨询师给小喜进行了一次心理辅导，由此我也重新认识了小喜。

三、看见教室里的隐形人

第一次看到小喜的沙盘作品：路被冲毁，桥梁断掉，小喜带领消防员抓紧抢修——一个7岁的孩子想要奋力修复家庭。我又震惊又心疼，吃不下饭，难过落泪。如果有时光隧道，我想穿越到过去，抱抱孤单的小喜。

我不由得回想起与小喜相处的点滴：小朋友因小喜受伤，我着急上火。而小喜在一边也哭了。我投向他的目光带着愤怒和谴责："你有什么可委屈的？现在害怕得哭了，过后还不是老样子！"我从没想过，小喜有没有委屈，他到底是怎么想的。

翻开班级日志，我发现围绕小喜发生的冲突，不外乎以下几种情况：小喜强行加入游戏不成被驱离，便破坏游戏；小喜打那些拒绝他的小朋友；后来，因为别人的眼神、表情好像不欢迎他，他就会动手。课间别的同学一下课都有固定的玩伴，只有小喜四处找别人玩，十之八九还被拒绝。看上去小喜每天跑来跑去忙着玩，但形单影只的他并不开心。后来，由于他经常打人，小朋友更加远离他。

我观察小朋友交友讲究势均力敌，最起码要有交集。课上，小喜不读、不写、不讨论、不参与课堂，同学看不到他。老师对全班说口令，小喜就像没听见。除非老师走过去，单独提醒他，他才翻开书，2分钟后又旧态复萌。老师忙着40个孩子的学习，管不了他，也顾不上他，只有随他去。如果不是小喜课上折腾，老师不得不停下来提醒、批评他，所有人都忘记了他的存在。

课上，小喜是隐形人；课下，同学更忽略他。小喜似乎很想打破这种局面，挤进同学的世界。比如，同学用飞叠杯搭"高塔"，眼看要成功了，他跑去轻轻一推，作品成了一片狼藉。同学追着打他，小喜笑着逃开，不时扮个鬼脸。现在，在我看来，那是小喜无言的独白："你们别看高塔，都看我呀！"

小喜影响课堂，以前我认定是他规则意识不强。后来，在心理咨询师的启发下，我想可能还有客观原因。小喜是个六七岁的孩子，基础薄弱，自我约束力弱，课堂上遇到困难，很容易放弃学习。课堂40分钟的时间，他不读不写，总要干点什么。想让他保持安静，除非他是泥塑神胎。另一方面，小喜在家里被忽视，在学校被疏离，他想被周围人看见，最直接的方式就是破坏、踢打，遇到的排斥力越大，他的冲击力就越强。哪怕被家长训斥，被同学追打，被老师批评，总算被看见，强过被无视。这很可能是前期无论我怎么训练，小喜都学不会课堂规则，学不会与同学友好相处的原因。

照此下去，随着时间推移，小喜与班级同学学业水平的差距会越拉越大。小喜作为孩子，无法选择家庭环境；而我作为成人，却可以选择"看见"他。我作为老师，不一定能教出一个诺贝尔奖获得者，但一定可以让一个孩子的学校生活多一点快乐。

我打算放弃惨败的改造计划，思考怎么帮助小喜。

四、帮助身边的小可爱

我发现小喜热心集体活动，他记不住交作业，但是我说请同学下周一带个纸盒给班里用，一过周末其他同学都忘记了，唯有小喜记得。于是，我的教育活动就从带领小喜参与班级活动、被同学"看见"开始。我把小喜带在身边，课间和我一起摆齐桌椅、检查卫生。小喜手脚麻利，很快成了热情的服务者。午餐时，我教小喜给同学盛米饭，他学得很快，还自发维护秩序，被同学赞为"盛米饭专家"。同学看见了小喜，我乘胜追击，努力改善小喜和我的关系。早上，小喜一走进教室，我微笑着焐一焐他冰凉的小手，问问作业情况，寻机赞扬他的小努力。一天，小喜下午到校，他放下书包，第一件事是伸出手让我握住。我感觉到笼罩着小喜的"看不见"的冰层在消融。

小喜在其他老师的课上仍不时有不当行为，我说："我喜欢小喜，但不喜欢那些行为。"

一开始，小喜不相信。后来，他发现不管跟同学打起来，还是被老师投诉，我都不发脾气，和他一起捋清楚发生了什么，寻找比打架更好的解决办法。我教他向老师说明情况、表达歉意，示范如何鞠躬，不指望他道过歉就不犯同样的错误，而是希望他在现实情境中学会与人沟通、表达自己。后来，不管发生什么，小喜都不再向我隐瞒。再后来，别的同学犯了错不敢说，他还帮人传话给我。这说明小喜相信不管怎样，我都会喜欢他、爱护他。

小喜的注意力水平低于94%的孩子。我观察，不管是一对四十，还是一对五的教学，小喜关注的不是自己读什么、写什么，而是别人的"风吹草动"："同学，你的橡皮掉地上了""同学，老师看你呢，快坐好！"如果要小喜学习，只能一对一上课。于是我找了一间空教室，每周三、四的下午单独给他上课。课前，我先跟他聊几句，请他喝酸奶，吃水果。课上，小喜答错了，会吐一下舌头，我笑笑，鼓励他再试试。小喜写完一道题，我批阅一道，做对一道题，小喜像拿了冠军一样开心。下课了，小喜没完成作业，我也坚决要求他休息，他的视力、健康比学习更重要。上第二节课，以前在操场玩，叫都叫不回来的小喜，已经出乎意料地提前在教室门口等我了。

渐渐地，在课堂上小喜能回答问题了，计算的正确率也超过一些同学了。课上他参与学习越多，违反规则的行为就越少。升入三年级，我没时间给小喜一对一上课了，便在期末复习时坚持给小喜辅导一个月功课。终于，小喜能和同学一起平静上课了；偶有折腾，老师提醒他，他也听得进去了。再后来，小喜测试成绩能及格了，同学们热烈鼓掌，一起大声说："小喜在1班，小喜很重要。"课间，小喜带了篮球、漫画书，和同学一起打球、看书。

课上，小喜越来越多地发出自己的声音，他的目光不再闪烁，变得清澈明亮，整个人充满朝气。三年级第一学期临近期末，一天下了课间操，两位同学走过去搂住小喜的肩，热切地聊着天走回教室。暖阳洒在他们肩上，小喜就像发着光。我眼里闪出泪花，赶紧用手机记录下这难忘的一幕。

社团分组，小喜申请做组长，一位同学哭着非要成为他的组员。小喜不再是"孤家寡人"，而是"小可爱"了！我真为小喜感到开心。

对小喜父母，我不再提要求，转而帮他们想办法。假期，我组织小喜与同学结成小组，一起读书打卡。冬日的一天，放学后我辅导小喜学习忘了时间，小喜爸爸在铺着薄雪的校门口等了一小时。我感到很抱歉，小喜爸爸安慰我："老师比我们讲得清楚，多留一会儿，小喜有收获。"小喜妈妈说："老师，感谢您对小喜不放弃！"我与小喜爸妈的关系改善了。

回望我和小喜的一路曲折，小喜从"外星人""隐形人"，到后来变成"小可爱""科学小达人"，小喜是如何变身的呢？小喜真的会一夜回到原点吗？

五、真的一夜回到原点？

回溯与小喜相处的每一个镜头，我清晰地认识了小喜，也深刻认识了站在小喜身后的自己。

(一) 改造多凭想当然

一入学，面对外星人一般的小喜，我把他推给他的父母，期待通过父母补课，让他走进课堂。我按照惯例(老师课堂上解决集体的问题，父母课后解决个别学生的问题)去做的时候，低估了面临的困难。小喜长期被"散养"，怎么可能仅仅因为上了小学，与老师谈了几次话，就轻易转到有序学习中来？期望落空几乎是必然的。一招失败，我不得已接过教育小喜的主要职责，一心想改造他。我每天与小喜过招，一招不见效，就换下一招，反正"教育常规武器库"里各种武器多着呢。我45岁，小喜7岁，我还治不了一个小孩？我志在必胜时，师生关系已悄然转换成对手关系。这样的结果只能是惨败。尽管"教育武器"一次次升级,但失败的结果也一次次升级。因为我只看到小喜的外部行为,看不见他的内心。我把自己放在优势地位,把小喜当成弱者、被改造的客体。我想快速赢了小喜,一味地迷信纪律约束、纯粹管理的有效性。然而,没有信任的师生关系,丧失了教育合法性,强加的命令使我和小喜异化为螺丝刀与螺丝、改造与被改造的工具,我疲于奔命,小喜痛苦不堪。我日复一日地在救火、善后、救火中循环……走过千万里,走不出旧套路。

(二)认识真实的自己

"已经站在悬崖边上"的我不得不反思:我这样一个看上去善解人意的老师,怎么在教育小喜的事情上就走入了僵局?

中国台湾辅仁大学的夏林清教授讲解行动研究时说,人总是受到来自各方面的影响,比如家庭、单位等,就像被套在一层又一层的盒子里。我想快速改造小喜,因为学校每周有卫生、常规考评,每学期有考试;周围很多老师善用奖励、惩罚把班级管理得"条顺笔直",受到领导、同事和家长的推崇。我希望小喜不拖班级后腿,希望获得不错的成绩,也被各方认可。这些目标没有写在工作手册上,却是实实在在的每日工作重心。这些外部压力就像被套在我身上的一层又一层的盒子,我屈从于外部压力和内心恐惧,选择强势管控小喜。

我也有教育理想,我把教育理想写在家长会的PPT上:"每一个孩子在我心目中都是优秀的""教育的核心是培养健康人格"。我信奉《正面管教》中"和善与坚定并行"的原则,实践《如何成为高效能教师》中提出的"通过流程建设有序、合作的班级"的方法。但遇到小喜,我绕过上述方法,选择快速有效的控制。我会冲小喜发脾气,口头禅是我生气了。所以,我执行正面管教"温和而坚定"的原则时,多关注"积极暂停""班级民主会议"等策略,忽略了正面管教的思想基础——阿德勒心理学的"尊重",这样的执行必然形似而神远。

我宣称平等地爱每一个学生,但我是否同样地爱着小喜?在沙盘上,我第一次发现惹是生非的小喜,是一个努力修复家庭、想被人"看见"的孤独的小男孩,我感受到他的落寞、委屈、挫败,理解他的百般折腾不过是拼命想冲破"不被看见"的魔障的执着。我看见小喜不是"外星人",而是班级"隐形人",生出恻隐之心,期待通过帮扶改变小喜。此时,我与小喜的关系发生了第一次转折:我由一个强势的改造者转变为温暖的帮扶者,从追求快速、圆满地处理事件转为在过程中助人育人。因为我意识到,照一年级的情形发展下去,小喜小学6年也许能得到打赢同学、打败老师的快感,但永远失去的是班级集体的温暖、老师的关爱、个人的成就感,而且影响整个班级的发展。我要对小喜进行教育救助。而随着付出越多,我与小喜的共同体关系越牢固。小喜的进步、快乐以及对我的依恋,不断鼓舞着我对他进行更多的帮扶。

(三)发现多种可能性

如果说我为了扭转败局对小喜进行帮扶是自发的教育探索,那么2019年9月我进入第三期教育行动研究工作坊学习,则开启了我有意识地探究和自觉转变的旅程。

开班第一讲,陈向明教授给我们介绍了双环学习理论。老师们在面对问题时单纯调整行动策略,期望改变后果,这是单环学习。老师们在调整行为背后的价值观念的同时调整行动策略,从而改变后果,便是双环学习。我觉得双环学习理论很有意思,好像一束亮光划过。但我听完报告以后,这个理论也就忘了。

当叙事探究进行到反思写作时,我写小喜、学校班级环境、家庭环境,写了很多,就是抓不到问题的根源。我的故事从一稿到四稿,改了无数次,总是不得要领。我陷入资料的海洋,研究陷入困顿。百般无奈之下,我从头翻阅工作坊每一讲的课堂笔记,"双环学习"这个概念再一次跳出来,跃入我的眼帘。我把双环学习图示放到文章中,但也仅仅只是放在那里,没有做任何分析。欧群慧老师在指导我时敏感地抓到了这个闪光点,启发我深入思考双环学习。

在与指导老师们的探讨中,我开始意识到,要把目光从外面收回来,向内聚焦,发掘自己内心深处的想法,叙事探究最终会落实到教育者本身对自己的认识、提升和改变上。我一开始回避对自己的分析,但是后来我觉得最终我们都将面对自己。不仅指导老师们一直在强调这一点,而且我发现自己无处可逃,也逃不了了。如果我想把教育叙事进行到深处,必须把自己的"保护壳"打开,将内心的想法真实地呈现出来。只有我鼓起勇气,正视自己过往的失误或曲折,反思自己内心的教育信念,才会真正有所提升。直到这时,我才真正明白了双环学习,也真正实现了双环学习。而这个过程让我意识到,理论学习只有在经历了困境和挣扎之后才能真正发生,也才能对我这样的一线教师真正产生意义。

以前,我觉得应该改变小喜,让他走到班级中,走到我身边来。现在,我非常赞同这种教育观念,"一位机智的老师认识到要跨过街道走过来的不是孩子,而是老师"。因此,我带小喜摆齐桌椅,教他给同学盛饭,给他一对一上课,帮助他被同学、老师看见。我拉着他的手翻越障碍,不应该仅仅出于同情,更应该是教育者的职业责任与专业自觉。当下,像小喜这样的孩子越来越多,家庭缺乏孩子对亲密关系的需要。作为教师,我必须重视《教学机智》中所说的"替代父母关系",协助父母完成育人责任。

疫情期间居家学习,小喜一夜回到原点,我一筹莫展时,工作坊的老师带领我们在线阅读、讨论,我觉得书里到处都是小喜的影子。比如书中说到,所谓特殊孩子,在教室里,在学校里,如果孩子表现特殊,很大的原因是,孩子跟老师的关系出现了问题,孩子在反抗老师。这不正是小喜的样子吗?书读完当天,跟小喜妈妈微信沟通时,我会提醒自己多问问"小喜在忙什么,遇到了什么困难?"小喜妈妈说:"抱歉,小喜又没完成作业。"我不再理所当然地接受歉意,会说"您辛苦了"。我会给小喜写信,"既然小喜觉得跟大家一起学习很重要,能不能把学习当成一天中的第一件事来做,写一个字就算成功……"

面对问题,自觉调整乃至改变信念,进而改变行动策略,是双环学习的核心。既然我认同阿德勒的观点:教育的入口是尊重,不附加任何条件地接受并尊重那个人真实的样子,不做任何否定,不做任何强迫,帮助其成长,那个人会因此而获得巨大的勇气。我便请小喜分享一天的生活。我想,只要他不是睡着过一天,他总要干些什么,这些事情中必定包含积极因素。我真诚地感兴趣着他的兴趣,快乐着他的快乐,结果发现了科学小达人小喜。后来,面对作业问题我会征求小喜的意见,而不是直接干预。我从帮扶期待小喜改变到尊重小喜真实的样子,尊重小喜自己的意愿,实现了教育信念的第二次跃迁。

此时,我有种庄生梦蝶之感:理性的教育叙事研究与实实在在解决眼前问题的教育实践交织在一起。

解决了眼前问题,我又生出新疑问:以后,小喜会变得自信、好学吗?如果小喜再次一夜回到原点,我该怎么办?根据比斯塔的观点,教育总会包含风险,因为教育不是机器人之间的互动,而是人与人之间的相遇。

成与败,进步或后退,皆有可能。而这种不确定性,我丢失的是志在必胜的笃定和无法掌控,恰恰是我和小喜发挥生命主体性的空间,使我们真正地作为人蓬勃生长,而不是作为零部件按设定程序被塑造和规训。无论多么优秀的教育者都无法保证学生一定会有所改变,但正因为无法保证，才需要无条件的尊重。作为老师，我必须踏出尊重的第一步。无论看来多么幼稚的游戏，我都会与小喜一起尝试，投入其中并愉快享受，因为小喜会因此感到被认可、被尊重、被平等对待。

想明白这些，小喜会多少次回到原点，我都不再惧怕。如果再遇到问题，我会尝试再次改变自己的观念，牵着小喜的手翻越障碍。教育就是一个长长的陪伴和信赖的旅程。我关注与小喜的"关系"，无条件地接纳小喜，对年幼的孩子来说，我与他的关系不只是达到某种目的(受到教育或成长)的手段，还是一种生活体验，具有积极的生命意义。

从最初强力改造"外星人"小喜遭遇惨败，到在沙盘上看到孤单的小喜，看见"隐形人"小喜；从出于同情心自发帮助小喜被同学看见，一对一上课帮助小喜提高参与课堂的能力，小喜成了"小可爱"；再到进入工作坊学习，把帮扶小喜看作职业责任，疫情期间帮他克服线上学习的新困难——我自觉转变观念，尊重小喜真实的样子，发现了"科学小达人"小喜，这期间我经历了不止一次的跃迁。

回首这段教育旅程，我发自内心感谢小喜，因为小喜，我认识到作为成人的我，可以继续成长，还有许多的可能性。

(资料来源：https://mp.weixin.qq.com/s/EXONwCo5yQm85oylkxyc-g)

二、教育日志

日志是人们经常使用的一种记录自己每日所历、所思、所感的反思形式。善于反思的人，常常通过对自己所言所行的分析解剖来体悟人生的道理，提高自己的思想情感境界。对教师来说，运用教育日志是其坚持以多种形式全面地、真实地记录自己的教育实践，并对记录的有价值、有意义的事件、细节和体会进行深入的打磨、回味、批判、分析与整合，以提高自己的成长质量和实践水平的一种研究方法。[①]

通常来讲，教育日志包含多种称呼，如反思日记、教学日志、教育随笔等，只要是记录关于教育的每日所历、所思、所感，就可以称为教育日志。根据不同研究者的分类，可以大概了解教育日志的基本情况。

有研究者专门介绍了反思日记、教学日志、教后记、反思札记，具体如下。[②]

反思日记：日常教学中，教师往往被要求写课后记，课后记是反思日记的一种。课后记是教师在一节课、一天工作后的教学感受和体会的书面反映，通过日记把课堂上遇到的问题详尽地记录下来，加以内省、总结，以便进一步修改和完善今后的教学，同时也有助于触发教师的教学灵感。

反思日记是教师将自己的课堂实践的某些方面，连同自己的体会和感受诉诸笔端，是实现自我监控最直接、最简易的方式。反思日记可以涉及有关实践主体(教师)方面的内容、有关实践客体(学生)方面的内容或有关教学方法方面的内容。教师不仅可以对课堂的事件进行诚实、客观的描述，对事件的发生进行细致的分析，还可以提出对相关问题的研究方案。

[①] 王立华，刘立平，秦望. 运用教育日志：名师工作室研修常态化的个案探索[J]. 教师教育论坛，2022，35(08)：87-90.

[②] 方中雄，刘维良. 教师职业生涯发展与心理健康[M]. 北京：首都师范大学出版社，2006：68-70.

教学日志：教学日志是指教师对所教所听内容的感受的记录，是促进反思性探究的一种有效的手段，可以达到两个目的：一是为日后进行教学反思留下教学过程和思考的材料，二是引发对教学的思考。

教学日志常常包括以下内容：本次教学中的难点是否得以解决、所运用的方法是否得当、自己在课堂中的情感表达与态度等。教学日志为教师日后研究自己的教学经验提供了原始的材料，为提高教学质量和自身专业的发展打下坚实的基础。

教学反思的形成不是一蹴而就的，而是长期的、反复的过程。要真正做到"反思"是很不容易的，没有自以为非的精神，没有完善自己的欲望，是做不到的。

反思是一个相对完整的周期，一个周期完成了，如果需要，下一周期再从提出问题开始。经过若干次循环，通过4～5次的教学反思，促使教师深入地思考，使得教师能够有意识地、经常地将反思成果与教育理论应用于实践。学习反思的过程也是教师不断进步的过程。它可以激活教师的教学智慧，探索教材内容的崭新表达方式，构建师生互动机制及学生学习的新方式。长此以往，教师会逐步成为理论与实践相结合的学者型教师。

教后记：教后记是反思日记的一种，可把教学后记与教学设计结合在一起，形成反思教案。教师可以把自己所上课的教学环节、步骤、方法设计等做个记录，以便对每节课的教学经历做一种书面形式的反馈，将比较好的教学环节、课堂组织形式列一个清单，将不好或较差的步骤、环节做个统计，然后进行分析、总结，有针对性地解决问题。这样做，教师不仅可以进行自我观察、自我评估，也可以随时把事件或想法记录下来，一方面可以收集教学材料，另一方面可以把它作为评判性反思的信息，清醒地检查、分析、认识自己的教学实践。长期记录自己教与学的经验，不但可以提高教师的写作水平，也可以提高教师分析问题、解决问题的能力，而且这种方法简单易行。

反思札记：单纯的内省反思活动通常比较模糊、难以深入，而进行对话，可以使人的思维清晰，来自交谈对象的反馈又会激起深入的思考。反思活动不仅是个体行为，它还需要群体的支持。教师个体通过语言，将自己对某一问题的思考与解决过程展现给小组的其他成员，在充分交流、相互诘问的基础上，反观自己的意识与行为，加深对自己的了解，并了解不同的观念。然后，教师把自己的体会诉诸笔端，撰写成反思札记。

另有研究者区别了教育日志、教育日记、教育随笔和工作笔记，具体见表10-1。

表10-1 教育日志、教育日记、教育随笔、工作笔记的区别[①]

类别	记录文体	记录目的	记录内容	服务对象	记录文风	记录频率	运用时限
教育日志	综合运用应用文、记叙文、散文	保留教育生活的原貌	尽可能全面的实践内容	自己、大众	准确、简洁、易懂，不使用修辞	每天	终身
教育日记	应用文与记叙文兼备	留存特殊教育生活片段	体验最深刻的事件	私密性最强，只为自己	追求深刻性，使用修辞	每天	终身

[①] 王立华，刘立平，秦望. 运用教育日志：名师工作室研修常态化的个案探索[J]. 教师教育论坛，2022，35(08)：87-90.

(续表)

类别	记录文体	记录目的	记录内容	服务对象	记录文风	记录频率	运用时限
教育随笔	散文为主	以学术交流为主	凸显某一主题的特殊事件	以学术分享为主	使用学术语言，写作手法是多样化的	随机、时间不确定	终身
工作笔记	无文体要求	有条理地完成工作任务	根据当下情形而定	以自己使用为主，也会分享给同事	条理清晰、内容简洁、突出重点，不使用修辞	随机、时间不确定	当天、近期或某一学期

尽管教育日志具有简单易行的特点，但是为了使教育日志发挥出它应有的作用，在撰写中还需要注意以下几个方面。[①]

(1) 要注意读书，勤于思考。

教师要结合自己的工作，注意多读书学习，不断学习教育改革的理论，读优秀教师的教学经验总结，提高理论修养，在与大师、优秀教师的对话中反思自己的理念，反思自己的教育教学实践。

教育日志是对发生在教师自己身边的实践的记录，但并不是对所有事情的记录，而是选择那些引发自己思索的事件。这就需要教师勤于思考，形成较强的问题意识，学会自我提问，进行有效反思，在专业发展中发挥作用。

(2) 要重视日常观察，及时记录，持之以恒。

教育日志的写作始于观察，通过观察并把观察到的事实记录和表达出来，也就大致形成了教育日志。因此，在平时的教育教学工作中教师要特别注意培养自己敏锐的观察力，在习以为常的工作中观察细微的变化，形成善于观察的良好习惯；同时，还要掌握一定的观察方法，在观察的基础上，及时及早地进行记述。

教育日志的撰写还要持之以恒，坚持不懈，最好能每天或隔几天安排一个特定的时间来专门写教育日志。为了记述捕捉信息，教师要养成随身携带笔记本和笔的习惯，随时随地将所见所思所想记录下来。如果时间来不及，也可以用缩写符号、片语来记录一些重点。总之，不要过于相信自己的记忆力。如果时间许可，记录得越详细越好。需要强调的是，对日志记录做一些暂时性的分析十分有必要。

(3) 描述性记录与解释性记录相结合。

在任何时候，有人说了什么话，最好直接记录，并用引号表示，或用独立的一段文字说明。即使当时的情景不允许即时记录，也要尽可能在第一时间把记忆中尚比较鲜明的细节、话语记录下来。除了描述性记录，还应含有解释性记录，如感受、解释、思索、事件的解说、对自我假设与偏见的反思等。

(4) 总结经验与教训相结合。

总结经验比检讨错误更加重要。教师在撰写日志时，应首先指出自己的独特之处、成功之处，然后是应该怎样才能做得更好，最后才是还有什么感到遗憾、不足。只有把反思建立在让反思者本人更加自尊、自信的基础上，反思才能成为教育者日常的生活方式，才能成为我们发

[①] 方中雄，刘维良. 教师职业生涯发展与心理健康[M]. 北京：首都师范大学出版社，2006：70-71.

展和进步的动力。

三、教育自传

教育自传作为一种方法，旨在帮助教师描述学校知识、生活史和思想发展之间的关系从而达成自我转变，实现专业成长。教师个体自我转变的工作意味着教师个体与文本、其他教师及个体自身展开相互作用的过程。教育自传的方法是从事这项个体解放工作的一个策略，它强调文本的和自传性的分析。① 教育自传特别强调教师回归经历过的生活经验，识别出那些理所当然的具体因素，返回事物本身，由此进一步挖掘前概念或无意识的事物，推动教师个体的意识解放。教育自传是回忆自己做孩子、做学生的故事以及自己做家长或做老师的故事。这些故事可以归入三类：第一，我做孩子的时候我的祖父祖母、父亲母亲或者兄弟姐妹是怎样教育我的；第二，我做学生时我的老师是怎样教育我的；第三，我做家长时是怎样教育我的孩子的，或者我做老师时是怎样教育我的学生的，以及我是怎样度过学校生活的。②

撰写教育自传分为三个步骤。第一步，通过心灵的自由联想的形式使一个人的教育经验转化为语言。第二步，用其批判官能理论在其教育生活中起作用的原则和模式，因此而获得对其教育经验的更深刻的理解，并阐明其内部世界的构成部分、提高其自我理解能力。第三步，分析其他人的经验以揭示超出传记界限的、"基本教育结构或过程"的内容。③

我为什么想当老师

华东师范大学　刘良华

1992年我大学毕业，到湖北黄石市"十五冶子弟中学"做英语教师。1994年我在西南师范大学附中做过一年代课教师。前后加起来，我做中学教师的时间共计两年。我很早就梦想，以后做一名中学老师，或者做一名小学老师。我为什么想当老师呢？我小时候一直生活在我祖父的阴影下，他总瞧不起我，我在他面前比较自卑。我的自卑感使我从小就向往做教师。在我的印象中，教师在学生面前总是君临天下的样子，气势汹汹，他们好像不受自卑感的折磨。我从小立志当老师还有一个重要的原因，就是我小学三年级以前每次考试时总是极度恐慌，但我们的老师却"悠闲地在走廊里晃来晃去"。这令我很羡慕。我希望将来也像他们那样不用担心考试，学生在比较痛苦地考试时，做老师的却可以"悠闲地在走廊里晃来晃去"。后来我真的做老师了，我开始逐步实现自己的愿望：第一，本人一直想做领导，但总是没机会做领导，于是就站在讲台上，在我的学生面前摆出"君临天下"的姿态；第二，本人一直厌恶考试，包括厌恶现在的汽车驾照考试和职称考试，但本人几乎每年都考别人，而且亲自做监考员。等到我真的做了老师之后，就发现做中学或小学老师并不浪漫，遇到很多困难。鲁迅写过几篇叫作《忽然想到》的文章，我也忽然想到一些问题，于是我不得不提醒自己：第一，不要站在讲台上气

---

① 魏建培. 教师专业成长途径：教育自传[J]. 教师教育研究，2009，21(03)：12-16.
② 刘良华. 教育自传[M]. 北京：高等教育出版社，2010：2.
③ 魏建培. 教师专业成长途径：教育自传[J]. 教师教育研究，2009，21(03)：12-16.

势汹汹，在学生面前最好保持一些必要的自卑感。保持向学生学习的心态，承认自己在很多地方不如学生；第二，在学生考试时，不要在走廊里摇来晃去。不要让学生因为你的存在而痛苦。真实的困难当然不是这些。教师比较苦恼的事情是太"忙碌"。如果做了班主任，教师就几乎陷入无法克服的"忙碌"。

设想，如果你是一个小学一年级的班主任，在一周之内，你可能要填写几十份表格，因为学生要体检，体检当然是重要的；你可能要停课组织学生去满腔热情地"大扫除"，因为下个星期有一位重要的领导要来视察学校；你得每天看着学生吃早餐，如果你不在现场，班上就可能有学生用早餐的蛋糕相互攻击；你得每天都看着学生整队出操，然后整队返回教室，要不是这样，你的学生就不会保持队形整齐，你的班级就丢失了入选"文明班级"的一切机会。你得处理班级里随时可能发生的偶发事件，教室里的学生群体中如果有那么几个"定时炸弹"，你得整天提心吊胆，随时会有学生被其他老师拎到你的办公室来让你训话……我是说，如果一名语文老师或者数学、外语老师整天生活在这样疲于奔命地填写表格、找学生训话之类的生活中，你如何还能指望他/她成为有思想的教师？

(资料来源：刘良华. 教育自传[M]. 北京：高等教育出版社，2010：204.)

第三节 培养教师教学反思能力

为了培养教师的教学反思能力，要在学校、教师之间、教师个体多层面施加影响。

一、创设适宜的学校环境

学校是教师从事教学的主阵地，营造良好的反思氛围有利于促进教师的专业发展。学校要积极创设民主合作、畅所欲言、互相信任的学校环境。不同的教师拥有不同的经验和知识，学校提供民主合作的氛围，能充分激发教师与他人互换、共享信息，便于教师之间相互讨论。在这样的环境中，教师才能各抒己见、畅所欲言，自由交流教学问题与困惑、成功的经验与失败的教训。教师在反思过程中既是自我批判的，又是民主合作的，在教师的参与、互动中，提高教师个体反思水平，进而提高群体反思水平。

具体而言，一方面，学校可以组织多种教研活动，让教师相互评课、说课，进行现场观察，鼓励教师间的合作。另一方面，学校可以开展教学反思能力培训，让教师了解反思理论的知识和反思教育的模式，让他们掌握具体的教学反思方法，从教学实践中反思自己与他人的关系，反思问题与症结，从而提高他们的教学水平和反思能力。

二、提升教师讨论与反馈的质量

不管是学校专门组织的教研组、教学大赛等交流载体，还是教师之间形成的非正式群体，教师总是有机会经常见面，讨论教学中遇到的问题和经验。所以，讨论与交流的深度、广度、问题聚焦度等设计质量层面的问题就显得尤为重要，教师需要在互相交流、提问、讨论中共同成长。教师在讨论与交流中，要承担起相应的责任，尽可能知无不言言无不尽，尽量将专业化的知识和技能表达出来。唯有如此，教师才可能真实了解他人对同一问题的不同看法，进而反省自己的教学方法与技巧是否适宜于学生的学习，吸取有益的经验。同时，教师可以在交流中完善自己的想法并起到帮助他人的作用，实现共同发展。

三、注重教师个体的责任感与问题意识

教师的责任感是教学反思的基础，也是教学的动力。一个有责任感的教师，才会思考教学效果，因此，培养教师的责任感，是培养教师反思能力必不可少的环节。作为教师，有职责去了解国内外教学理论和方法的发展及变化情况，有义务去了解受教育者的实际要求，更有责任将自己的职业发展与学生的教材教法的研究和教学改革相结合，对具体教学做出审思。如我是如何组织课堂教学的，我的学生喜欢什么样的教学形式，学生的反应如何，我对本门课的看法是什么，我的教学是否满足不同学生的需要，哪部分教学效果好，哪部分还需要进一步改进，教学是否有创意……一个教师如果有这样的职业责任感，并且能够坚持不懈，那么他的职业自省能力一定会随着他的教学实践培养和发展起来。

问题意识应当是教师教学过程中时刻提醒自己的功课。具备问题意识，教师才会对身边习以为常的教育现象敏感，注意到平时忽略的事物。问题意识来自自我意识觉醒，而自我意识的觉醒产生于在旧有理念导向下的实践的困惑和迷茫。当旧的教育理论不能指导实践，二者发生偏离时，实践活动难以继续，教师就会对教学产生迷惑，意识到教学中存在问题，引发对教学活动的思考。教师只有意识到教学问题的存在，才有可能主动探究问题产生的原因，积极寻求问题解决的方法。

四、加强反思策略的学习[①]

教师在课堂教学之前可以采用自我提问策略，如开列问题单。教师在课堂教学前设计好问题单，然后根据实际教学情况进行回答，最后再对照分析，看自己在课堂教学前存在哪些问题和不足，进而及时调整课堂教学。

教师在课堂教学中，应密切注视学生的反应，努力调动学生的学习积极性，随时准备有效应对课堂上的偶发事件。教师在促进学生的学习活动时，要对自己的教学进程、教学方法、学生的参与和反应等方面随时保持有意识的反省，并能根据反馈信息及时调整自己的教学活动，使之达到最佳效果。教师可以采用写反思教案来对课堂教学活动的整个过程进行记录，再对教材、教学中各环节以及教学组织做出分析；可以采用课堂录音或录像的方法，为教师提供详细的教学活动记录，帮助教师多方面地认识自我；还可以采取现场指导策略，由指导教师从备课、说课、上课到反馈给教师适当的指导，使教师在不同的教学情境下，选择最佳教学策略，取得最佳教学效果，最终学会对课堂教学进行有效调节。除这些策略外，在课堂教学中，言语和体态语言是沟通师生双方信息、情感的重要手段，教师要善于利用语言和非语言的交流手段对学生的反应做出及时的评价与调整。教师应努力以自己的积极态度去感染学生，以多种形式鼓励学生学习，并保持对师生间交流的敏感性和批判性，一旦发现沟通过程中出现问题，立即设法纠正。

在上完一课或一阶段课后，教师要对已上过的课进行回顾与评价，认真分析自己的课在哪

[①] 方中雄，刘维良. 教师职业生涯发展与心理健康[M]. 北京：首都师范大学出版社，2006：52.

些方面取得成功，在哪些方面还有待改进，分析学生对知识的掌握程度和他们能力的发展速度与水平。因此，反思能力强的教师会使用多种方法评估学生的进步，以便了解学生的学习状况，正确评价教学效果。在教学活动后，教师可以采用教后感、反思日记、总结等策略来培养反思能力。在教学实践中的反思常常是稍纵即逝的思想火花，教师要在课后及时加以捕捉，形成书面材料，深化反思行为。通过写教后感、反思日记，教师能全面分析教学活动，反观自己的意识和行为，进行正确的自我评价，不断检查自己的教学成效并努力改进。

课后练习

1. 将本章你认为重要的内容列举出来：
①
②
③
④
⑤

2. 将你认为需要质疑或讨论的内容列举出来：
①
②
③
④
⑤

3. 什么是反思？反思与教学反思有什么区别和联系？
4. 教师反思有什么特点？
5. 如何进行教育叙事？结合你自己的经历，试着写一篇教育叙事。
6. 结合你自己的经历，试着写一篇教育日志。
7. 什么是教育自传？结合你自己的经历，试着写一篇教育自传。

第十一章 教师时间管理

第一节 时间管理的基本认识

《心理学大辞典》对"时间管理"的解释为：个体为有效利用时间资源进行的计划和控制活动。也即要在同样的时间消耗下，为提高时间的利用率和有效性而进行的一系列工作。其目标是要使人们从被动地、自然地使用时间转到系统地、集中地、有目的、有计划地主动分配使用时间，从而进行高效的、富有创造性的劳动。由此可以看出，时间管理具有目的性、计划性与主动性：其目的性体现在时间管理是为了在有限的时间内得到高质量的产出；计划性体现在为了实现目的而合理安排、规划未来时间；主动性体现在个人主动在一定时间内完成某项任务或项目。

对教师而言，时间管理有着重要的意义。首先，管理好时间有助于提高教师学习和工作的效率。效率指单位时间内工作的总量。通过掌握一定的时间管理方法，对时间进行有效的利用，有助于提升单位时间内的工作量，高效地完成任务，使教师轻松应对自己的工作与学习，有助于增强其职业成就感。其次，管理好时间有助于促进教师的事业发展。善于管理时间的教师，能够出色、快捷地完成教育教学任务，取得良好的工作成绩，促进事业的成功。此外，当今社会高速发展，科学技术不断更新，新知识、新技术不断涌现，要求教师不断地学习新知识和新技能，不断完善自己的知识体系，提高自己的教育教学能力。因此，他们必须在工作之余花大量的时间再学习。善于驾驭时间的教师有更多的时间去"充电"，使他们能够在激烈的竞争中保持优势，促进其专业发展。最后，管理好时间有助于提升教师的生活品质。生活品质的高低不在于生命的长度而在于生命的广度与厚度。良好的时间管理能力有助于教师有条不紊地应对工作，高效完成任务，产生极大的成就感和心理满足感；有条理地安排时间并利用节省下来的时间做想做的事，有助于身心健康地发展；善于驾驭时间的教师，可以更好地扮演各种社会角色，在学校出色地完成工作任务，按时回家与家人团聚，有时间关爱家庭成员，生活方式丰富多彩，家庭美满幸福。管理好时间有助于教师克服职业倦怠，提升生活品质。[1]

有学者提出时间管理要注重的原则，具体包括以下几点[2]。

(1) 要和自己的价值观相吻合。自己一定要确立个人的价值观，假如价值观不明确，你就

---

[1] 王蔚. 运用时间管理理论促进教师可持续发展[J]. 基础教育参考，2009(08)：55-58.
[2] 匿名. 时间管理的十一条金律[J]. 党政论坛(干部文摘)，2008(02)：56.

很难知道什么对自己最重要，也分配不好时间。时间管理的重点不在于管理时间，而在于如何分配时间。你永远没有时间做每件事，但你永远有时间做对自己来说最重要的事。

(2) 设立明确的目标。成功等于目标，时间管理的目的是让自己在最短时间内实现更多想要实现的目标；你必须把4~10个目标写出来，找出一个核心目标，并依次排列重要性，然后依照你的目标设定一些详细的计划，你的关键就是依照计划进行。

(3) 改变自己的想法。美国心理学之父威廉·詹姆士对时间行为学的研究发现这样两种对待时间的态度："这件工作必须完成，它实在讨厌，所以我能拖便尽量拖"和"这不是件令人愉快的工作，但它必须完成，所以我得马上动手，好让自己能早些摆脱它"。当你有了动机，迅速踏出第一步是很重要的。不要想立刻推翻自己的整个习惯，只需强迫自己立刻去做你所拖延的某件事。然后，从第二天早上开始，每天都从时间列表中选出最不想做的事情先做。

(4) 遵循20-80定律。20-80定律的核心内容是生活中80%的结果几乎源于20%的活动。因此，要把注意力放在20%的关键事情上。

(5) 安排"不被干扰"时间。日本专业的统计数据指出：人们一般每8分钟会受到1次打扰，每小时大约7次，或者说每天50~60次。平均每次打扰大约是5分钟，总共每天大约4小时。其中约3小时的打扰是没有意义或者极少有价值的。同时人被打扰后重拾原来的思路平均需要3分钟，总共每天大约就是2.5小时。根据以上的统计数据，可以发现，每天因打扰而产生的时间损失约为5.5小时，按8小时工作制算，这占了工作时间的68.7%。为了安排"不被干扰"的时间，一方面可以保持自己的工作节奏，如每天至少要有半小时到一小时手机静音等，假如你能有一个小时完全不受任何人干扰，把自己关在自己的空间里面思考或者工作，这一个小时可以抵过你一天的工作效率，甚至有时候这一小时比你3天工作的效率还要好。另一方面可以与其他同事保持较一致的工作节奏，如不要唐突地拜访对方、提前预约等。

(6) 严格规定完成期限。帕金森(c-Noarthcote Parkinson)在其所著的《帕金森法则》(Parkinsons Law)中，写下这段话：你有多少时间完成工作，工作就会自动变成需要那么多时间。如果你有一整天的时间可以做某项工作，你就会花一天的时间去做它。而如果你只有一小时的时间可以做这项工作，你就会更迅速有效地在一小时内做完它。

(7) 做好时间日志。你花了多少时间在做哪些事情，把它详细地记录下来，早上出门(包括洗漱、换衣、早餐等)花了多少时间，搭车花了多少时间，出去拜访客户花了多少时间……把每天花的时间一一记录下来，你会清晰地发现浪费了哪些时间。这和记账是一个道理。当你找到浪费时间的根源，你才有办法改变。

(8) 理解时间大于金钱。用金钱去换取别人的成功经验，一定要抓住一切机会向顶尖人士学习。仔细选择你接触的对象，因为这会节省你很多时间。假设与一个成功者在一起，他花了40年时间成功，你跟10个这样的人交往，你不是就浓缩了400年的经验？

(9) 学会列清单。把自己要做的每一件事情都写下来，这样做首先能让你随时都明确自己手头上的任务。不要轻信自己可以用脑子把每件事情都记住，而当你看到自己长长的列表时，也会产生紧迫感。

(10) 同一类的事情最好一次把它做完。假如你在做纸上作业，那段时间就都做纸上作业；假如你是在思考，用一段时间只做思考；假如你在打电话，最好把电话累积到某一时间一次把它打完。当你重复做一件事情时，你会熟能生巧，效率一定会提高。

(11) 每一分钟每一秒做最有效率的事情。你必须思考一下要做好一份工作，到底哪几件事情是对你最有效率的，列下来，分配时间把它做好(始终直瞄：靶心-绩效=晋升)。

(12) 简化工作流程。任何工作的困难度与其执行步骤的数目平方成正比。例如，完成一件工作有 3 个执行步骤，则此工作的困难度是 9，而完成另一工作有 5 个执行步骤，则此工作的困难度是 25，所以必须要简化工作流程。

第二节 时间管理测验

一、时间管理能力测验[①]

通过以下的时间管理能力测验，可以检验你的时间管理能力。

请问，如果每天都有 86 400 元进入你的银行账户，而你必须当天用光，你会如何运用这笔钱？是的，你真的有这样一个账户，那就是"时间"。每天每一个人都会有新的 86 400 秒"进账"。那么，面对这样一笔财富，你打算怎样利用它们？

下面的每个问题，请你根据自己的实际情况，如实地给自己评分。记分方式为：选择"从不"记 0 分；选择"有时"记 1 分；选择"经常"记 2 分；选择"总是"记 3 分。

1. 我在每个工作日之前，都能为计划中的工作做些准备。
2. 凡是可交派下属(别人)去做的，我都交派下去。
3. 我利用工作进度表来书面规定工作任务与目标。
4. 我尽量一次性处理完毕每份文件。
5. 我每天列出一个应办事项清单，按重要顺序排列，依次办理这些事情。
6. 我尽量回避干扰性电话，不速之客的来访，以及突然的约会。
7. 我试着按照生理节奏变动规律曲线图来安排我的工作。
8. 我的日程表留有回旋余地，以便应对突发事件。
9. 当其他人想占用我的时间，而我又必须处理更重要的事情时，我会说"不"。

测试结果：

0～12 分：你自己没有时间规划，总是让人牵着鼻子走。

13～17 分：你试图掌握自己的时间，却不能持之以恒。

18～22 分：你的时间管理状况良好。

23～27 分：你是值得学习的时间管理的典范。

二、罗莎哈时间感测验[②]

在生活中，时间会悄悄地溜走，当人们不去利用的时候，时间流逝得就更容易了。下面这个测验是有名的罗莎哈测验。这个测验可以检验和增强你的时间观念。

[①] https://www.sohu.com/a/482460333_396689.

[②] 赵敏、张凤. 大学生生涯规划与辅导务实[M]. 北京：电子工业出版社，2010：41.

测验一：时间的隐喻

你喜欢以下哪一种象征时间的形象？
- 风平浪静的海面
- 飞驰中的骑士
- 逃跑中的贼
- 月夜中漫长的小道

测验二：时间的描述

你认为下面哪几个形容词最适合描述你对时间的观念？(可选 3~5 个)

尖锐	活泼
空虚	缓和
阴郁	开朗
寒冷	深厚

测验三：检查一下你的表

请检查一下你的手表或床边的闹钟，确定其准确程度，然后与标准时间对照，填入下表：

你的钟表时间：___时___分

标准时间：___时___分

你的钟表正确___，快___分，慢___分

测验四：了解时间

请你找一名助手和一间不受人干扰的安静房间(目的是保证不受任何外界干扰与暗示)，把所有的钟表都拿出去，不看书报杂志，可以收听点唱机或录音机的轻音乐之类的节目，但是不能听有时间暗示的广播节目(广播节目有时间性，熟悉者一听就知道时间)。测验开始时间由助手决定。

当助手决定开始后，你摒弃一切杂念，保持心情沉寂。

当助手决定结束时，在他报出时间之前，判断你自己在房间里待了多久，然后填入下表：

你的判断___分；

实际时间___分，正确___分，超过___分，缺少___分。

时间感测验解释：

行动、方向与价值常常反映对待时间的态度。在测验一中，珍惜时间的人，倾向于选择"飞驰中的骑士"或者"逃跑中的贼"这些迅速行动的形象，而不选择"风平浪静的海面"或者"月夜中漫长的小道"这类恬静的形象来代表时间。

测验二中，珍惜时间的人通常愿意使用"开朗、尖锐、活泼"等词来描述自己的时间观念，不珍惜时间的人通常愿意使用"空虚、缓和、阴郁、寒冷、深厚"等词来描述时间。

也许有些人不理解测验三，难道对事件的态度能够影响一个人的钟表快慢？研究表明，珍惜时间的人常常戴走得快一些的表，或者有意识地拨快自己的表，企图以此赢得一些时间。不珍惜时间的人常常戴走得慢一些的表，只是不太明显而已。

测验四中，大多数珍惜时间的人会将在房间里所经过的时间判断得比较准确或稍微长一些；大多数不珍惜时间的人会判断得过于短暂——也许因为他们平时较不性急，不担心失去时间。

第三节 如何进行时间管理

一、时间管理四象限法

时间管理四象限法,就是把事情按照重要性和紧急程度分成四个象限,如图 11-1 所示。

(1) 第一象限:重要且紧急的事情。

第一象限为需要立刻且动用全部精力完成的事情,如危机、马上要交付的工作、能够带来巨大收益且马上要交付的项目、重大面试等。这个领域的事情需要个人集中时间和精力进行处理,其他事项需要暂停。通常来讲,因为时间紧、任务重,完成重要且紧急的事情会产生特别高的效率。

(2) 第二象限:重要但不紧急的事情。

第二象限为可以设定日期,必须完成的事情,如做较长期的规划、防患于未然的改善、人际关系网络的建立、有效的休闲等。这个领域的事情暂时不会对个人造成压力和迫切感,可以按部就班、兢兢业业地去实行,只要安排得当,一般能获得较大的正向收益。但个体经常会因为主观原因和客观原因造成拖延,最终拖成了重要且紧急的事情。

(3) 第三象限:不重要但紧急的事情。

第三象限为可以委托给他人立即执行的事情,如接见不速之客、必须派人参加但不太重要的活动等。如果可以,这个领域的事情可以委托给别人,自己尽量将时间和精力放在第一象限和第二象限的事情上。

(4) 第四象限:不重要且不紧急的事情。

第四象限为不建议去做的事情,如一些费时、耗力但没有价值的事情。这个领域的事情可以直接不做,特别是在时间不充足的情况下。

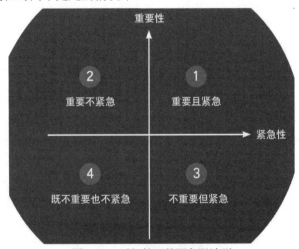

图11-1 时间管理的四象限法则

二、"尽管去做"时间管理法

戴维·艾伦提出用"尽管去做"时间管理五步法控制各种任务、工作和行动。"尽管去做"五步法控制保证了所有行动都具有连贯性和逻辑性,如罗列出一天 24 小时之内要做的所有事情。其具体做法可以分成收集、整理、组织、回顾与行动五个步骤。

(1) 收集:想方设法收集一切"未尽事宜",可以用实实在在的工作篮、电子或纸质的记事簿、录音设备、电子邮件等收集这些未尽事宜,收集的关键在于把一切赶出你的大脑,记录下所有的工作。影响成功收集的关键因素有三个:第一,每一个悬而未决的事情都必须存储于你的收集系统之中,而不是在你的大脑里;第二,你应该尽可能地控制收集工具的数量,够用即可;第三,你必须定期地清空这些设备。

(2) 整理:将未尽事宜放入工作篮之后,就需要定期或不定期地进行整理,清空工作篮。将这些未尽事宜按是否可以付诸行动进行区分整理,对于不能付诸行动的内容,可以进一步分为参考资料、日后可能需要处理及垃圾几类,而对可行动的内容再考虑是否可在两分钟内完成,如果可以则立即行动完成它,如果不行则对下一步行动进行组织。

(3) 组织:组织主要分成对参考资料的组织与对下一步行动的组织。对参考资料的组织主要就是一个文档管理系统,而对下一步行动的组织则一般可分为下一步行动清单、等待清单和未来/某天清单。下一步清单是具体的下一步工作,如果一个项目涉及多步骤的工作,那么需要将其细化成具体的工作。

(4) 回顾:一般需要每周进行回顾与检查,通过回顾与检查所有清单并进行更新,可以确保时间管理系统的运行,而且在回顾的同时可能还需要进行未来一周的计划工作。

(5) 行动:根据时间的多少、精力情况及重要性选择清单上的事项来行动。

三、SMART目标法

时间管理的其中一个环节是设定目标。设定目标,人人都会,但是什么样的目标能让人成为高效时间管理者呢?此时的目标设定要遵循 SMART 标准。SMART 标准包括以下几点。

(1) 具体的(specific)。这是指目标必须是清晰的,可产生行为导向。例如,目标"我要成为一名优秀的教师"不是一个具体的目标,但目标"我半年内要完成教材的撰写"就算得上是一个具体的目标了。

(2) 可衡量的(measurable)。这是指目标必须用指标量化表达。例如,"我要职称晋升"目标,它就对应着许多量化的指标——教学量、育人量、科研量等。

(3) 可达到的(attainable)。这里的"可达到的"有两层意思:一是目标应该在能力范围内;二是目标应该有一定难度。一般人在这点上往往只注意前者,其实后者也相当重要。目标经常达不到,的确会让人沮丧,但同时得注意,太容易达到的目标也会让人失去斗志。

(4) 相关的(relevant)。这里的"相关"是指与现实生活相关,而不是简单的"白日梦"。

(5) 基于时间的(time-based)。"基于时间"就更容易理解了,它是指目标必须确定完成的日期。在这一点上,不但要确定最终目标的完成时间,还要设立多个小时间段上的"时间里程碑",以便进行工作进度的监控。

1. 将本章你认为重要的内容列举出来：
①
②
③
④
⑤

2. 将你认为需要质疑或讨论的内容列举出来：
①
②
③
④
⑤

3. 什么是时间管理？

4. 时间管理可以遵循哪些原则？

5. 根据本章的时间管理能力测验，测试你的时间管理能力。

6. 结合时间管理四象限法，请你列举出自己最近三个月要做的事。

第二象限 重要但不紧急的事情 ① ② ③ ④ ⑤	第一象限 重要且紧急的事情 ① ② ③ ④ ⑤
第四象限 不重要且不紧急的事情 ① ② ③ ④ ⑤	第三象限 不重要但紧急的事情 ① ② ③ ④ ⑤

7. "尽管去做"时间管理法，分为哪几步？

8. 请运用SMART目标法，对你未来三个月要做的事进行规划。

第十二章　教师职业认同

专业身份的认同是决定教师做些什么最基本的一部分,所以教师职业生涯发展应以"教师要成为什么样的人"为起点。唯有认清自己并认同教师职业,才能彰显以师德为基础的职业价值观,才能在教师自主性的基础上进一步发展教师的专业能力。

第一节　教师身份认同的基本概念

一、教师角色

角色是指对于某一特定职业的特定期待与规范;期待是指预期承担某一角色者可能如何表现,而规范是指他"应该"如何表现。[①] 由此可以看出两方面的内容:第一,角色包含社会规范与期待,教师这一角色是社会对怎样才是好教师的要求与期许,在我国现今的语境下,这些要求与期许包括为人师表、立德树人等;第二,角色包含社会关系与社会地位,个体对角色的认知和接纳就是将自己置于社会关系中的某一点,找到这个位置,感知社会对其的责任和要求,并根据这一标准规范自己的行为。随着教师专业发展的深入,大家逐渐将教师视为有专业自主权,可以做专业决定的专业人员,于是,教师也随之赢得了专业地位。

专业角色由外界赋予,用以区别一个群体与其他群体之不同特征,不管个体是否符合这些特征,只要个体在这样的专业角色中,就得成为外界期待的样子,这里的外界通常指的是家长、社会大众等。专业的刻板印象使教师承担一个既定的角色,于是,成为一位教师就意味着你成为"原本不是"的那个人[②]。一般而言,从教师的职业生涯之初,教师都在努力将自己塑造成一个被他人所认可的教师,在进行专业化的过程中,有些教师却发现,不同对象不只是期望他们"做不同的事(doing)",而且是要他们"成为不同的人(being)"[③]。

---

① 陈奎熹. 教育社会学研究[M]. 台北:师大书苑出版社,1990.

② Britzman, D. P. . Practice makes practice: A critical study of learning to teach [M]. Albany, NY: State University of New York Press, 1991.

③ Kleinman,S. Making professionals into "Persons" : discrepancies in traditional and humanistic expectations of professional indentity [J]. Socioloty of Work and Occupation, 1981 (1).

二、教师身份认同

身份认同(identity)既是对"我是谁"的询问,也是对"我是否有别于他人"的拷问,还是对"我要成为什么样的人"的追问,这些属性的总和可称为"身份"。当一个人要确认其身份,首先考察的是自己的基本特征与属性,然后是辨识自己异于他人,或同属于某个群体的特征,最后是关于自己要成为什么的未来属性。教师的专业身份认同即是教师对于自己作为专业人员身份的辨识与确认,在辨识与确认的过程中,教师不断从和他人的关系中反思自己的特质以及外界赋予的意义,教师身份不断被建构,从而形成一个对自己所在位置、所属群体、未来期望的基本认知。布拉西(Blasi)曾经将认同一词抽离出一些彼此相关的要素,将认同在心理、社会、文化上的含义做了很好的解释:

① 认同是回答"我是谁"这个问题的答案;
② 这个答案包含一个人的过去及未来期望之间的统一性;
③ 认同是赋予人基本的"同一性"与"持续性"的来源;
④ 要回答认同的问题,须真实地评估自己的现在和过去;
⑤ 考量社会对一个人的期望与意识形态;
⑥ 质问文化、社会的有效性,以及他人觉知与期望的适切性;
⑦ 统合与质问的过程应该发生在某些基本范畴中,如职业、性别、政治概念等;
⑧ 在这些范畴中形成一种有可变性的,但长久的承诺;
⑨ 客观上,认同让一个人在社会中具有生产性的统整;
⑩ 主观上,会产生基本的忠实感,乃至于自尊、有目的的感觉。

第二节 如何促进教师职业认同

为了促进教师的职业认同,在心理学层面有三方面可以加强,分别是价值观、兴趣和能力。本节分别列举了关于价值观、兴趣和能力的测试,为读者确定自己属于哪种类型的价值观、兴趣和能力提供参考。

一、价值观是前提

(一) 认识价值观

本书第四章提到,价值观是人们对事物重要性的主观判断,简单地说,就是你追求什么,赞成什么,反对什么。价值观支配着人的一切行为,是个体做出行为的基本驱动力。也就是说,对事业、家庭、金钱、爱情、成功等重要事物的主观回答,就是认识自身价值观的过程。价值观一方面表现为价值取向、价值追求,凝结为一定的价值目标,另一方面表现为价值尺度和准则,成为人们判断事物有无价值及价值大小的评价标准。个人的价值观一旦确立,便具有相对稳定性。

社会上对教师这一职业存在着一般性、普遍性的价值观共识。在古代,人们普遍认为教师文化学识最渊博,"师者,传道授业解惑也",因此,国学教师被称为"博学";道德观念最正统，被称为是"道"的化身，所谓"道之所存，师之所存也"；行为规范最完善，所谓"师者，人之模范也"，教师能够做到"安贫乐道""谋道不谋食"。另外，也有众多学者提出对教师职业的价值观认识，陶行知提出教师"捧着一颗心来，不带半根草去"，加里宁认为教师是"人类灵魂的工程师"，苏霍姆林斯基表示教师职业是"一种其他任何工作都无法与之相媲美的特殊职业"，第斯多惠指出"教师本人是学校里最重要的师表，是最直观的、最有教益的模范，是学生最活生生的榜样"，夸美纽斯觉得教师是"太阳底下最光辉的职业"。

理想的情况是，教师的职业价值观能与社会对教师的价值观相符合，教师成为"身正为师，行为世范"的教师，热爱与认同教师这份职业，全身心投入教育事业中，培养后备人才。在人才培养的过程中，也希望教师的价值观渗透对幸福的追求和人生意义的追求。因为教师对其职业价值的认识和看法直接影响教师的职业认同。有着崇高理想的教师，会把教师职业当作事业，勤恳投入的同时，感受到来自教师职业的使命感、幸福感和成就感。相反，过于功利主义的教师，教师职业只不过是他(她)养家糊口的谋生工作，其对待工作的态度是得过且过，这样非常不利于学生的培养和教育的发展。

(二) 价值观测试

职业价值观问卷是用来测量和工作满意状况有关的价值观的。WVI 职业价值观量表是美国心理学家舒伯于 1970 年编制的，用来衡量价值观，工作中和工作以外的价值取向，以及激励人们确立工作目标。量表将职业价值分为三个维度：内在价值观，即与职业本身性质有关的因素；外在价值观，即与职业性质有关的外部因素；外在报酬。三个维度共计 15 个项目。

智力刺激：能让你独立思考，了解事务是怎样运行及其作用的工作。

利他主义：能让你为了他人的福利做出贡献的职业。

审美：使你能够制作美丽的物品并将美带给世界的职业。

创造力：能使你发明新事物、设计新产品或产生新思想的工作。

成功：能让你有一种做好工作的成功感。重视成功的人喜欢能给人现实可见的结果的工作。

独立：能让你以自己的方式去做事，或快或慢，随你所愿的工作。

声望：让你在别人眼里有地位、受尊重、能引发敬意的工作。

管理：允许你计划并给别人安排任务的工作。

经济回报：报酬高，使你能够拥有想要的事物的工作。

保障：不太可能失业，即使在经济困难的时候也有工作。

环境：在宜人的环境工作，环境或工作的物质环境对某些工作者来说是很重要的，他们对于相应的工作条件比工作本身更感兴趣。

上下级关系：在一个公平并且能与之相处融洽的管理者手下工作，和老板相处融洽。

同事关系：能与你喜欢的人接触并共事。对某些人来说，工作中的社交生活比工作本身重要得多。

生活方式：工作能让你按照自己所选择的生活方式生活，并成为自己所希望的人。

多样性：在同一份工作中有机会尝试不同种类的职能。

该量表由 15 个项目构成，要求被试者采用五级评分对每个项目进行评定。分值越高，表明对此项目越看重。中国心理学者黄希庭等人对此量表进行修订，用于测查中国青年的职业价值观。

WVI 职业价值观量表有 52 道题(见表 12-1),每道题都有 5 个备选答案,请根据自己的实际情况或想法,在题后面圈出相应字母,每题只能选择一个答案。

A—非常重要　B—比较重要　C——般　D—较不重要　E—很不重要

表12-1　WVI职业价值观量表

题　目	A	B	C	D	E
1. 你的工作必须经常解决新的问题					
2. 你的工作能为社会福利带来看得见的效果					
3. 你的工作奖金很高					
4. 你的工作内容经常变换					
5. 你能在你的工作范围内自由发挥					
6. 工作能使你的同学、朋友非常羡慕你					
7. 工作带有艺术性					
8. 你的工作能使人感觉到你是团体中的一分子					
9. 不论你怎么干,你总能和大多数人一样晋级和涨工资					
10. 你的工作使你有可能经常变换工作地点、场所或方式					
11. 在工作中你能接触到各种不同的人					
12. 你的工作上下班时间比较随便、自由					
13. 你的工作使你不断获得成功的感觉					
14. 你的工作赋予你高于别人的权力					
15. 在工作中,你能试行一些自己的新想法					
16. 在工作中,你不会因为身体或能力等因素,被人瞧不起					
17. 你能从工作的成果中,知道自己做得不错					
18. 你的工作经常要外出,参加各种集会和活动					
19. 只要你干上这份工作,就不再被调到其他意想不到的工作中去					
20. 你的工作能使世界更美丽					
21. 在你的工作中,不会有人常来打扰你					
22. 只要努力,你的工资会高于其他同龄的人,升职或涨工资的可能性比干其他工作大得多					
23. 你的工作是一项对智力的挑战					
24. 你的工作要求你把一些事务管理得井井有条					
25. 你的工作单位有舒适的休息室、更衣室、浴室及其他设备					
26. 你的工作使你有可能结识各行各业的知名人物					
27. 在你的工作中,能和同事建立良好的关系					
28. 在别人眼中,你的工作是很重要的					
29. 在工作中,你经常接触到新鲜的事物					
30. 你的工作使你能常常帮助别人					
31. 你在工作单位中,有可能经常变换工作					

(续表)

题 目	A	B	C	D	E
32. 你的作风使你被别人尊重					
33. 同事和领导人品较好，相处比较随便					
34. 你的工作会使许多人认识你					
35. 你的工作场所很好，如有适度的灯光，安静、清洁的工作环境，甚至恒温、恒湿等优越的条件					
36. 在工作中，你为他人服务，使他人感到很满意，你自己也很高兴					
37. 你的工作需要计划和组织别人的工作					
38. 你的工作需要敏锐的思考					
39. 你的工作可以使你获得较多的额外收入，如常发实物、常购买打折扣的商品、常发商品的提货券、有机会购买进口货等					
40. 在工作中，你是不受别人差遣的					
41. 你的工作结果应该是一种艺术而不是一般的产品					
42. 在工作中不必担心因为所做的事情领导不满意，而受到训斥或经济惩罚					
43. 在你的工作中能和领导有融洽的关系					
44. 你可以看见努力工作的成果					
45. 在工作中常常要你提出许多新的想法					
46. 由于你的工作，经常有许多人来感谢你					
47. 你的工作成果常常能得到上级、同事或社会的肯定					
48. 在工作中，你可能做一个负责人，虽然可能只领导很少的几个人，你信奉"宁做兵头，不做将尾"的俗语					
49. 你从事的那种工作，经常在报刊、电视中被提到，因而在人们心目中很有地位					
50. 你的工作有数量可观的夜班费、加班费、保健费或营养费					
51. 你的工作比较轻松，精神上也不紧张					
52. 你的工作需要和影视、戏剧、音乐、美术、文学等艺术打上交道					

评分与评分方法如下所述。

上面的52道题分别代表13项工作价值观。每个A得5分、B得4分、C得3分、D得2分、E得1分。

请你根据表12-2中每一项前面的题号，计算一下每一项的得分总数，并把它填在每一项的得分栏中，然后在表格下面依次列出得分最高的三项和得分最低的三项。

表12-2 职业价值观说明

题号	得分	职业价值观	说明
1,23,38,45		智力刺激	不断进行智力的操作,动脑思考,学习和探索新事物,解决新问题
2,30,36,46		利他主义	工作中能够体会到自己的付出对团体是有帮助的,别人因为你的行为而受惠,工作的目的或意义在于直接为大众的幸福和利益尽一份力
3,22,39,50		经济报酬	获得优厚的报酬,使自己有足够的财力去获得自己想要的东西,使生活过得较为富足
4,10,29,31		变异性或追求新意	希望工作内容经常变换,使工作和生活显得丰富多彩,不单调和枯燥
5,15,21,40		独立性	能充分发挥自己的独立性和主动性,按自己的方式、步调或想法去做,不受他人的干扰
6,28,32,49		社会地位	所从事的工作在人们心目中有较高的社会地位,从而使自己得到他人的重视与尊敬
7,20,41,52		审美追求	能不断地追求美的东西,得到美的享受。工作的目的或意义在于致力于使这个世界更加具有艺术上的美感
8,27,33,43		人际关系	希望一起工作的大多数同事和领导人品较好,相处在一起感到愉快、自然,认为这就是很有价值的事,是一种极大的满足
9,16,19,42		安全感	不管自己能力怎样,希望在工作中有一个安稳局面,不会因为奖金、涨工资、调动工作或领导训斥等经常提心吊胆、心烦意乱
11,18,26,34		社会交际	能和各种人交往,建立比较广泛的社会联系和关系,甚至能和知名人物结识
12,25,35,51		舒适	希望能将工作作为一种消遣、休息或享受的形式,追求比较舒适、轻松、自由、优越的工作条件和环境
13,17,44,47		成功感	不断创新,不断取得成功,不断得到领导与同事的赞扬,或不断实现自己想要做的事
14,24,37,48		管理	获得对他人或某事物的管理支配权,能指挥和调遣一定范围内的人或事物

得分最高的三项:1.＿＿＿＿;2.＿＿＿＿;3.＿＿＿＿。
得分最低的三项:1.＿＿＿＿;2.＿＿＿＿;3.＿＿＿＿。
结合工作实际情况,这些职业价值观如何影响你作为教师的工作实践?

	得分类型	职业价值观类型	对教师工作实践的影响
得分最高的三项	高分1		
	高分2		
	高分3		
得分最低的三项	低分1		
	低分2		
	低分3		

二、兴趣是基础

(一) 认识兴趣

李开复曾经说过:"面对没有兴趣的事情,也许只能产生 20%的效果;如果遇到感兴趣的事情,也许能够得到 200%的效果。若要最大化你的生产力和影响力,找你真的爱做的事情。兴趣驱动的工作会带给你工作的渴望、意志、专注、自信、正面态度。"由此可以看出,第一,兴趣是人生最好的老师。每个人从小到大,由于个体的认识和情感差异,对不同事物存在着或喜爱或憎恶的心理活动,这种喜爱的心理活动表现出来的就是对事物的兴趣。有了对事物的兴趣,才会愿意进一步去深入研究和探索,从而揭开认识事物的面纱。第二,兴趣是勤奋学习的向导。无论是学生时代还是参加工作,都离不开学习,而学习的主动性来源于对学习的兴趣,越是对学习有兴趣,就越能去搞好学习,而学习得越深入,就越能够把握事物的本质和规律,从而成为某一方面的学问家。第三,兴趣是职业选择的依据。对事物的兴趣直接影响到自己的职业选择,从事自己喜爱的职业,工作起来积极性就高,在专业领域内取得成功的概率也大。术业有专攻,正是对职业的兴趣,才使得人在专业领域内专心致志,做到精益求精。第四,兴趣是孜孜以求的动力。在职场上对职业的追求除了是自我事业发展的需要,也是自己对所从事职业的兴趣驱动,在职场上,我们应该尽可能地从事自己喜爱的职业,只有这样,才会以孜孜以求的动力更好地做好自己的工作。

在心理学上,兴趣是指对事物喜好或关切的情绪,是人们力求认识某种事物和从事某项活动的意识倾向。它表现为人们对某件事物、某项活动的选择性态度和积极的情绪反应。个体如对某职业感兴趣,就会对该职业活动表现出肯定的态度,并积极地思考、探索和追求。教师职业认同指教师从心底接受教师职业,并能对教师职业的各个方面做出积极的感知和正面的评价,从而愿意长期从事教师职业的主观心理感受。由此可以看出,兴趣与教师职业认同有着密切的联系,因为对教师职业感兴趣并呈现积极的情绪反应,所以产生从心底接受的职业情感。要促进教师职业认同,首先要从激发兴趣开始。兴趣的产生和发展有三个层次,分别是有趣、乐趣和志趣。

(1) 有趣是兴趣发展的第一阶段,也是兴趣发展的低级阶段,它往往短暂易逝,非常不稳定。处于这一阶段的兴趣常常与个体对某一事物的新奇感相联系,随着这种新奇感的消失,兴趣也自然逝去。

(2) 乐趣是兴趣发展的第二阶段,它是在有趣定向发展的基础上形成的,是兴趣发展的中级阶段。在这一阶段中,个体的兴趣变得专一、深入,如喜爱网络文学的个体就很有可能沉溺于网络文学作品中。

(3) 志趣是兴趣发展的第三阶段,当乐趣同社会责任感、理想、奋斗目标结合起来时,乐趣就变成了志趣。志趣具有社会性、自觉性和方向性,是取得成就的根本动力,也是成功的重要保证。

(二) 兴趣测试

约翰·霍兰德(John Holland)的职业兴趣理论认为,人的兴趣与职业密切相关,兴趣是人们活动的巨大动力,凡是符合个体职业兴趣的职业,都可以提高人们的积极性,促使人们积极地、愉快地从事该职业。由此可以看出，对某一职业有兴趣可以提升个人的职业认同感。霍兰德将兴趣分为六大类型，分别是研究型、社会型、现实型、艺术型、企业型和传统型。我们可以通过霍兰德职业兴趣测试(60题)检测自己的职业兴趣倾向，具体见表12-3。

表12-3 霍兰德职业兴趣测试

题目	选项计分
我喜欢把一件事情做完后再做另一件事	A.是(1分)　B.否(0分)
在工作中我喜欢独自筹划，不愿受别人干涉	A.是(1分)　B.否(0分)
在集体讨论中，我往往保持沉默	A.是(1分)　B.否(0分)
我喜欢做戏剧、音乐、歌舞、新闻采访等方面的工作	A.是(1分)　B.否(0分)
每次写信我都一挥而就，不再重复	A.是(1分)　B.否(0分)
我经常不停地思考某一问题，直到想出正确的答案	A.是(1分)　B.否(0分)
对别人借我的和我借别人的东西，我都能记得很清楚	A.是(1分)　B.否(0分)
我喜欢抽象思维的工作，不喜欢动手的工作	A.是(1分)　B.否(0分)
我喜欢成为人们注意的焦点	A.是(1分)　B.否(0分)
我喜欢不时地夸耀一下自己取得的成就	A.是(1分)　B.否(0分)
我曾经渴望有机会参加探险	A.是(1分)　B.否(0分)
当我一个人独处时，会感到更愉快	A.是(1分)　B.否(0分)
我喜欢在做事情前，对此事情做出细致的安排	A.是(1分)　B.否(0分)
我讨厌修理自行车、电器一类的工作	A.是(1分)　B.否(0分)
我喜欢参加各种各样的聚会	A.是(1分)　B.否(0分)
我愿意从事虽然工资少，但是比较稳定的职业	A.是(1分)　B.否(0分)
音乐能使我陶醉	A.是(1分)　B.否(0分)
我办事很少思前想后	A.是(1分)　B.否(0分)
我喜欢经常请示上级	A.是(1分)　B.否(0分)
我喜欢需要运用智力的游戏	A.是(1分)　B.否(0分)
我很难做那种需要持续集中注意力的工作	A.是(1分)　B.否(0分)
我喜欢亲自动手制作一些东西，从中得到乐趣	A.是(1分)　B.否(0分)
我的动手能力很差	A.是(1分)　B.否(0分)
和不熟悉的人交谈对我来说毫不困难	A.是(1分)　B.否(0分)
和别人谈判时，我总是很容易放弃自己的观点	A.是(1分)　B.否(0分)
我很容易结识同性别朋友	A.是(1分)　B.否(0分)
对于社会问题，我通常持中庸的态度	A.是(1分)　B.否(0分)
当我开始做一件事情后，即使碰到再多的困难，我也要执着地干下去	A.是(1分)　B.否(0分)
我是一个沉静而不易动感情的人	A.是(1分)　B.否(0分)
当我工作时，我喜欢避免干扰	A.是(1分)　B.否(0分)
我的理想是当一名科学家	A.是(1分)　B.否(0分)
与言情小说相比，我更喜欢推理小说	A.是(1分)　B.否(0分)

(续表)

题目	选项计分
有些人太霸道，有时明明知道他们是对的，也要和他们对着干	A.是(1 分)　B.否(0 分)
我爱幻想	A.是(1 分)　B.否(0 分)
我总是主动地向别人提出自己的建议	A.是(1 分)　B.否(0 分)
我喜欢使用榔头一类的工具	A.是(1 分)　B.否(0 分)
我乐于帮助别人解除痛苦	A.是(1 分)　B.否(0 分)
我更喜欢自己下了赌注的比赛或游戏	A.是(1 分)　B.否(0 分)
我喜欢按部就班地完成要做的工作	A.是(1 分)　B.否(0 分)
我希望能经常换不同的工作来做	A.是(1 分)　B.否(0 分)
我总留有充裕的时间去赴约会	A.是(1 分)　B.否(0 分)
我喜欢阅读自然科学方面的书籍和杂志	A.是(1 分)　B.否(0 分)
如果掌握一门手艺并能以此为生，我会感到非常满意	A.是(1 分)　B.否(0 分)
我曾渴望当一名汽车司机	A.是(1 分)　B.否(0 分)
听别人谈"家中被盗"一类的事，很难引起我的同情	A.是(1 分)　B.否(0 分)
如果待遇相同，我宁愿当商品推销员，而不愿当图书管理员	A.是(1 分)　B.否(0 分)
我讨厌跟各类机械打交道	A.是(1 分)　B.否(0 分)
我小时候经常把玩具拆开，把里面看个究竟	A.是(1 分)　B.否(0 分)
当接受新任务后，我喜欢以自己的独特方法去完成它	A.是(1 分)　B.否(0 分)
我有文艺方面的天赋	A.是(1 分)　B.否(0 分)
我喜欢把一切安排得整整齐齐、井井有条	A.是(1 分)　B.否(0 分)
我喜欢做一名教师	A.是(1 分)　B.否(0 分)
和一群人在一起的时候，我总想不出恰当的话来说	A.是(1 分)　B.否(0 分)
看情感影片时，我常禁不住眼眶湿润	A.是(1 分)　B.否(0 分)
我讨厌学数学	A.是(1 分)　B.否(0 分)
在实验室里独自做实验会令我寂寞难耐	A.是(1 分)　B.否(0 分)
对于急躁、爱发脾气的人，我仍能以礼相待	A.是(1 分)　B.否(0 分)
遇到难解答的问题时，我常常放弃	A.是(1 分)　B.否(0 分)
大家公认我是一名勤劳踏实、愿为大家服务的人	A.是(1 分)　B.否(0 分)
我喜欢在人事部门工作	A.是(1 分)　B.否(0 分)

结果分析：

(1) 社会型(S；26、37、52、59、1、12、15、27、45、53 题总分最高)。

共同特征：喜欢与人交往，不断结交新的朋友，善言谈，愿意教导别人；关心社会问题、渴望发挥自己的社会作用；寻求广泛的人际关系，比较看重社会义务和社会道德。

典型职业：喜欢要求与人打交道的工作，能够不断结交新的朋友，从事提供信息、启迪、帮助、培训、开发或治疗等事务的工作，并具备相应的能力，如教育工作者(教师、教育行政人员)，社会工作者(咨询人员、公关人员)。

(2) 企业型(E；11、24、28、35、38、46、60、3、16、25题总分最高)。

共同特征：追求权力、权威和物质财富，具有领导才能；喜欢竞争，敢冒风险，有野心、抱负；为人务实，习惯以利益得失、权力、地位、金钱等来衡量做事的价值，做事有较强的目的性。

典型职业：喜欢要求具备经营、管理、劝服、监督和领导才能，以实现机构、政治、社会及经济目标的工作，并具备相应的能力，如项目经理、销售人员、营销管理人员、政府官员、企业领导、法官、律师。

(3) 传统型(C；7、19、29、39、41、51、57、5、18、40题总分最高)。

共同特征：尊重权威和规章制度，喜欢按计划办事，细心、有条理，习惯接受他人的指挥和领导，自己不谋求领导职务；喜欢关注实际和细节情况，通常较为谨慎和保守，缺乏创造性，不喜欢冒险和竞争，富有自我牺牲精神。

典型职业：喜欢要求注意细节、精确度、有系统有条理，具有记录、归档、据特定要求或程序组织数据和文字信息的职业，并具备相应的能力，如秘书、办公室人员、记事员、会计、行政助理、图书馆管理员、出纳员、打字员、投资分析员。

(4) 现实型(R；2、13、22、36、43、14、23、44、47、48题总分最高)。

共同特征：愿意使用工具从事操作性工作，动手能力强，做事手脚灵活，动作协调；偏好于具体任务，不善言辞，做事保守，较为谦虚；缺乏社交能力，通常喜欢独立做事。

典型职业：喜欢使用工具、机器，需要基本操作技能的工作。对要求具备机械方面才能、体力或从事与物件、机器、工具、运动器材、植物、动物相关的职业有兴趣，并具备相应的能力，如技术性职业(计算机硬件人员、摄影师、制图员、机械装配工)，技能性职业(木匠、厨师、技工、修理工、农民、一般劳动者)。

(5) 研究型(I；6、8、20、30、31、42、21、55、56、58题总分最高)。

共同特征：思想家而非实干家，抽象思维能力强，求知欲强，肯动脑，善思考，不愿动手；喜欢独立的和富有创造性的工作；知识渊博，有学识才能，不善于领导他人；考虑问题理性，做事喜欢精确，喜欢逻辑分析和推理，不断探讨未知的领域。

典型职业：喜欢智力的、抽象的、分析的、独立的定向任务，要求具备智力或分析才能，并将其用于观察、估测、衡量、形成理论、最终解决问题的工作，并具备相应的能力，如科学研究人员、教师、工程师、计算机编程人员、医生、系统分析员。

(6) 艺术型(A；4、9、10、17、33、34、49、50、54、32题总分最高)。

共同特征：有创造力，乐于创造新颖、与众不同的成果，渴望表现自己的个性，实现自身的价值；做事理想化，追求完美，不重实际；具有一定的艺术才能和个性；善于表达、怀旧、心态较为复杂。

典型职业：喜欢的工作要求具备艺术修养、创造力、表达能力和直觉，并将其用于语言、行为、声音、颜色和形式的审美、思索和感受，具备相应的能力，不善于事务性工作，如艺术方面(演员、导演、艺术设计师、雕刻家、建筑师、摄影家、广告制作人)，音乐方面(歌唱家、作曲家、乐队指挥)，文学方面(小说家、诗人、剧作家)。

三、能力是关键

(一) 认识能力

能力是日常生活中经常提到的词。日常使用中,人们经常用聪明、笨拙等来形容一个人能力的高低,也经常用才高八斗、能言善辩、能歌载舞等来形容一个人在学识、表达、歌舞等方面的卓越能力。由此可以看出,能力不仅有高低之分,还有不同维度的区别。具体在教师身上,不同教师具有高低不同的能力,同一个教师在能力的不同方面也呈现出强弱。通常来讲,教师要掌握多种综合能力,如一位教师只具有语言表达能力是不够的,还必须具有对教学的组织能力,对教材的理解和使用能力,对教学问题和教学效果的分析、判断能力等。通常来说,有较高职业认同的教师,其能力也较强;反过来,那些能力强的教师,通常也有较高的职业认同。教师一旦确定了自己作为教师的职业身份,就会产生对此职业的期望,有意愿将本职工作做好,愿意在教师岗位上投入更多的时间和精力,渐渐地教师能力也相应提升。反过来,教师能力增强,教师能够顺利完成某项任务或活动,由此带来胜任感和成就感,这种胜任感和成就感又进一步强化了教师的身份认同。

(二) 能力测试

下面选用一套职业能力自评表,可供对自己的职业能力进行评价。该测试的评定用 5 级量表:A 强、B 较强、C 一般、D 较弱、E 弱。

测试可分为 9 组,每组均相应测试一项职业能力。每组均有 6 题,按上述 5 个等级为各题打分。"A 强"为 1 分;"B 较强"为 2 分;"C 一般"为 3 分;"D 较弱"为 4 分;"E 弱"为 5 分。

累计各项得分之后,合计总分。职业能力自评表如表 12-4 所示。

表12-4 职业能力自评表

(a) 语言能力评分表

项目	A强	B较强	C一般	D较弱	E弱
善于表达自己的观点					
阅读速度快,并能抓住中心内容					
清楚地向别人解释难懂的概念					
对文章中的字词段落和篇章的理解分析和综合的能力					
掌握词汇量的程度					
中学时你的语文成绩					
小计分数					
合计					

(b) 数理能力评分表

项目	A强	B较强	C一般	D较弱	E弱
做出精确的测量(如测长、宽、高等)					
解算术应用题					
笔算能力					

(续表)

项目	A强	B较强	C一般	D较弱	E弱
心算能力					
使用工具(如计算器)的计算能力					
中学时你的数学成绩					
小计分数					
合计					

(c) 空间判断能力评分表

项目	A强	B较强	C一般	D较弱	E弱
美术素描画的水平					
画三维的立体图形					
看几何图形的立体感					
想象盒子展开后的平面形状					
玩拼版(图)游戏					
中学时你的美术成绩					
小计分数					
合计					

(d) 察觉细节能力评分表

项目	A强	B较强	C一般	D较弱	E弱
发现相似图形中的细微差异					
识别物体的形状差异					
注意到多数人忽视的物体的细节部分					
检查物体的细节					
观察图案是否正确					
中学时善于找出数学作业的细小错误					
小计分数					
合计					

(e) 书写能力评分表

项目	A强	B较强	C一般	D较弱	E弱
快而正确地抄写资料(如姓名、数字等)					
阅读中发现错别字					
发现计算错误					
在图书馆很快地查找编码卡					
发现图表中的细小错误					
自我控制能力(如较长时间做抄写工作)					
小计分数					
合计					

(f) 运动协调能力评分表

项目	A强	B较强	C一般	D较弱	E弱
劳动技术课中做操作机器一类的活动					
玩电子游戏或瞄准打靶					
在体操、广播操一类活动中身体的协调灵活性					
打球姿势的平衡度					
打字比赛或算盘比赛					
闭眼单腿站立的平衡能力					
小计分数					
合计					

(g) 动手能力评分表

项目	A强	B较强	C一般	D较弱	E弱
灵巧地使用手工工具					
灵巧地使用很小的工具					
弹乐器时手指的灵活度					
动手做一件小手工艺品					
很快地削水果					
修理、装配、拆卸、编织、缝补等一类的活动					
小计分数					
合计					

(h) 社会交往能力评分表

项目	A强	B较强	C一般	D较弱	E弱
善于在陌生的场合发表自己的意见					
善于在新场所结交新朋友					
口头表达能力					
善于与他人友好交往,并协同工作					
善于帮助别人					
擅长做别人的思想工作					
小计分数					
合计					

(i) 组织管理能力评分表

项目	A强	B较强	C一般	D较弱	E弱
善于组织单位或班级的集体活动					
在集体活动或学习中,时常关心他人					
在日常生活中能经常动脑筋,想出别人想不到的好点子					
冷静果断地处理突然发生的事情					

(续表)

项目	A强	B较强	C一般	D较弱	E弱
在你曾做过的组织工作中，你认为自己的能力属于哪一级					
善于解决同事或同学之间的矛盾					
小计分数					
合计					

1. 你的职业能力等级评定

能力等级评定办法：以各组总计得分除以6可得该组所测职业能力最后得分。把每一组的评定等级填入表12-5中。

根据你的能力等级评定得分，可以判断你的能力属于哪个等级。

5个等级含义："1"为强；"2"为较强；"3"为一般；"4"为较弱；"5"为弱。

评定等级可能有小数点，如等级2.2，表示此种能力水平稍低于较强水平，高于一般水平。

表12-5 能力等级评定表

组别	相应职业能力	合计分数	能力等级评定分（合计分数÷6）	您的能力等级属于
第一组	语言能力			
第二组	数理能力			
第三组	空间判断能力			
第四组	察觉细节能力			
第五组	书写能力			
第六组	运动协调能力			
第七组	动手能力			
第八组	社会交往能力			
第九组	组织管理能力			

2. 各种职业能力的特点

(1) 语言能力。语言能力是指对词及其含义的理解和使用能力，对句子、段落、篇章的理解能力，以及善于清楚、正确地表达自己的观点和向别人介绍信息的能力。具备强语言能力的人适合从事的职业有业务员、推销员、导游、演员、导演、编辑、播音员、节目主持人、教师、律师、审判员等。

(2) 数理能力。数理能力是指迅速而准确地运算并能推理、解决应用问题的能力。具备强数理能力的人适合从事的职业有会计、银行职员、保险公司职员、税务员、审计员、统计员、自然科学家、计算机工程师等。

(3) 空间判断能力。空间判断能力是指对立体图形以及平面图形与立体图形之间的关系的理解能力，包括能看懂几何图形，对立体图形的三个面的理解力，识别物体在空间运动中的联系，解决几何问题。具备强空间判断能力的人适合从事的职业有技术员、工程师、服装设计师、艺术家、建筑师、摄影师、家电维修专家、自然科学家、军官、司机等。

(4) 察觉细节能力。察觉细节能力是指对物体或图形的有关细节具有正确的知觉能力，对于图形的明暗、线的宽度和长度能进行区别和比较，看出其细微的差异。具备强察觉细节能力的人适合从事的职业有技术员、工程师、电工、房管员、咨询师、运动员、教练员、导演、图书馆员、会计、银行职员、保险公司职员、审计员、统计员、编辑、播音员、自然科学家、计算机工程师等。

(5) 书写能力。书写能力是指对词、印刷物、账目、表格等材料的细微部分具有正确的知觉能力，善于发现错字和正确地校对数字的能力。具备强书写能力的人适合从事的职业有教师、公务员、社会科学家、秘书、打字员、编辑、银行职员、咨询师、经理、记者、作家等。

(6) 运动协调能力。运动协调能力是指身体的各个部分能迅速、准确地随活动做出精确的动作和运动反应，手能跟随所看到的东西迅速移动，进行正确控制的能力。具备强运动协调能力的人适合从事的职业有运动员、教练员、演员、工人、农民、服装设计师、美容师、电工、司机、服务员、导游、医生、护士、药剂师、导演、警察、战士等。

(7) 动手能力。动手能力是指手、手指、手腕能迅速而准确地活动和操作小的物体，在拿取、放置、翻转物体时，手能做出精巧运动和腕的自由运动的能力。具备强动手能力的人适合从事的职业有医生、护士、药剂师、导演、运动员、教练员、自然科学家、工人、农民、服装设计师、美容师、家具设计师、艺术家、服务员、保育员、摄影师、演员、战士等。

(8) 社会交往能力。社会交往能力是指善于人与人之间的相互交往、相互联系、相互帮助、相互影响，从而能协同工作或建立良好的人际关系。具备强社会交往能力的人适合从事的职业有采购员、推销员、公共关系人员、业务员、编辑、调度员、经理、服务员、导游、咨询师、银行信贷员、税务员、保险公司职员、演员、导演、教师、公务员、秘书、警察、律师等。

(9) 组织管理能力。组织管理能力是指擅长组织和安排各种活动，以及协调活动中的人际关系的能力。具备强组织管理能力的人适合从事的职业有调度员、导游、教练员、导演、编辑、教师、经理、公务员、保育员、咨询师、事务员、秘书、律师、警察等。

课后练习

1. 将本章你认为重要的内容列举出来：
①
②
③
④
⑤

2. 将你认为需要质疑或讨论的内容列举出来：
①
②
③

④
⑤
3. 什么是教师角色？什么是教师身份认同？
4. 根据本章的价值观测试，你有着什么样的职业价值观？
5. 根据本章的兴趣测试，你有着什么样的职业兴趣？
6. 根据本章的能力测试，你目前具有哪些职业能力？